중급 편

유튜브보다 더 재미있는
실뜨기 놀이

초판 1쇄 인쇄 2020년 7월 29일
초판 1쇄 발행 2020년 8월 5일

지은이 황정희

발행인 장상진
발행처 (주)경향비피
등록번호 제2012-000228호
등록일자 2012년 7월 2일

주소 서울시 영등포구 양평동 2가 37-1번지 동아프라임밸리 507-508호
전화 1644-5613 | **팩스** 02) 304-5613

ISBN 978-89-6952-418-8 74690
   978-89-6952-419-5 (세트)

ⓒ황정희

· 값은 표지에 있습니다.
· 파본은 구입하신 서점에서 바꿔드립니다.

어린이 제품 안전 특별법에 의한 표시
제품명 도서 **제조자명** 경향BP **제조국** 대한민국 **전화번호** 1644-5613
주소 서울시 영등포구 양평동 2가 37-1번지 동아프라임밸리 507-508호
제조년월일 2020년 8월 5일 **사용연령** 8세 이상
※ KC마크는 이 제품이 공통안전기준에 적합하였음을 의미합니다.

중급 편

유튜브보다 더 재미있는
실뜨기 놀이

황정희 ★ 지음

경향BP

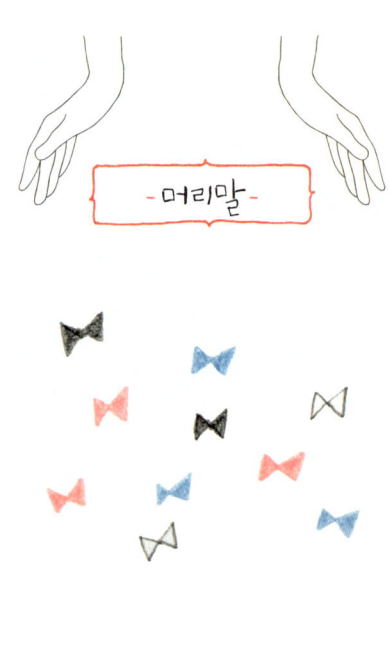

- 머리말 -

 **놀이를 공부한 지 20년쯤 되었습니다.** 놀이를 공부하다니 참 이상한 말처럼 들리지요? 처음 선생님이 되었을 때는 학교는 공부를 하는 곳이고 학생들은 열심히 공부를 해야 한다고 생각했기 때문에 교과지식을 가르치는 데 집중하였습니다. 해를 거듭할수록 교과 지식을 열심히 가르치는 일만으로는 뭔가 부족한 느낌이 들었습니다.

초등학교 선생님이 된 지 7년쯤 되었을 때 『전래놀이 101가지』를 쓰신 이상호 선생님을 통해서 전래놀이를 알게 되었습니다. 엄격하고 무서운 선생님이었던 저의 삶에 큰 변화가 생겼습니다. 아이들의 성장과 발달에 놀이가 다른 무엇보다도 중요하다는 것을 알게 되었고 놀이 공부에 빠지게 되었습니다. 놀이 공부의 제일 좋은 점은 재미있다는 것입니다. 게다가 놀기 좋아하는 제 적성에 딱 맞기까지 합니다. 정말 마음에 드는 공부입니다.

전 세계 곳곳에 실뜨기를 좋아하고 연구하는 사람이 많음을 알게 되었습니다. 지금도 저는 새로운 실뜨기를 배우고 있습니다. 2,000가지도 넘는 전 세계의 실뜨기를 다 배우려면 평생 배워야 할 것 같습니다.

놀이 공부를 하면서 둘이 번갈아하는 실뜨기 말고 혼자서 하는 실뜨기가 있다는 것을 알게 되었습니다. 혼자서도 다양한 모양을 만들 수 있는 게 정말 신기하고 재미있었습니다. 그런데

배울 때는 되는데 집에 돌아와서 해보려고 하면 도통 생각이 나지 않았습니다. 배우면 까먹고, 다시 배우면 또 까먹는 일의 연속이었습니다. 그러던 어느 날, 우연히 혼자 하는 실뜨기 '하트'와 '달리는 강아지'를 발견했습니다. '도대체 어떻게 이런 모양을 만들 수 있지?'라는 생각이 들었습니다. 이것이 이 책의 시작이었습니다.

제가 해본 실뜨기 중에 재미있는 것만 골라 책에 실었습니다. 국내에 잘 알려지지 않은 북극, 아메리카, 아프리카, 호주, 아시아 등 여러 지역의 실뜨기를 넣고자 노력했습니다. 용어에 대한 설명을 먼저 읽어보고 실뜨기를 하면 훨씬 쉽게 따라 할 수 있습니다. 차례를 보고 원하는 것부터 도전해도 되지만 실뜨기 초보라면 1단계부터 순서대로 먼저 해볼 것을 권합니다. 뭐든지 처음부터 잘할 수는 없습니다. 차근차근 실력을 쌓으면 2단계도 쉽게 성공할 수 있습니다.

실뜨기의 장점은 누구나 노력하면 잘할 수 있다는 것입니다. 이 책에 소개한 실뜨기의 수준은 세계 실뜨기 전체로 보면 초급과 중급 수준입니다. 이 책에 실린 실뜨기를 잘할 수 있다면 더 어려운 세계 실뜨기에도 도전할 수 있는 기본 실력이 된 것입니다.

학교에서 매년 아이들과 함께 놉니다. 우리 반 아이들은 매일매일 새로운 실뜨기를 가르쳐 달라고 조릅니다. 옛날 사람들이 하던 실뜨기를 요즘 어린이들도 하고 있습니다. 왜냐하면 재미있으니까요. 실뜨기는 옛날이나 지금이나, 어른이나 어린이나 모두가 좋아하는 특별한 놀이입니다. 이 신기하고 멋진 마법 같은 놀이, 실뜨기의 세계로 여러분을 초대합니다.

사진 찍느라 여러 날 고생한 소순영 선생님과 모델을 해준 서율이에게 특별한 고마움을 전합니다.

황정희

차례

✳ 머리말	**004**
✳ 실뜨기에 관하여	**008**
✳ 실 준비	**010**
✳ 실 잇기	**011**
✳ 실뜨기 약속	**013**
✳ 실뜨기 시작 기본형	**018**

1장 뚝딱뚝딱 심플하게! 실뜨기 1단계

★ 예쁜 꽃	**022**
★ 떠오르는 해	**026**
★ 밤하늘의 별(7개의 다이아몬드)	**029**
★ 집	**032**
★ 담장 있는 집	**035**

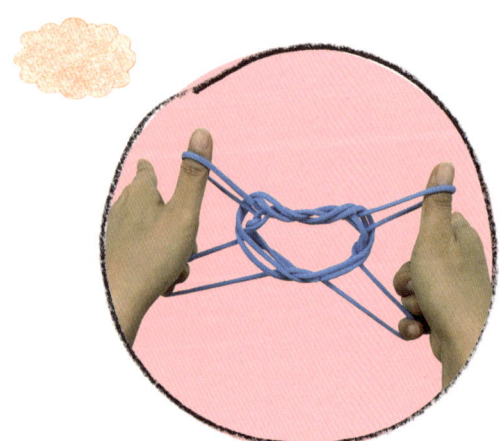

# 2장 넣고 빼고 유니크하게! 실뜨기 2단계

- ★ 아파치 도어(담요) — 040
- ★ 그물, 거문고, 이발기 — 045
- ★ 통발 — 051
- ★ 나팔 — 055
- ★ 다이아몬드 2개 — 060
- ★ 다이아몬드 1개 — 064
- ★ 다이아몬드 3개 — 068
- ★ 다이아몬드 4개(에펠탑, 마녀 모자) — 072
- ★ 쌍둥이별 — 077
- ★ 가면 — 083
- ★ 번개 — 086
- ★ 터널 — 090
- ★ 연기 뿜는 화산 — 095

# 3장 멋짐 뿜뿜 고급 스킬! 실뜨기 3단계

- ★ 나무를 오르는 호저 — 102
- ★ 둘이 하는 실뜨기 혼자 하기 — 107
- ★ 에스키모 그물 — 117
- ★ 하트와 말하는 입 — 124
- ★ 달리는 강아지 — 128

4장 깜짝깜짝 신기방기! 실 마술

- ★ 손가락 탈출 — 134
- ★ 기차 — 139
- ★ 실 옮기기 — 145

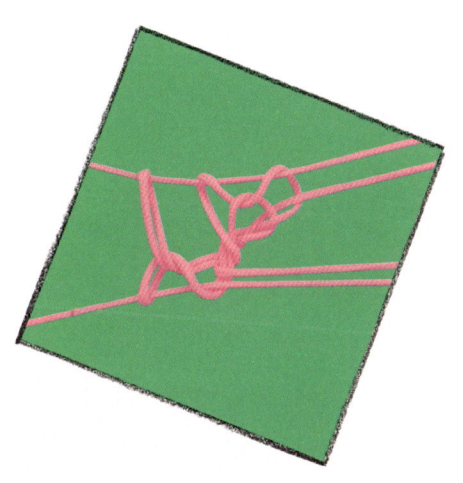

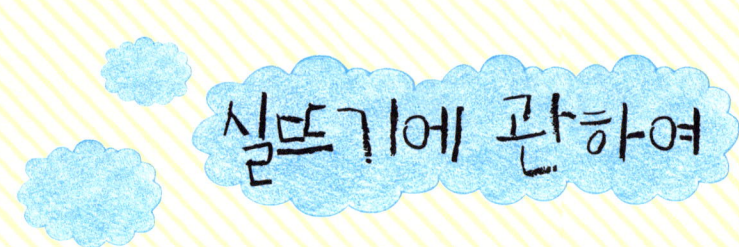

첫째, 실뜨기란 무엇일까요?

실을 가지고 여러 가지 모양을 만드는 것을 실뜨기라고 해요. 둘이서 모양을 만들기도 하고 혼자서 모양을 만들 수도 있지요. 셋이서 할 수도 있어요. 몇 명이서 하느냐는 별로 중요하지 않아요. 손뿐 아니라 발, 팔, 입, 목 등 몸의 다양한 부위를 이용하기도 해요. 우리나라에서는 둘이서 하나의 실로 번갈아가며 모양을 만드는 실뜨기를 주로 하지만, 다른 나라에서는 혼자서 모양을 만드는 실뜨기도 많이 한답니다.

둘째, 실뜨기는 우리나라에서만 할까요?

아닙니다. 세계 여러 나라에서 하고 있습니다. 가까운 중국, 일본, 동남아시아 사람들도 하고, 북극의 에스키모 사람들도 하고, 유럽 사람들도 하고, 태평양 여러 섬의 원주민들도 하고, 아메리카와 아프리카 사람들도 합니다. 실뜨기는 전 세계 사람들이 흔히 하는 놀이예요. 돌멩이가 있으면 공기놀이 비슷한 놀이를 하는 것처럼, 실과 끈 같은 것이 있으면 실을 가지고 놀았겠죠?

셋째, 실뜨기는 언제부터 시작되었나요?

실뜨기는 아주 오래전 원시시대부터 시작되었을 거예요. 실이나 끈처럼 생긴 것으로 생활에 필요한 것을 만들거나 몸에 걸치는 장식품을 만들면서 실을 꼬거나 엮었을 것이고, 그러면서 여러 가지 모양이 만들어보며 자연스럽게 시작되었을 테지요. 최근 뉴스에 따르면 프랑스 네안데르탈인의 유적지에서 발굴된 석기 조각에 매달려 있는 끈 조각을 찾아냈다고 합니다. 이 끈 조각은 약 4~5만 년 전에 나무에서 추출한 천연 섬유를 비벼 만든 3가닥의 실을 꼬

아 만든 것으로, 석기 손잡이를 감쌌거나 그물이나 석기를 담았던 자루의 일부로 추정한다고 합니다. 그럼 실뜨기는 아마 4만여 년 전부터 시작되지 않았을까요?

넷째, 실뜨기는 누가 만들었나요?

학자들이 실뜨기에 대해 관심을 갖고 연구를 시작한 것은 1800년대 후반입니다. 문화인류학자들이 세계 여러 지역의 원주민 부족의 문화를 조사하다가 그들 사이에 행해지는 실뜨기를 발견해 수집하고 기록하였습니다. 원주민들은 실 혹은 끈 등을 이용하여 다양한 모양을 만들었습니다. 그들도 조상들로부터 전해져 내려오는 것이었으므로 원작자는 모릅니다. 이후 계속된 기록을 살펴보면 아주 멀리 떨어져 있는 다른 여러 나라에서 같거나 혹은 비슷한 실뜨기를 했음을 알 수 있습니다. 교통이나 통신이 발달하지 않아 멀리까지 이동하거나 소식 전하기가 쉽지 않았던 그 시대에 한 사람이 만들어서 전 세계에 퍼뜨렸다고 생각하기는 어렵지요. 실뜨기는 전 세계 곳곳에서 만들어졌기 때문에 지역적 특징이 있습니다. 이름은 다르지만 비슷한 모양이 있기도 하고, 특정 지역에서만 발견되는 독특한 모양도 있습니다. 실뜨기로 만드는 모양은 대부분 그 지역의 자연 및 생활상과 관련이 있습니다.

다섯째, 실뜨기로 만들 수 있는 모양은 몇 가지나 될까요?

실뜨기를 연구하는 분들의 말씀에 따르면 현재까지 수집된 것만 2천여 종이 넘고 지금도 계속 늘고 있다고 합니다. 왜냐하면 사람들은 옛날부터 전해 내려오는 것을 배우기도 하지만 새로운 모양을 만들어내기 때문이죠. 여러분도 실뜨기를 하다 보면 새로운 모양을 만들 수 있습니다. 도전해보세요.

실 준비

 실뜨기에 알맞은 실은?

★ 너무 가늘지 않고 도톰한 실이 좋습니다. 너무 가는 실로 실뜨기를 하다 보면 실이 손가락을 파고들어 아프고 자칫 다칠 수도 있습니다. 두께 2~3mm의 실이 실뜨기에 적당합니다.

★ 털 없이 매끈한 실이 좋습니다. 털이 많이 달려 있는 털실은 털이 엉켜서 모양이 잘 나오지 않거나 풀리지 않는 경우가 많아서 불편합니다.

★ 탄력이 조금 있는 실이 좋습니다. 운동화 끈처럼 탄력이 약간 있는 실로 실뜨기를 하면 모양을 더 잘 만들 수 있고 손가락도 아프지 않습니다. 그러나 고무줄처럼 너무 많이 늘어나는 것도 적당하지 않습니다.

 실뜨기에 알맞은 실의 길이는?

★ 혼자 하는 실뜨기나 둘이 하는 실뜨기 모두 한 발 길이의 실을 사용합니다. 한 발은 두 팔을 양옆으로 펴서 벌렸을 때 한쪽 손끝에서 다른 쪽 손끝까지의 길이입니다. 때때로 더 짧은 실이나 더 긴 실이 필요할 때도 있습니다. 만드는 모양에 따라 실의 길이는 조절해서 사용합니다. 다양한 길이의 실이 있으면 좋지만 이 책에 소개되는 실뜨기는 대부분 한 발이면 적당합니다. 더 짧은 실을 사용하는 경우는 한 발 길이의 실을 반 접어서 사용하면 됩니다.

★ 이 책에서는 한 발 길이의 실을 '기본 실'이라고 부르고, 실의 길이에 대해 말할 때는 기본 실을 기준으로 설명합니다. 기본 실의 길이는 160~170cm입니다.

 실뜨기를 잘하는 사람은 자신의 한 발 길이보다 10cm 정도 더 긴 편이 좋습니다. 실뜨기 하기가 편하고 모양도 잘 만들 수 있습니다. 손이 크면 조금 더 긴 실을, 손이 작으면 조금 더 짧은 실을 사용하는 것이 편합니다. 실의 길이가 딱 정해진 것은 아니므로 실뜨기를 해보면서 자신에게 제일 편안한 길이를 찾으면 됩니다.

[010]

실잇기

실을 준비했다면 이제 준비된 실을 연결해야겠지요? 실을 연결할 때 매듭은 작게 만드는 것이 좋습니다. 매듭이 크면 모양을 만들 때 방해가 되기 때문입니다. 스퀘어 매듭으로 잇기를 추천합니다. 스퀘어 매듭으로 이은 실은 매듭이 작고 잘 풀리지 않습니다.

 스퀘어 매듭 짓는 방법

1. 양쪽 실 끝을 ×자 모양으로 포개어놓아요. 주황색 실이 위에 있습니다.

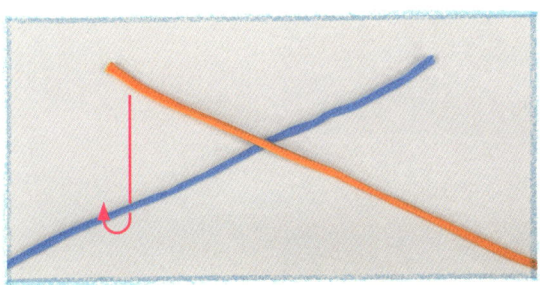

2. 주황색 실의 끝을 집고 파란색 실 아래로 넣은 후 다시 파란색 실의 위로 올려주세요.

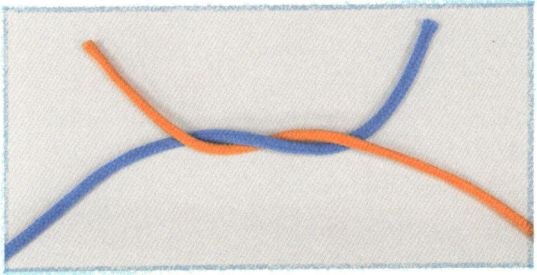

3. 주황색 실이 위로 가고 파란색 실이 아래로 가도록 다시 서로 포개어주세요.

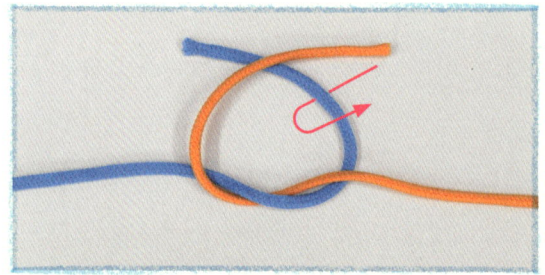

4. 다시 한 번 주황색 실을 파란색 실 아래로 넣었다 위로 빼주세요.

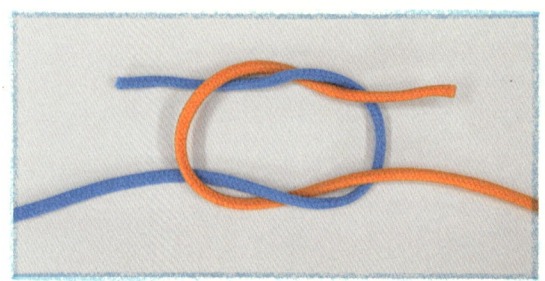

5. 이제 양쪽 실을 잡고 좌우로 팽팽하게 당겨주면 매듭이 생겨요.

6. 남아 있는 실을 가위로 잘라주면 스퀘어 매듭 완성입니다.

실이 준비되었다면 이제 실뜨기를 할 수 있습니다. 책을 보고 무작정 따라 하면 어려울 수 있어요. 다섯 손가락에 여러 가닥의 실이 복잡하게 연결되어 헷갈리기 때문이에요. 이 책에 나오는 실뜨기를 쉽게 따라 하기 위해서는 먼저 몇 가지 약속을 기억해야 해요. 손가락 이름, 실의 위치에 따라 손가락을 지칭하는 방법, 실의 위치에 따라 실을 지칭하는 방법, 실의 움직임을 지칭하는 방법 등이 있습니다. 책에 실린 실뜨기 방법은 이 약속대로 설명하고 있습니다.

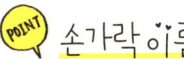 손가락 이름

엄지손가락, 집게손가락, 가운뎃손가락, 약손가락, 새끼손가락

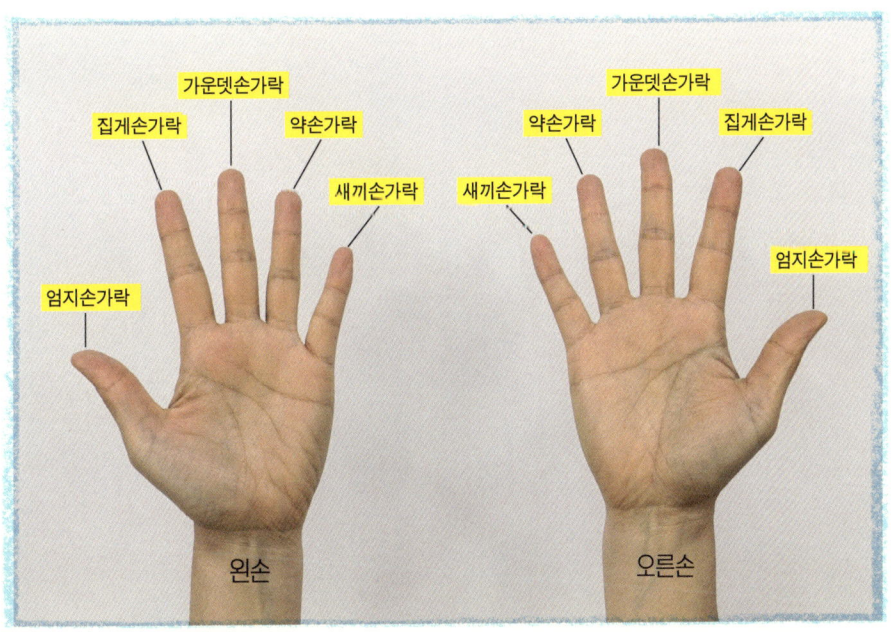

실의 위치에 따라 손가락과 실을 부르는 말

1. 앞뒤 기준은 실뜨기하는 사람의 몸을 기준으로 해요. '앞실'은 손가락을 기준으로 내 몸 쪽으로 걸린 실이고, '뒷실'은 손가락을 기준으로 내 몸에서 먼 쪽에 걸린 실입니다.

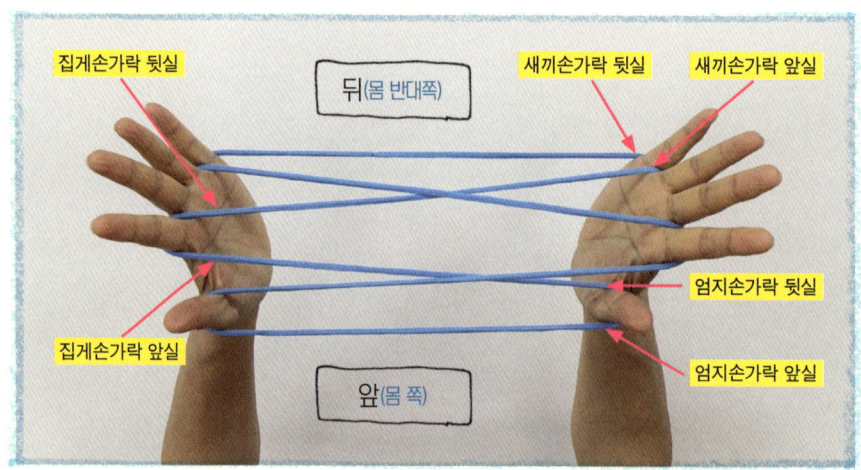

2. 각 손가락을 감싸며 걸려 있는 실을 '고리'라고 부릅니다.

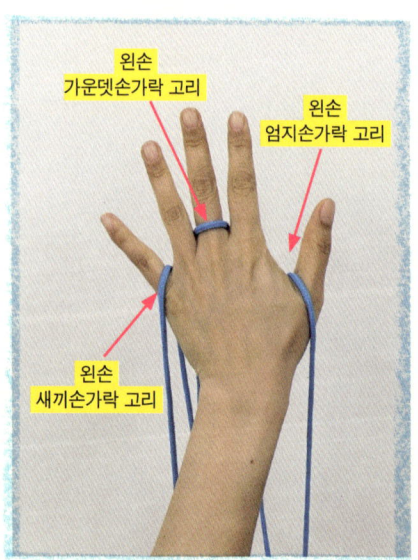 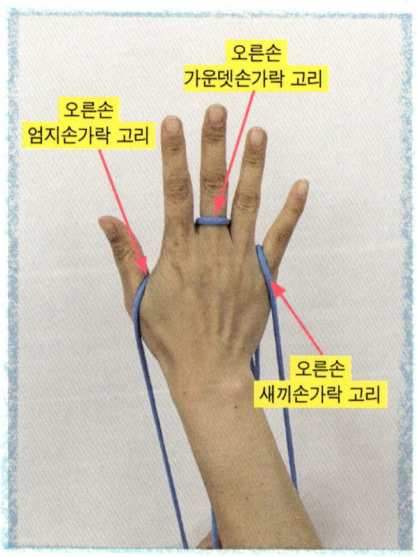

3. 사진을 기준을 실의 위와 아래를 지칭합니다.

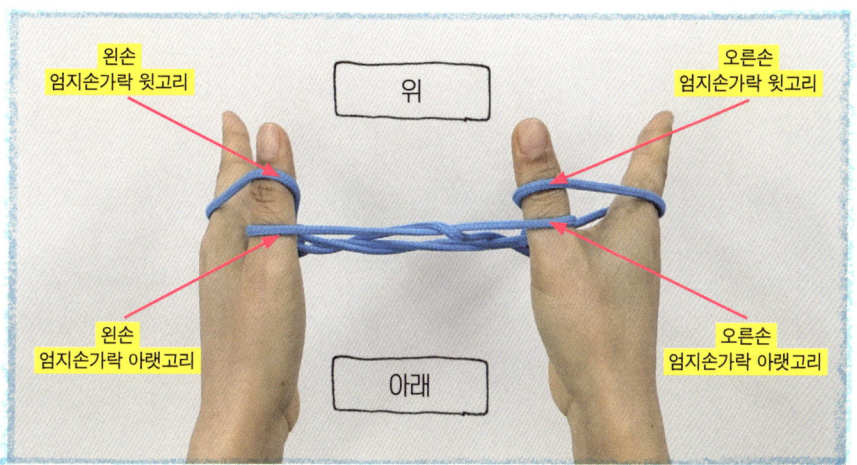

Tip
하나의 손가락에 실이 두 줄 이상 걸리는 경우가 종종 있습니다.
이때 거는 순서대로 실이 따로따로 나뉘어 걸리게 하는 것이 중요합니다.

손가락 움직임

1. 누르다 손가락을 실 위에 놓고 손가락의 지문 쪽으로 실을 다룰 때를 말합니다.

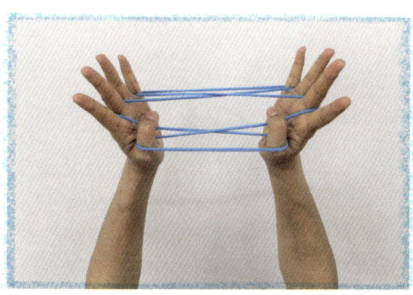

양손 엄지손가락으로 가운뎃손가락 앞실을 누른다.

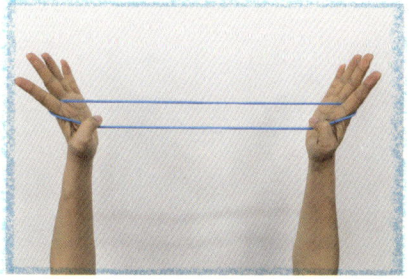

양손 엄지손가락으로 집게손가락 앞실을 누른다.

2. **뜨다** 손가락을 실 아래에 넣고 손가락의 손톱 쪽으로 실을 다룰 때를 말합니다.

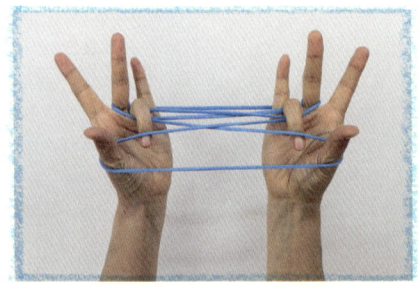

양손 약손가락으로 양손 엄지손가락 뒷실을 뜬다.

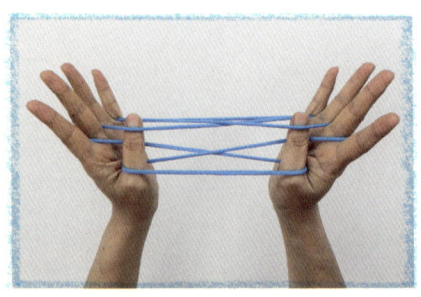

양손 엄지손가락으로 가운뎃손가락 앞실을 누른 후 양손 가운뎃손가락 뒷실을 뜬다.

3. **뒤로 돌리기** 돌리기는 방향이 중요합니다. 뒤로 돌리기는 자기 몸에서 먼 쪽으로 돌리는 것을 말합니다.

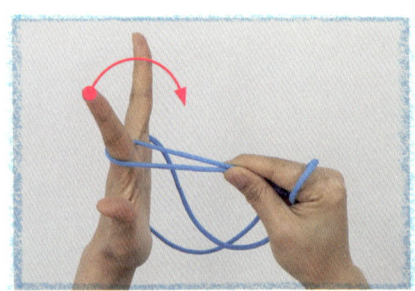 ▶ 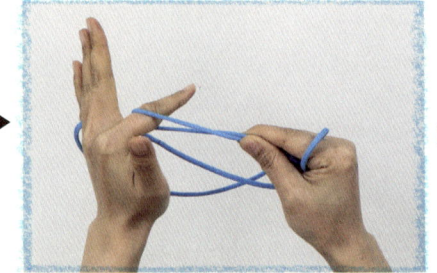 ▶

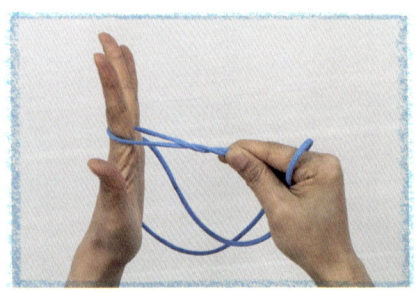

왼손 집게손가락을 뒤로 1바퀴 돌리기

4. **앞으로 돌리기** 자기 몸 쪽으로 돌리는 것을 말합니다.

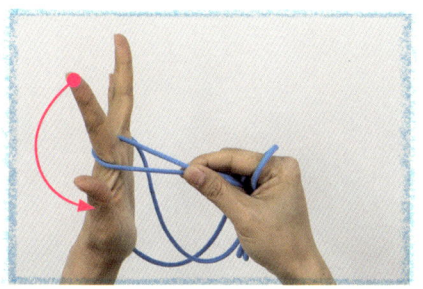 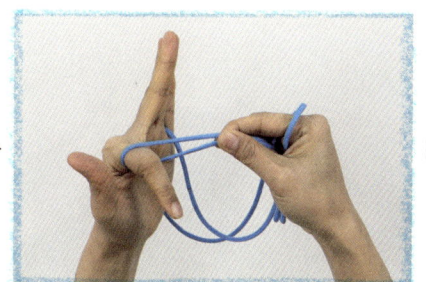

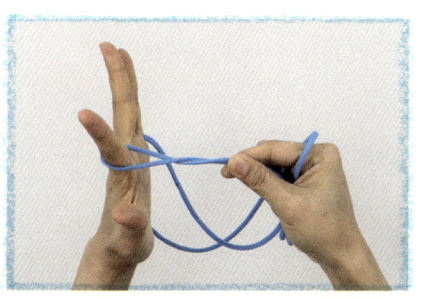

왼손 집게손가락을 앞으로 1바퀴 돌리기

5. **아랫고리 벗기기** 한 손가락 또는 여러 손가락에 2개의 고리가 걸려 있을 때 아래에 있는 고리 하나만 벗기는 것을 말합니다.

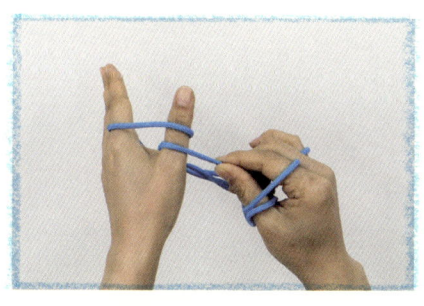 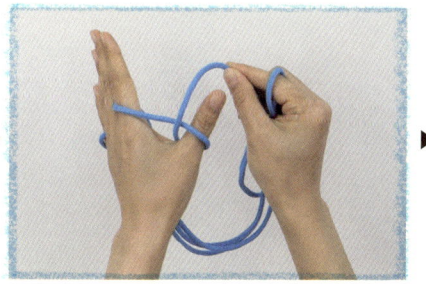

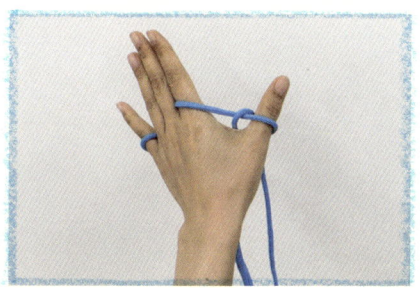

왼손 엄지손가락 아랫고리를 왼손 엄지손가락에서 벗기기

실뜨기 시작 기본형

실뜨기를 시작할 때 많이 사용되는 모양입니다. 이 책에서 실뜨기를 설명할 때 기본형을 만드는 방법은 따로 설명하지 않으니 지금 보고 잘 기억하세요.

기본 자세

1. 엄지손가락에 실을 걸어주세요.

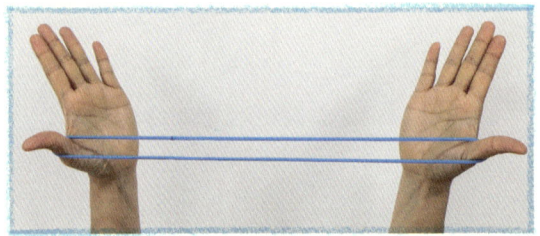

2. 양손 새끼손가락으로 엄지손가락 뒷실을 아래에서부터 떠 오세요.

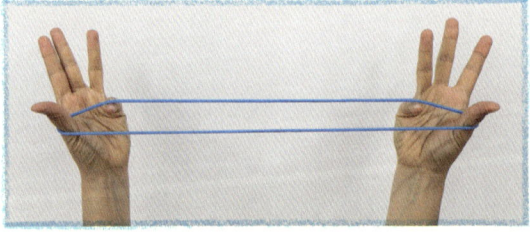

3. 기본 자세입니다.

집게손가락 기본 – 집게손가락으로 만드는 기본형

1. 기본 자세를 만들어주세요(18쪽 참조).

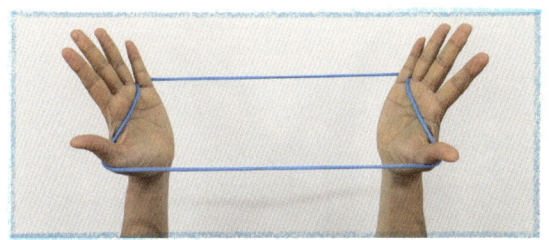

2. 오른손 집게손가락으로 왼 손바닥에 있는 실을 떠 오세요.

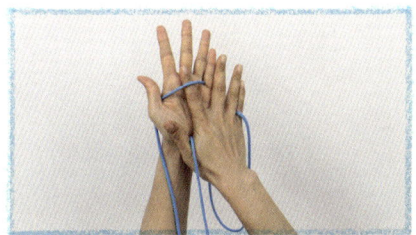 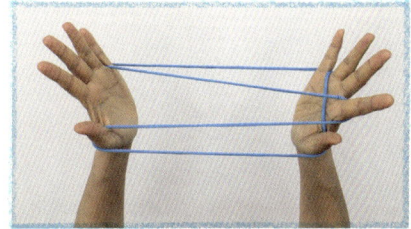

3. 왼손 집게손가락으로 오른손 집게손가락에서 나온 실 2가닥 사이로 오른 손바닥에 있는 실을 떠 오세요.

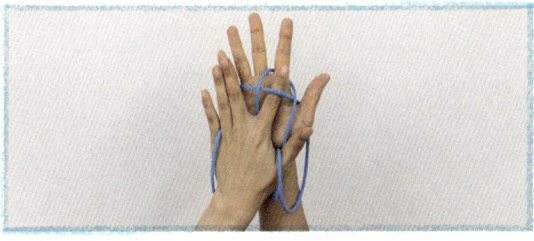

4. 집게손가락 기본입니다.

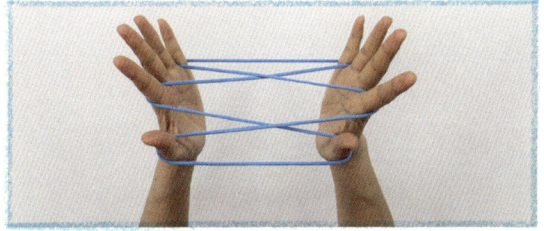

가운뎃손가락 기본 – 가운뎃손가락으로 만드는 기본형

1. 기본 자세를 만들어주세요(18쪽 참조).

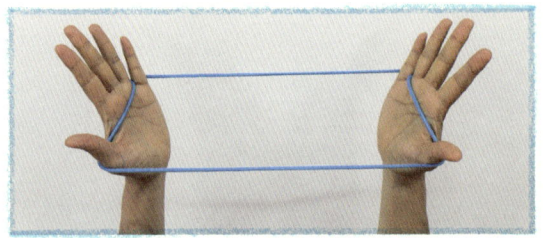

2. 오른손 가운뎃손가락으로 왼 손바닥에 있는 실을 떠 오세요.

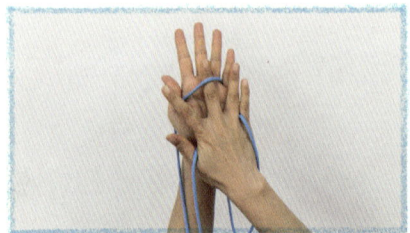 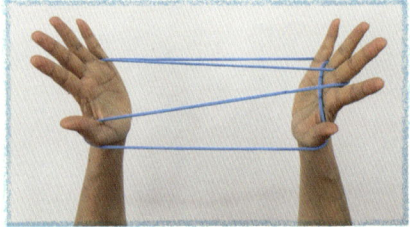

3. 왼손 가운뎃손가락으로 오른손 가운뎃손가락에서 나온 실 2가닥 사이로 오른 손바닥에 있는 실을 떠 오세요.

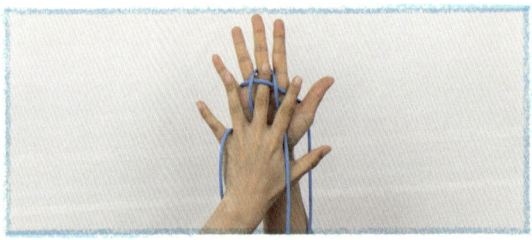

4. 가운뎃손가락 기본입니다.

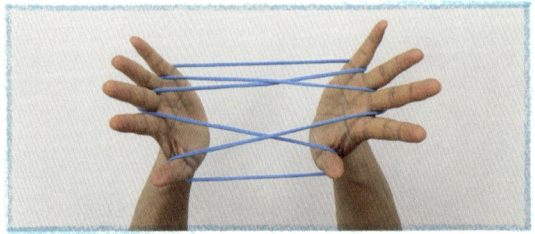

1장

뚝딱뚝딱 심플하게!
실뜨기 1단계

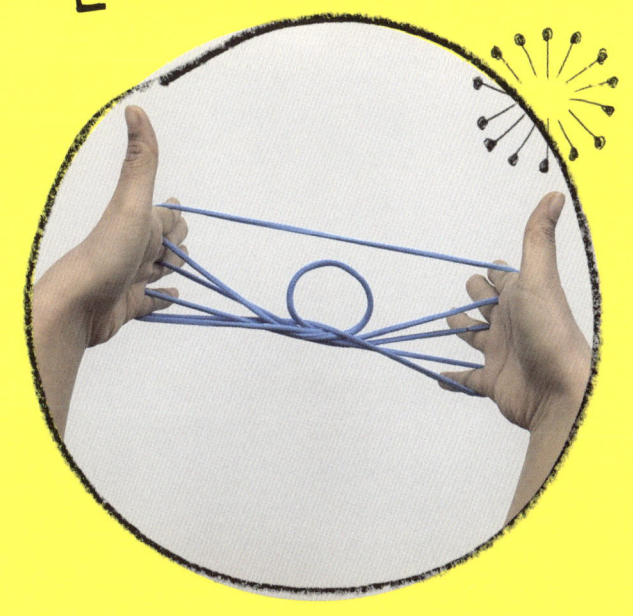

예쁜 꽃

실의 길이 : 기본 실   난이도 : ★★☆☆☆

양손 새끼손가락에 실을 걸고 시작해요.

8장의 꽃잎을 가진 예쁜 꽃이 피었어요.

세계 여러 지역의 실뜨기를 찾아보아도 꽃 모양이 되는 실뜨기는 드물어요. 그 지역에 사는 동물이나 나무 등의 모양은 많아요. 예를 들면 북극에서는 곰이나 코요테 모양을 만들지요. 그런데 꽃모양은 없어요. 아마도 곡선을 만들기가 어렵기 때문이 아닐까요?

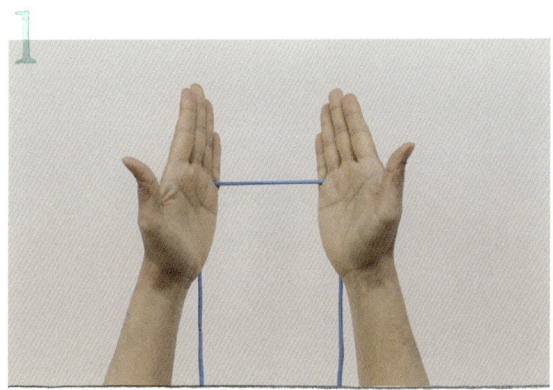

양손 새끼손가락에 실을 걸어주세요.

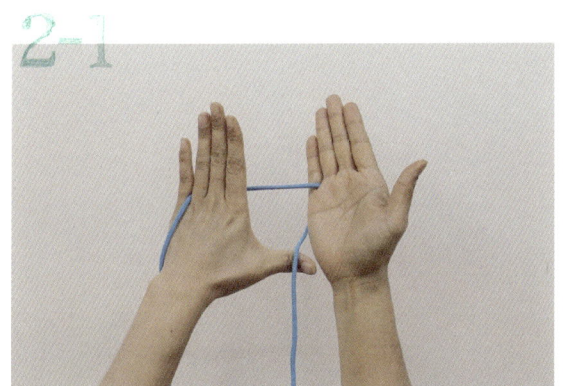
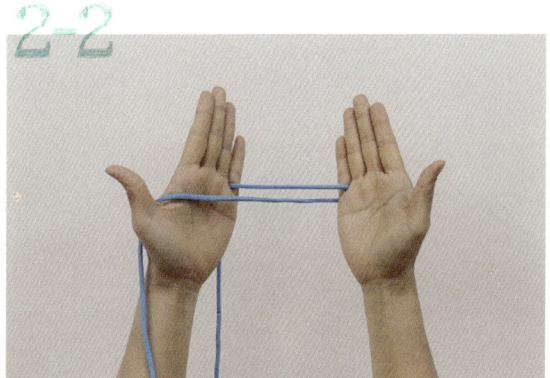

왼손 엄지손가락으로 오른손 새끼손가락 뒷실을 뒤에서 앞으로 떠 옵니다.

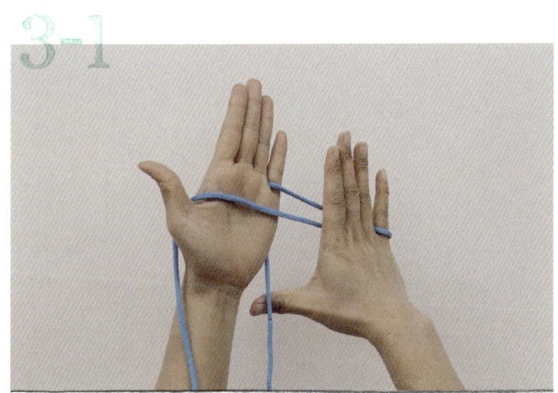
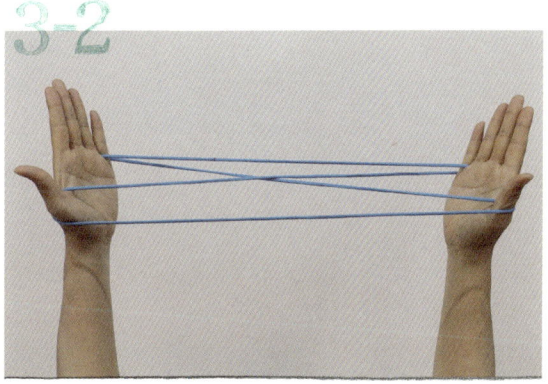

오른손 엄지손가락으로 왼손 새끼손가락 뒷실을 뒤에서 앞으로 떠 온 후 양손을 좌우로 벌려주세요.

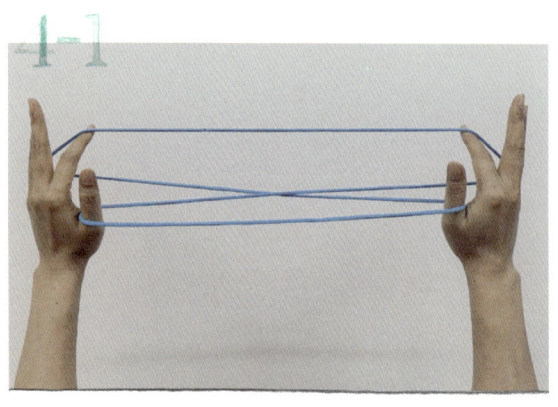 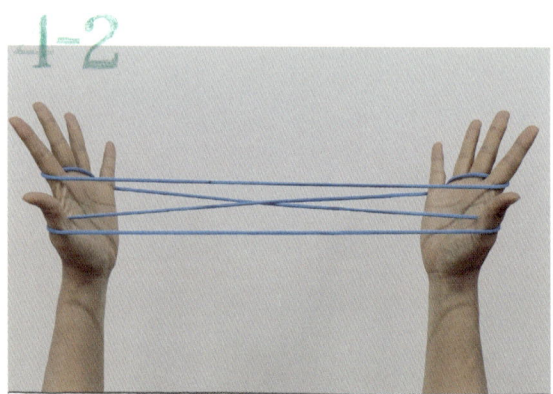

양손 집게손가락으로 새끼손가락 앞실을 떠 옵니다.

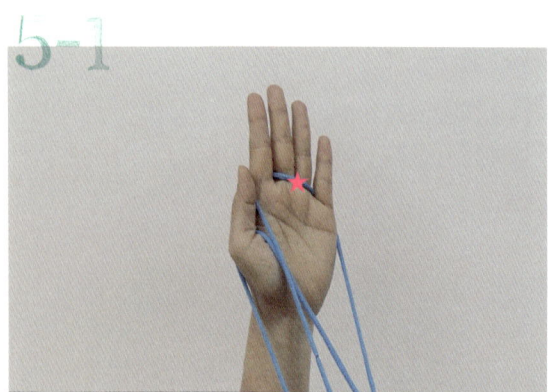 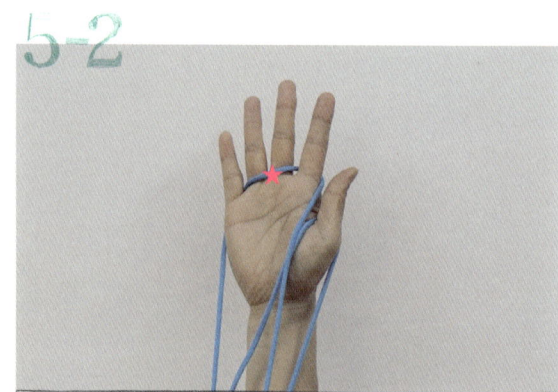

손바닥을 보면 가운뎃손가락과 약손가락 앞에 있는 실(★)이 보입니다.

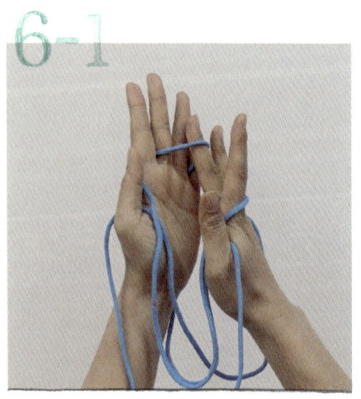 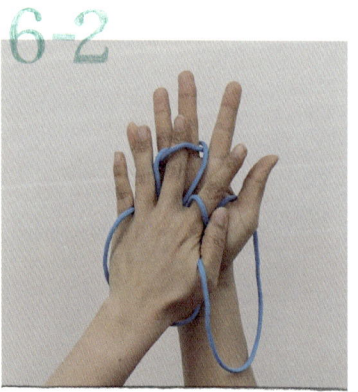 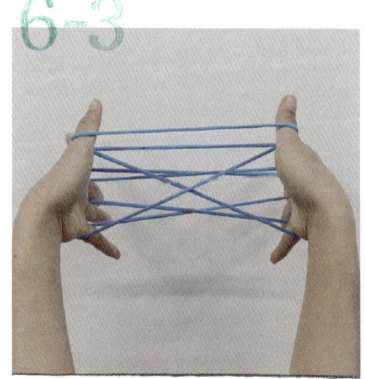

오른손 가운뎃손가락으로 왼손 가운뎃손가락과 약손가락 앞에 있는 실(★)을 떠 오세요. 가운뎃손가락 기본과 비슷한 방법입니다. 왼손 가운뎃손가락으로 오른손 가운뎃손가락에 걸린 실 사이로 가운뎃손가락 앞에 있는 실(★)을 떠 옵니다.

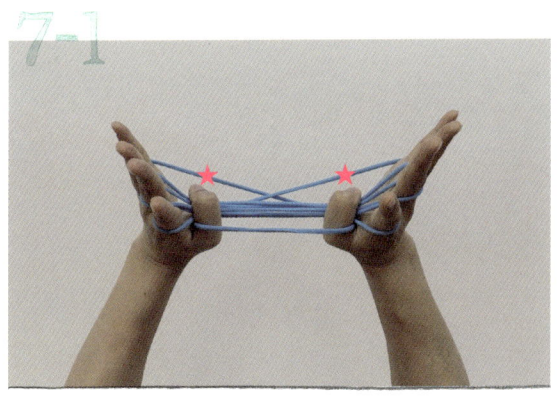
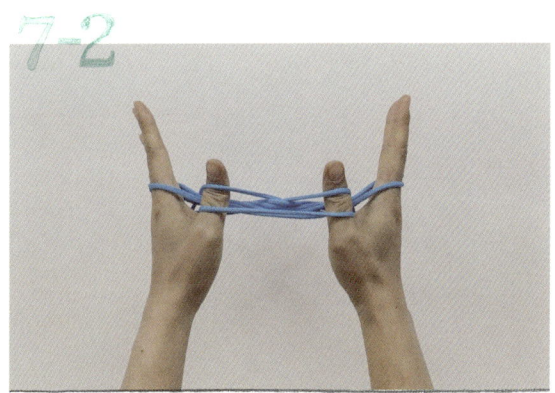

양손 엄지손가락으로 모든 실을 다 누르고 새끼손가락 뒷실(★)을 떠 오세요. 엄지손가락에 고리가 2개 걸립니다.

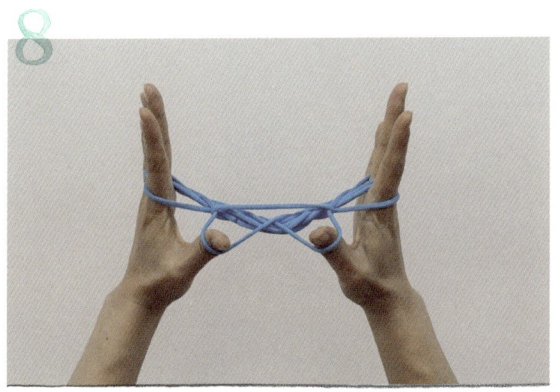
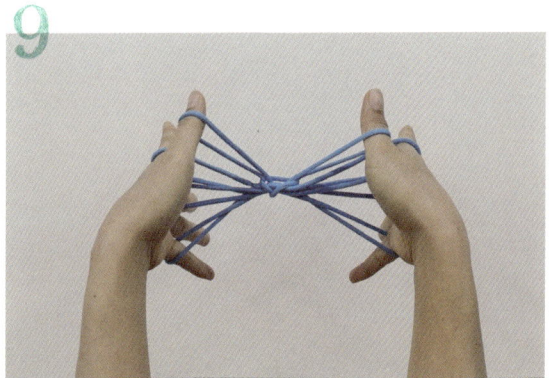

2개의 고리 중에 아랫고리만 엄지손가락에서 벗겨주세요.

손을 좌우로 흔들어 엄지손가락에서 벗긴 고리가 가운데 모이도록 해주세요.

꽃 완성

바닥에 내려놓고 예쁘게 다듬어주세요. 예쁜 꽃 완성입니다.

떠오르는 해

실의 길이 : 기본 실   난이도 : ★★☆☆☆

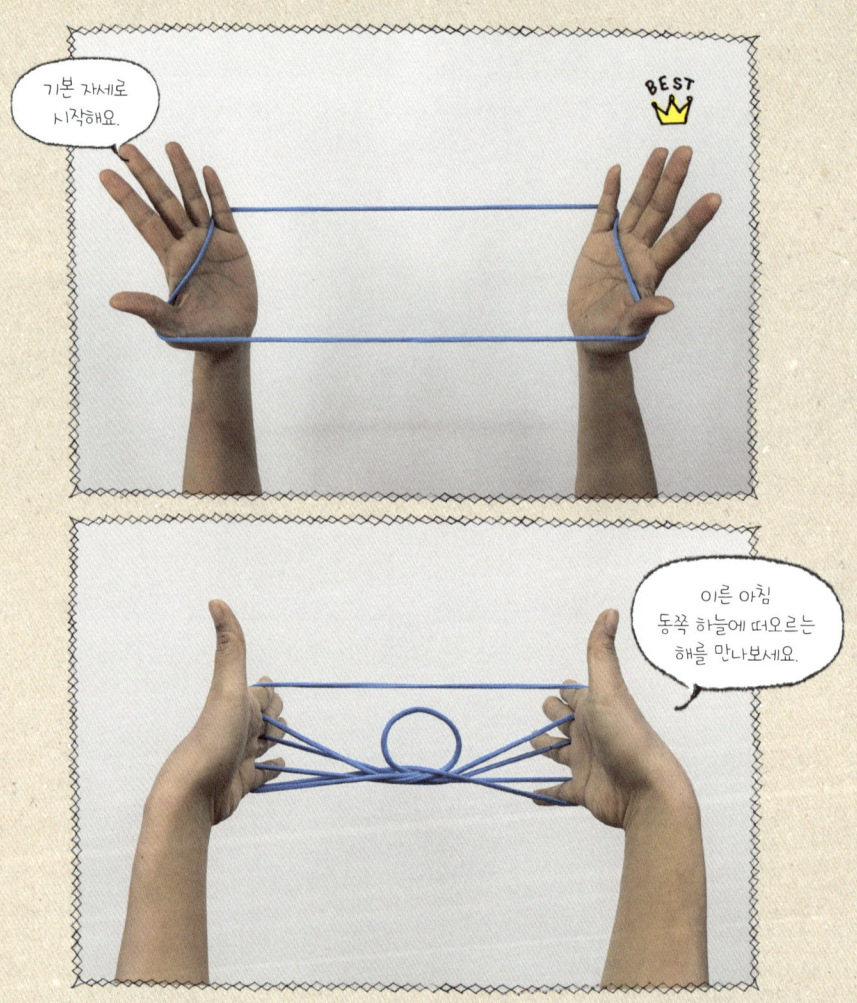

티벳 라사 지역에서 수집된 실뜨기입니다. 가운데 생기는 동그란 모양이
'산 사이로 뜬 달'과 비슷한 느낌이지요. 그런데 이것이 떠오르는 해인지 지는 해인지 어떻게 알 수 있을까요?
처음 시작할 때는 없던 해가 마지막에 생기는 것이니 떠오르는 것이 맞겠죠?

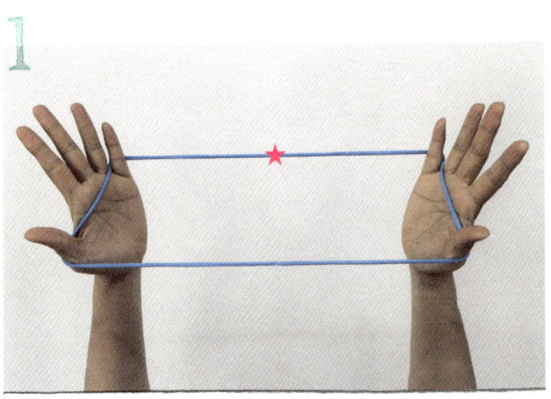

기본 자세를 만들어주세요(18쪽 참조).

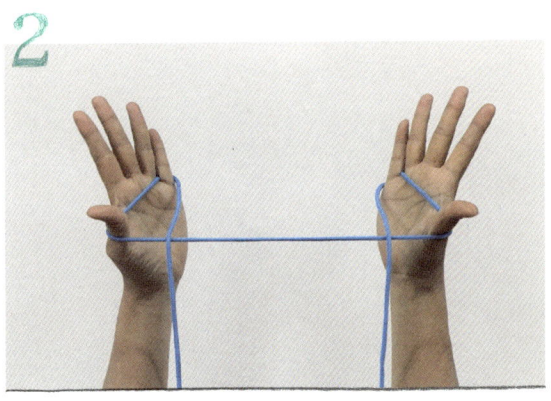

기본 자세에서 새끼손가락 뒷실(★)을 당겨 엄지손가락 앞실 위에 걸쳐 앞으로 늘어지게 해주세요.

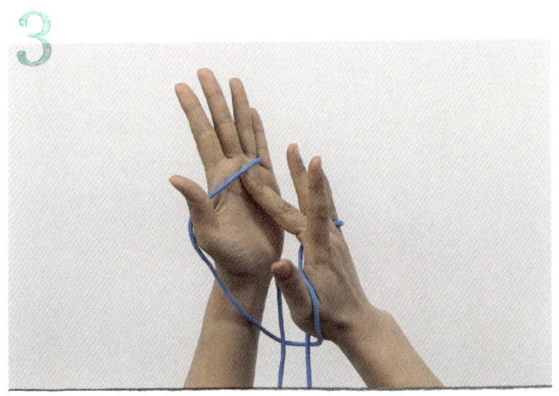

오른손 가운뎃손가락으로 왼 손바닥을 가로지르고 있는 실을 떠 오세요. 가운뎃손가락 기본과 방법이 같아요.

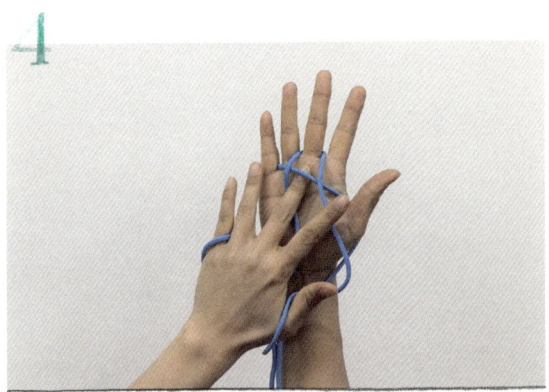

왼손 가운뎃손가락으로 오른 손바닥을 가로지르고 있는 실을 가운뎃손가락 실 2가닥 사이로 떠 오세요. 이때 완전히 손을 벌리지 마세요

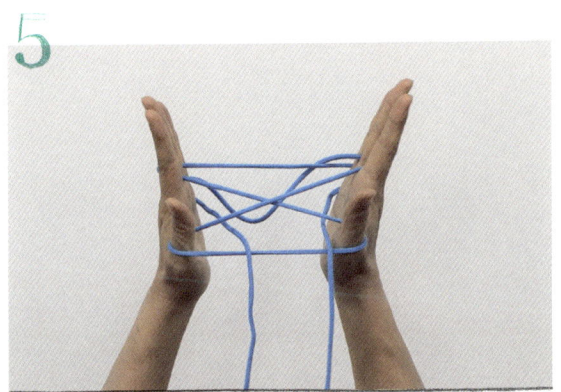

가운뎃손가락 기본과 비슷하나 엄지손가락 앞실 위로 실이 걸쳐서 아래로 늘어져 있도록 해주세요.

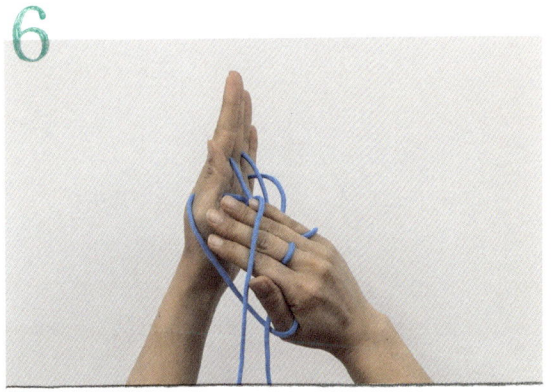

오른손 엄지손가락을 제외한 나머지 네 손가락으로 왼손 엄지손가락 앞실 위에 걸쳐 늘어져 있는 실을 떠 오세요.

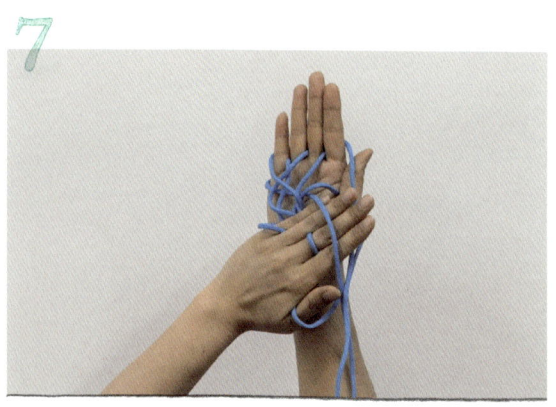

왼손 엄지손가락을 제외한 나머지 네 손가락으로 오른손 쪽의 엄지손가락 앞실 위에 걸쳐 늘어져 있는 실을 떠 오세요.

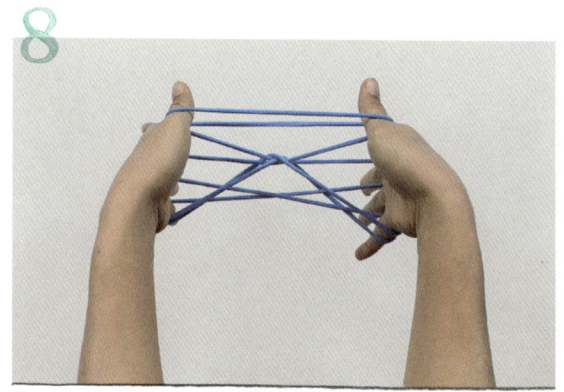

양손 엄지손가락 고리를 놓으면 아래쪽으로 둥근 고리가 생겨요. 이 고리가 둥근 해가 돼요.

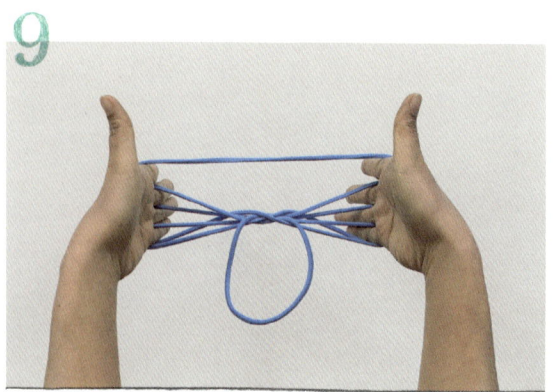

양손을 좌우로 살살 벌려보세요.

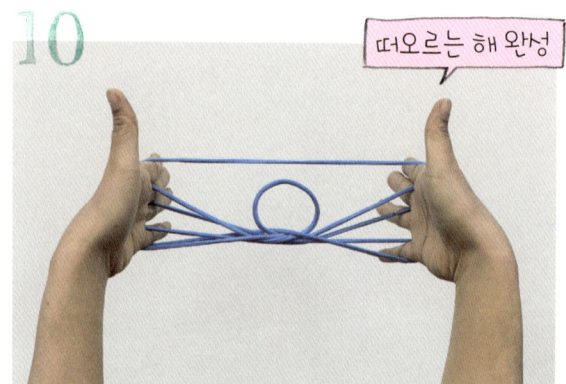

떠오르는 해 완성

마침내 수평선 아래에 있던 해가 떠올랐어요. 떠오르는 해 완성입니다.

Tip

얇은 실은 마지막 단계에서 해의 모양이 찌그러지거나 아래로 처져요. 도톰한 실을 사용해야 둥근 해의 모양을 잘 만들 수 있어요.

밤하늘의 별
(7개의 다이아몬드)

실의 길이 : 기본 실   난이도 : ★★☆☆☆

하와이에서 수집된 실뜨기예요. 하와이에는 많은 실뜨기가 있는데 1928년에 조사된 것만도 115가지가 넘는다고 해요. 하와이 실뜨기에 얽힌 이야기와 노래도 함께 전해졌다고 해요. 하와이어로 밤하늘의 별은 'PO'라고 불리는데 이것은 '밤', '어둠'을 뜻한답니다.

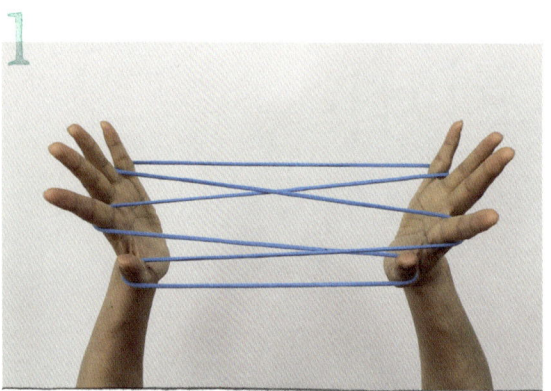

집게손가락기본을 만들어주세요(19쪽 참조).

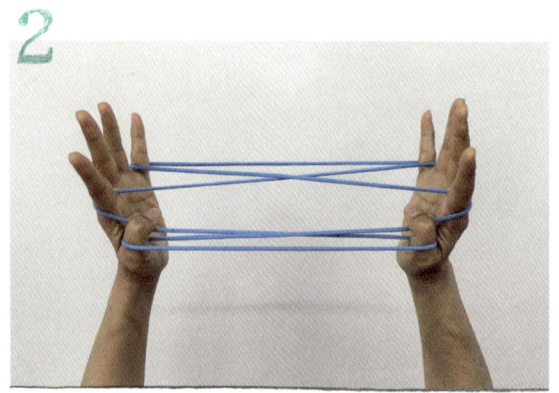

양손 엄지손가락으로 집게손가락 앞실을 살짝 누른 상태로 손등이 자기에게 보이도록 살짝 돌려주세요.

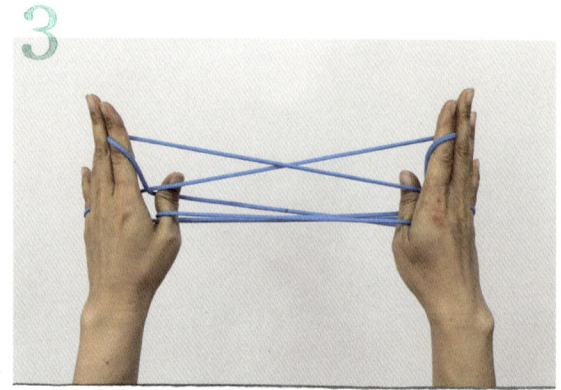

양손 엄지손가락으로 집게손가락 뒷실의 아래로 보이는 새끼손가락 앞실을 뜬 후 집게손가락 뒷실 아래로 빠져나오세요.

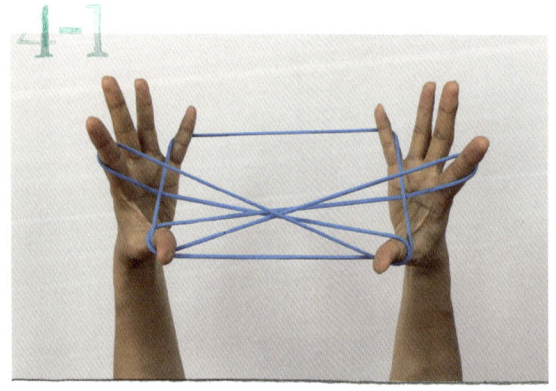

양손 새끼손가락 고리를 놓아주세요.

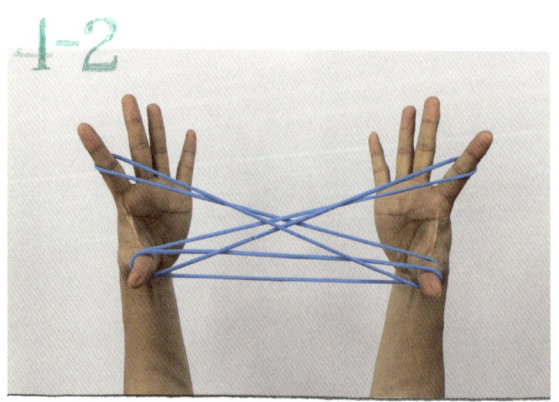

5-1
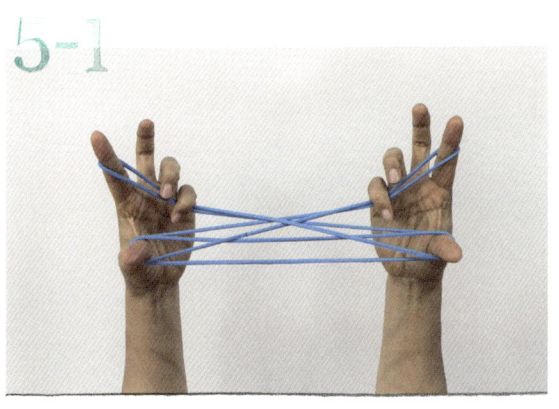

5-2
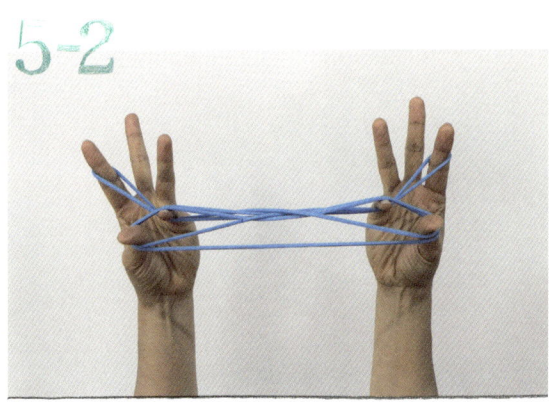

양손 새끼손가락으로 집게손가락 실 2가닥을 위로 지나 양손 엄지손가락 뒷실 2가닥을 뜬 후 제자리로 돌아오세요.

6
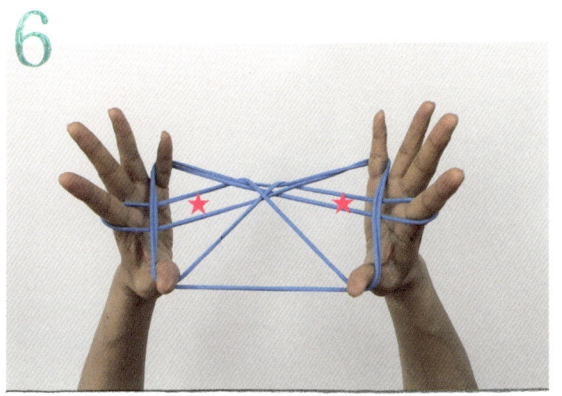

양손 집게손가락에 걸려 있는 실 2가닥이 만들고 있는 길(★)을 잘 기억하세요.

7
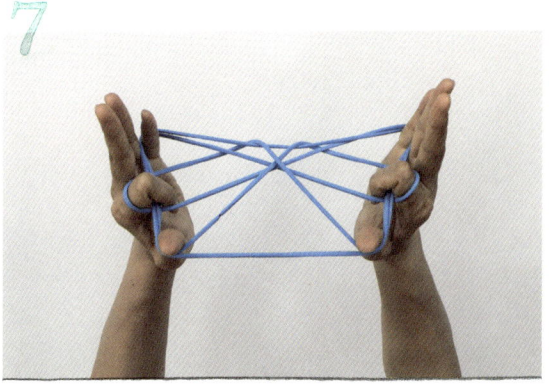

양손 집게손가락을 집게손가락 실이 만든 길(★)에다 위에서 넣고 집게손가락을 손바닥에 붙여주세요. 그리고 양손 엄지손가락 고리를 엄지손가락에서 벗겨주세요.

8
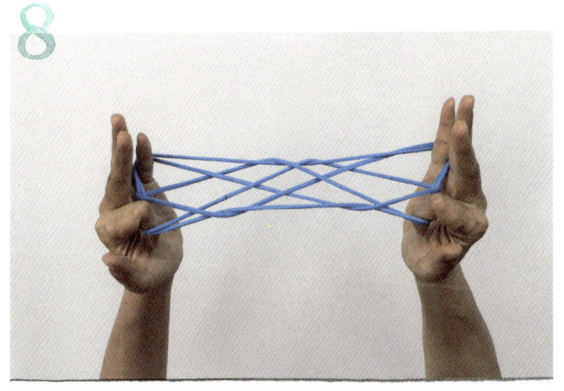

양손 집게손가락을 손바닥에 붙은 상태로 좌우로 팽팽하게 당겨주세요. 이 상태에서 집게손가락을 내 몸 앞쪽으로 돌려 세워주세요.

9
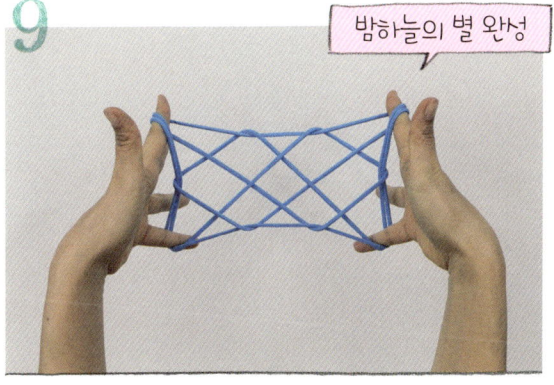

밤하늘의 별 완성

밤하늘의 별 완성입니다.

집

실의 길이 : 기본 실   난이도 : ★★☆☆☆

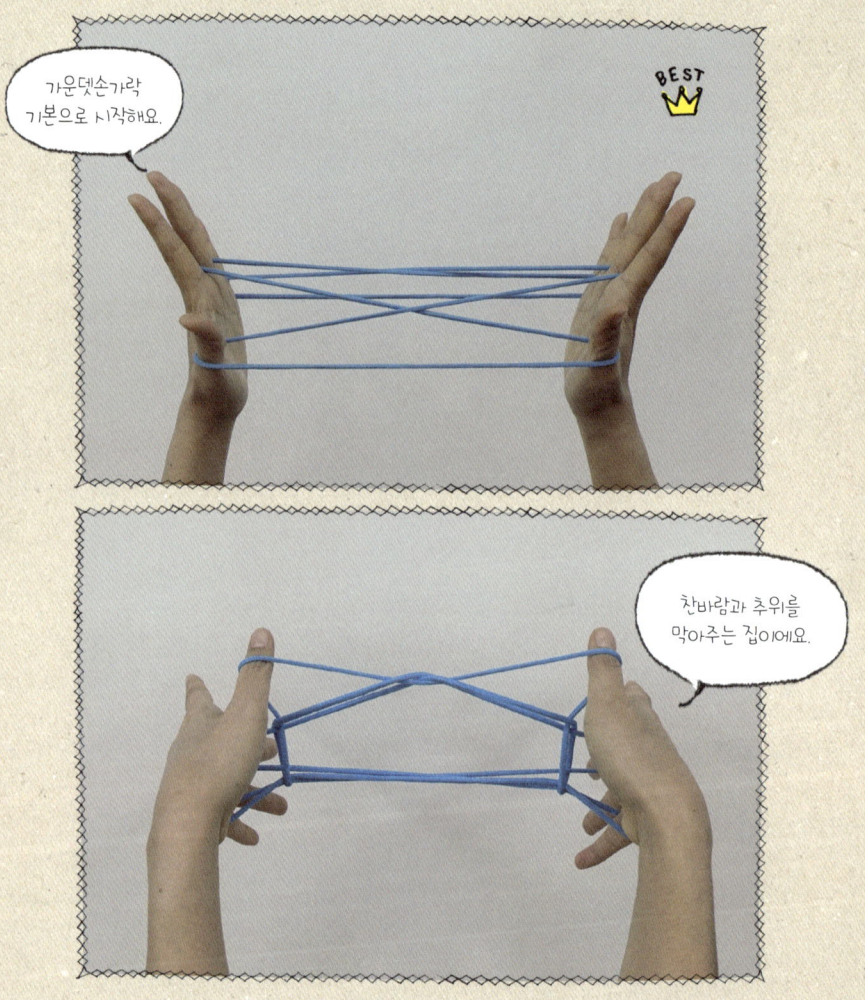

가운뎃손가락 기본으로 시작해요.

찬바람과 추위를 막아주는 집이에요.

아기돼지 삼형제가 각자 집을 지었어요. 첫째 아기돼지는 밀짚으로, 둘째 아기돼지는 나뭇가지로 집을 지었어요. 밀짚과 나뭇가지로 지은 집은 쉽게 무너져 버렸지요. 첫째 아기돼지와 둘째 아기돼지는 도망을 갔어요. 셋째 아기돼지는 무엇으로 집을 지었을까요? 이 이야기가 딱 어울리는 실뜨기예요.

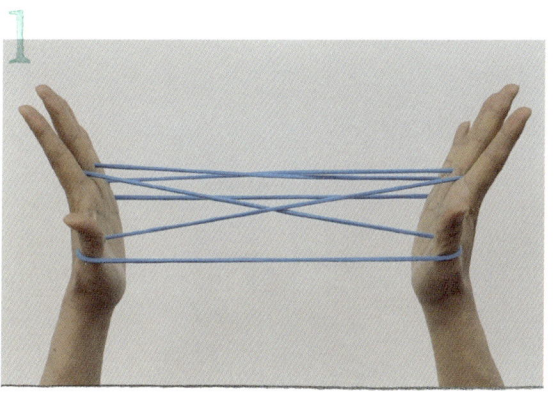

가운뎃손가락 기본을 만들어주세요(20쪽 참조).

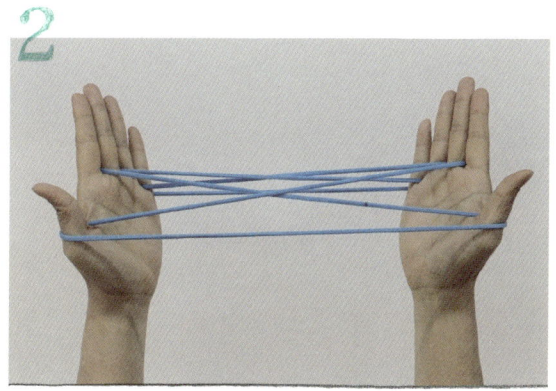

양손 바닥을 위로 보게 한 다음 집게손가락, 가운뎃손가락, 약손가락, 새끼손가락으로 엄지손가락 뒷실까지 다 잡아주세요.

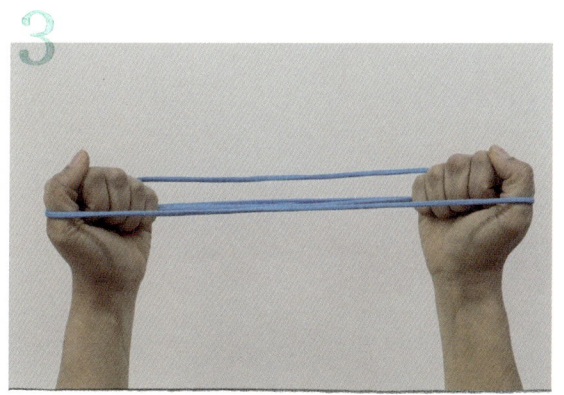

제일 앞에 있는 양손 엄지손가락 앞실을 새끼손가락 뒤로 완전히 넘겨주세요.

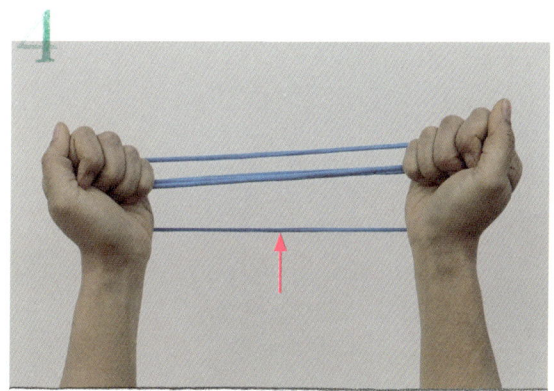

과정 3에서 넘긴 엄지손가락 앞실이 화살표(↑)와 같이 제일 아래로 내려오도록 해주세요.

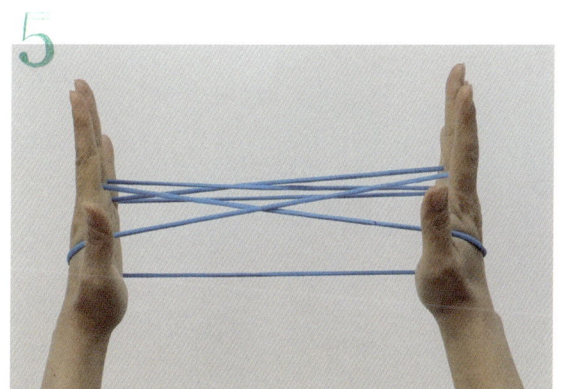

양손 엄지손가락으로 집게손가락 앞실을 눌러주세요.

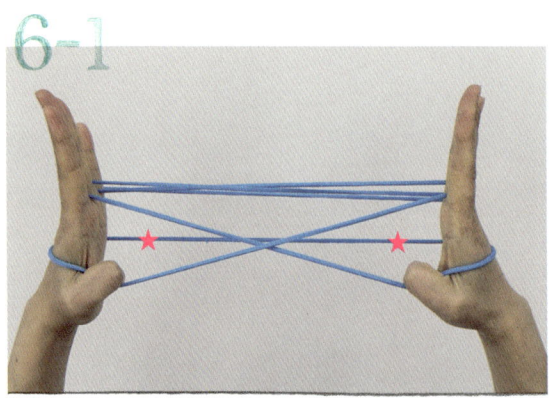
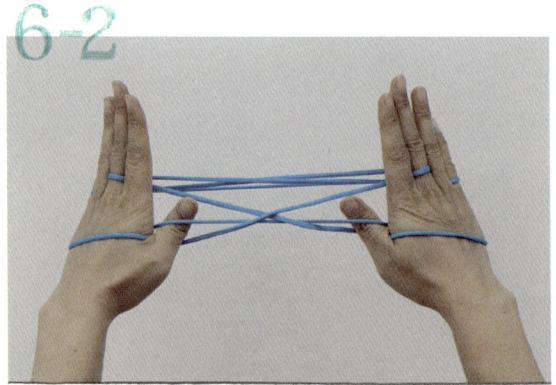

양손 엄지손가락으로 새끼손가락 뒤쪽 제일 아래에 가로로 있는 실(★)을 뜨고 제자리로 돌아오세요. 이때 들어간 대로 그대로 나와야 해요.

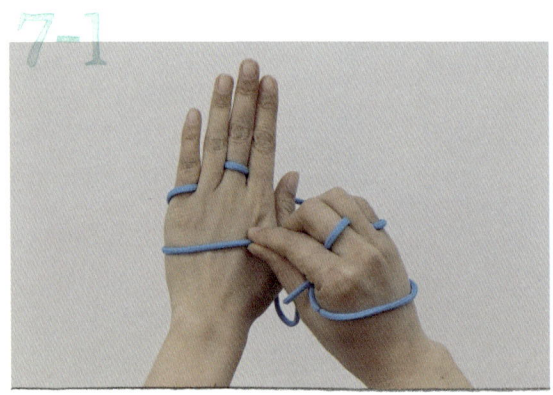
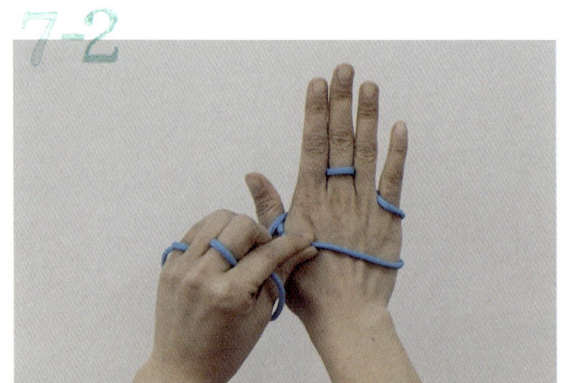

양 손등에 있는 실을 벗겨주세요. 이때 엄지손가락에 걸지 않도록 조심하세요.

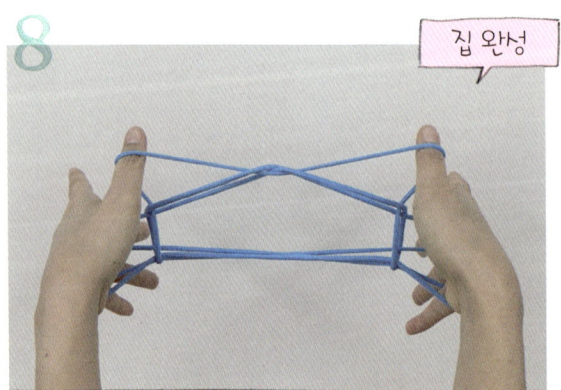

집 완성입니다.

담장 있는 집

실의 길이 : 기본 실   난이도 : ★★★☆☆

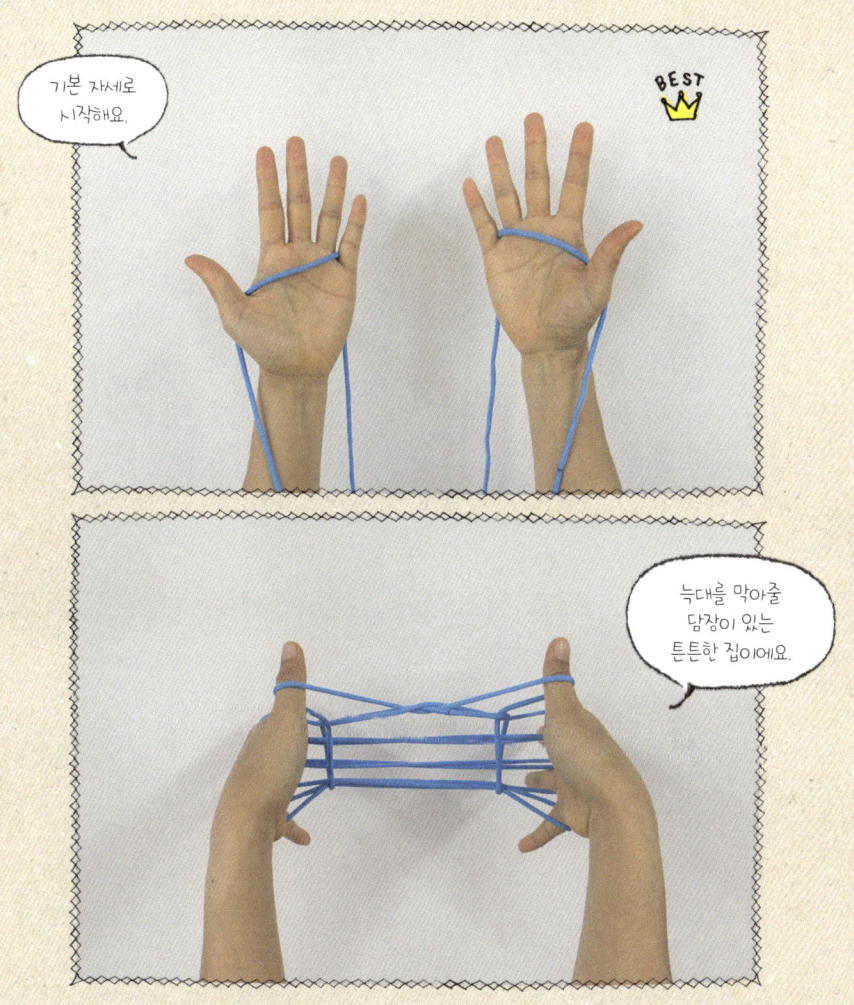

셋째 아기 돼지가 만든 담장이 있는 집은 매우 튼튼해서 늑대가 공격해도 무너지지 않았어요.
담장이 있는 집을 만드는 방법은 '집'과 거의 비슷해요. 단지 담장을 만들기 위해
실이 좀 더 여러 가닥이라서 실의 위치를 헷갈리지 않도록 조심해야 해요. 튼튼한 집을 지어보아요.

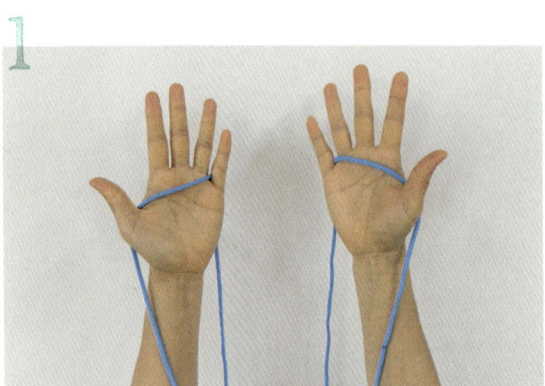

기본 자세를 만들어주세요(18쪽 참조).

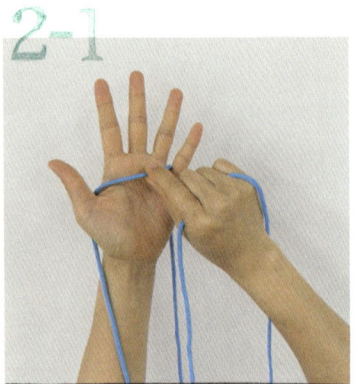
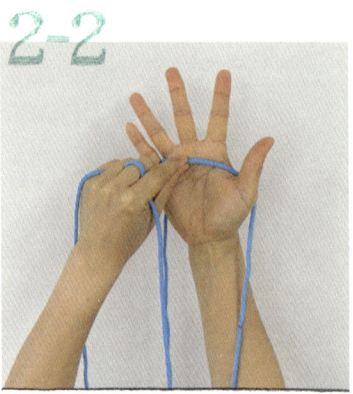
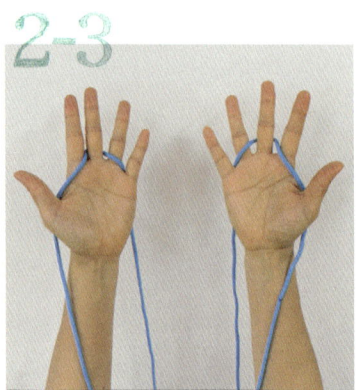

양손 바닥에 있는 실을 각각 가운뎃손가락에 걸어주세요.

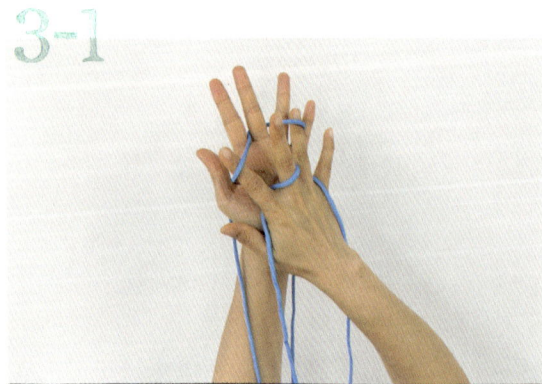
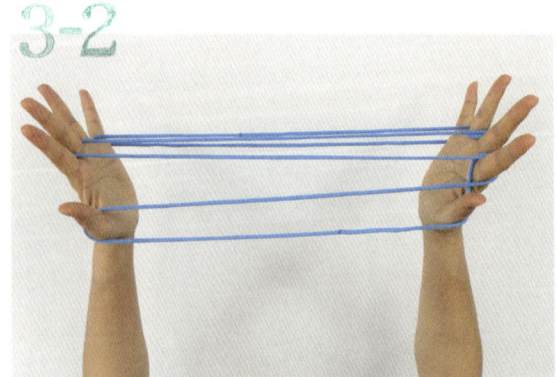

오른손 집게손가락과 약손가락으로 왼손 집게손가락 앞실과 약손가락 앞을 지나는 실을 떠 오세요.

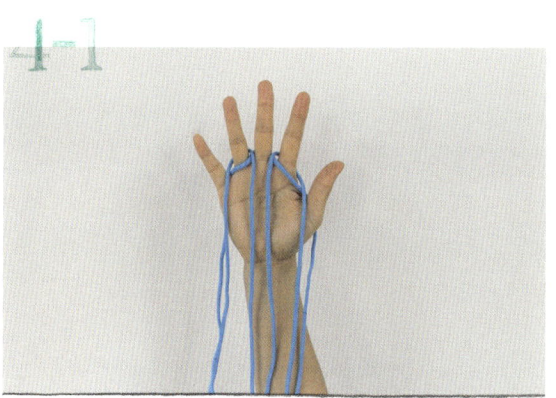
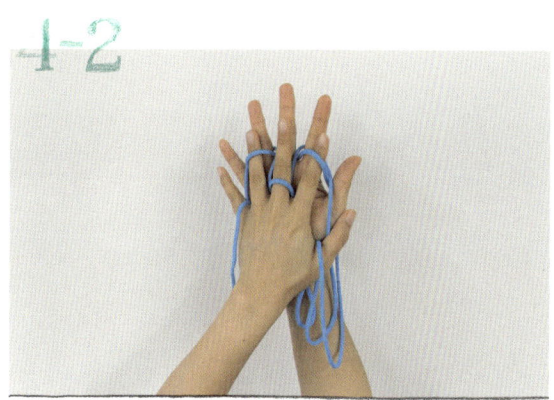

왼손 집게손가락과 약손가락으로 오른손 집게손가락과 약손가락 앞을 지나는 실을 떠 옵니다. 집게손가락 기본과 같은 방법이지요.

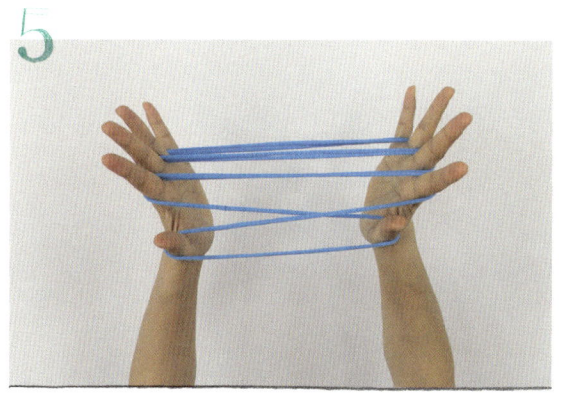
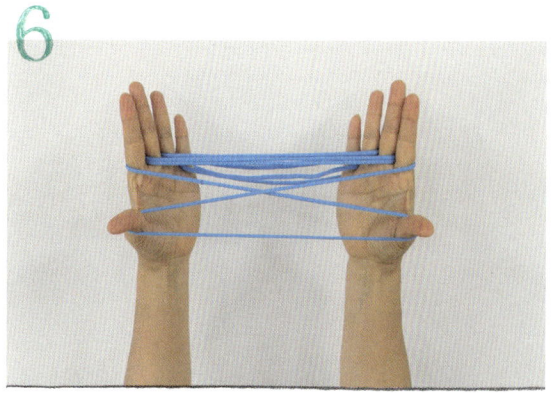

양손 다섯 손가락 모두에 고리가 걸려 있어요. 손바닥이 위로 향하도록 손을 돌려주세요. 여기서부터 '집'을 만드는 방법과 같습니다.

양손 집게손가락, 가운뎃손가락, 약손가락, 새끼손가락으로 엄지손가락 뒷실까지 다 잡아주세요. 엄지손가락 앞실만 남기세요.

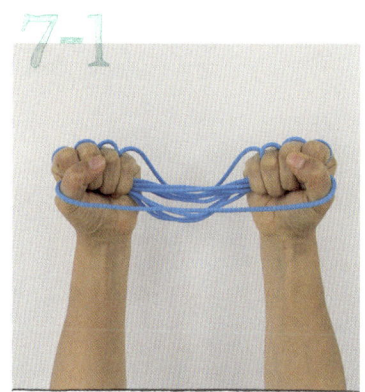
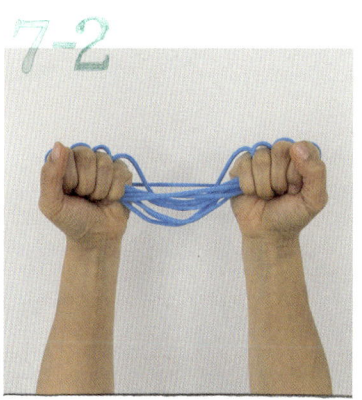
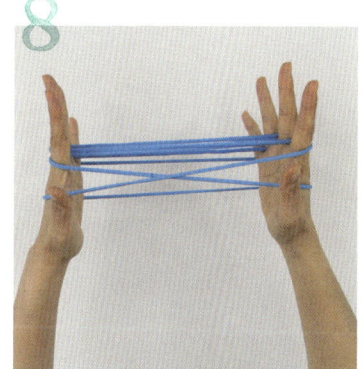

양손 엄지손가락 앞실을 양손 뒤로 완전히 넘겨주세요.

양손 엄지손가락으로 집게손가락 앞실 2가닥 중에서 아랫실을 눌러주세요.

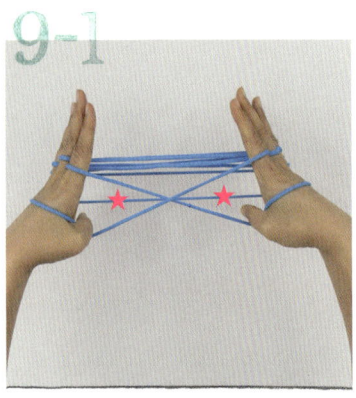

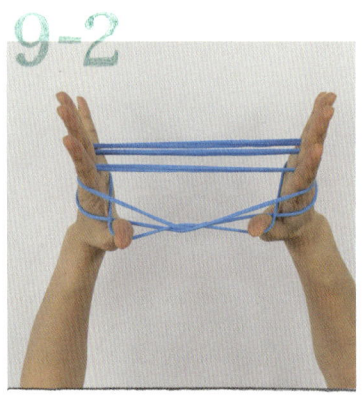

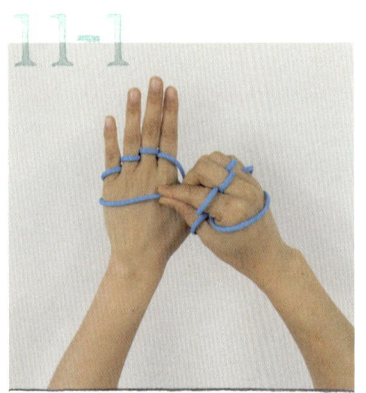

양손 엄지손가락으로 집게손가락 앞실 2가닥 중 아랫실을 누르면 새끼손가락 아랫실이 보입니다. 양손 엄지손가락으로 새끼손가락 아랫실(★)을 떠서 제자리로 돌아오세요.

다섯 손가락에 모두 고리가 걸려 있고 손등에도 고리가 걸려 있습니다.

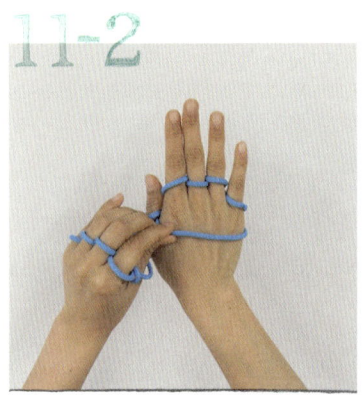

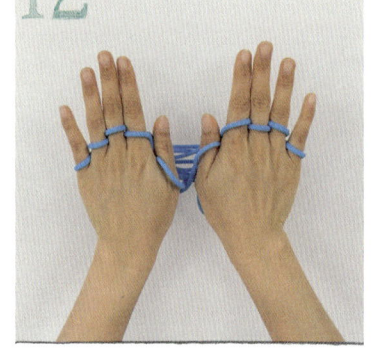

양 손등에 있는 고리만 벗겨주세요. 이때 고리를 벗기면서 엄지손가락에 걸리지 않도록 조심하세요.

손등 고리만 없어지고 다섯 손가락에 걸린 고리는 그대로 남아 있어요.

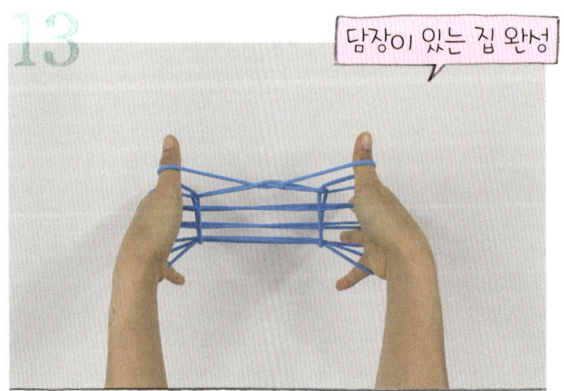

담장이 있는 집 완성

담장이 생겼어요. 담장 있는 집 완성입니다.

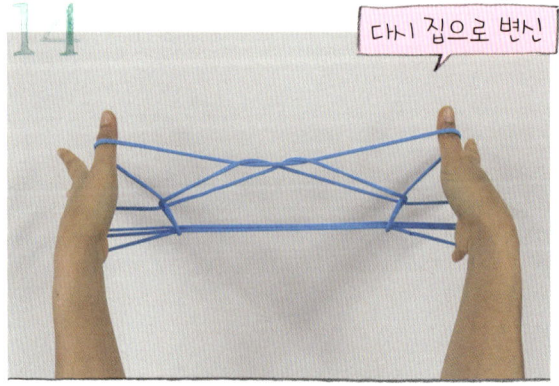

다시 집으로 변신

담장 있는 집에서 양손 집게손가락 고리와 가운뎃손가락 고리를 벗기면 담장이 사라집니다. 담장 없는 집이 되었어요.

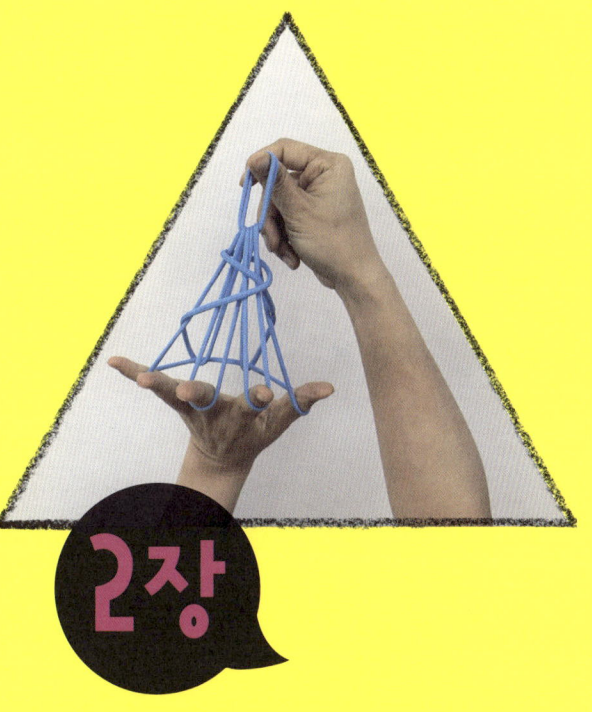

2장

넣고 빼고 유니크하게, 실뜨기 2단계

아파치 도어
(담요)

실의 길이 : 기본 실   난이도 : ★★★☆☆

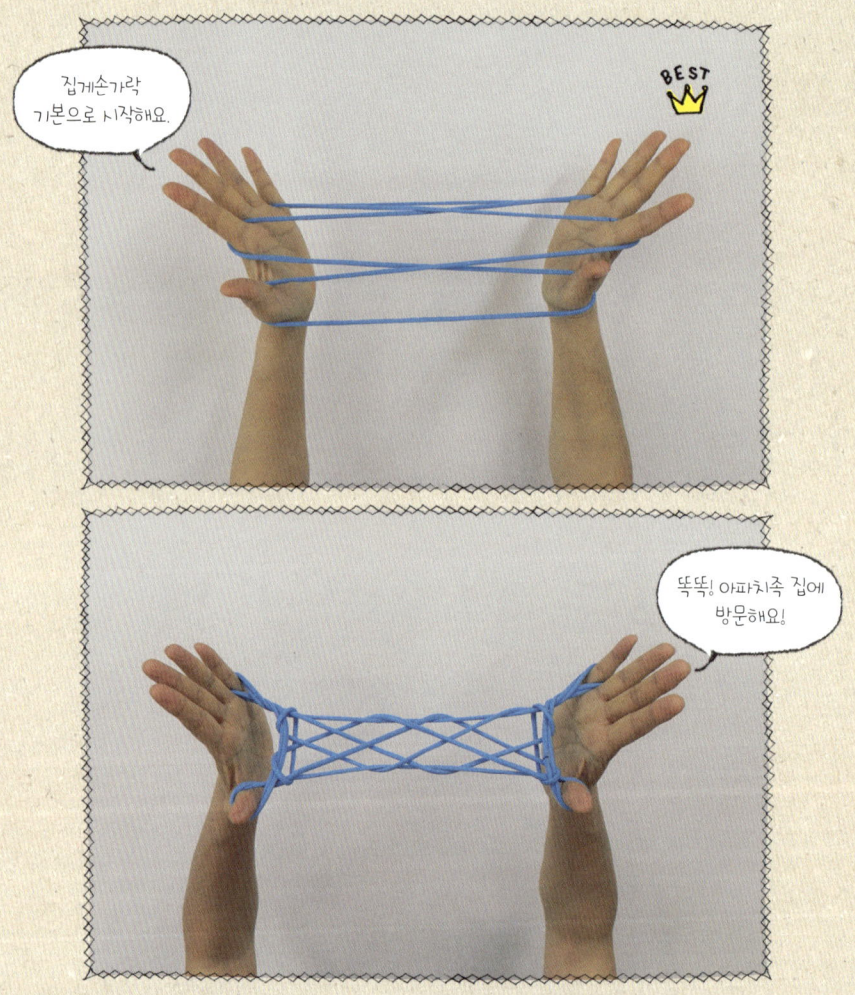

아파치 도어는 미국 남서부의 원주민 아파치(Apache)족이 만든 실뜨기입니다.
언뜻 보면 한국 초가집의 사립문과 비슷합니다. 다른 지역에서는 담요 또는 판초라고도 불렀다고 해요.
기본 실로도 만들 수 있으나 기본 실보다 조금 더 길게 하면 더 잘 만들어집니다.

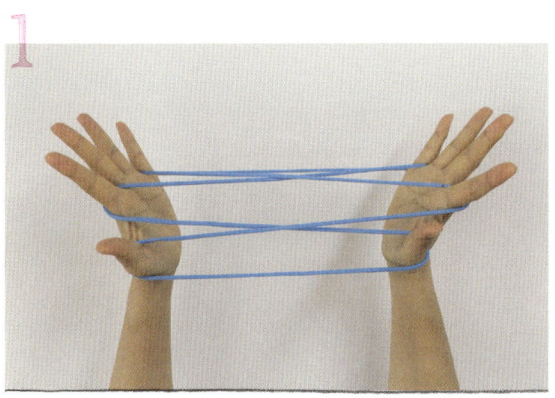

집게손가락 기본을 만들어주세요(19쪽 참조).

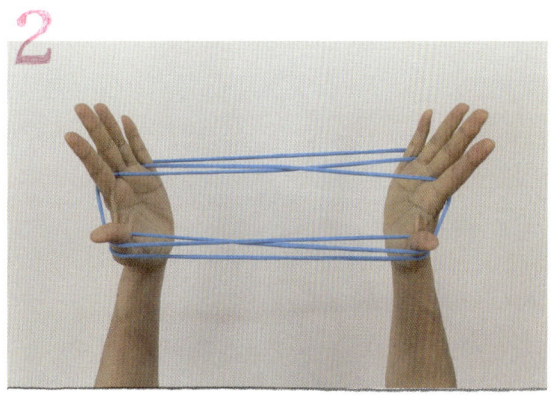

양손 엄지손가락으로 집게손가락 앞실을 떠 오세요.

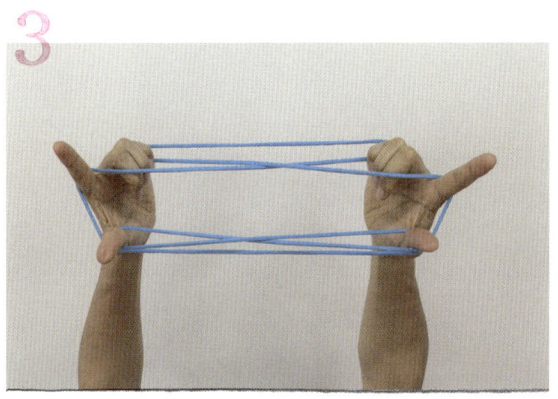

양손 가운뎃손가락, 약손가락, 새끼손가락으로 집게손가락 뒷실을 떠 오세요.

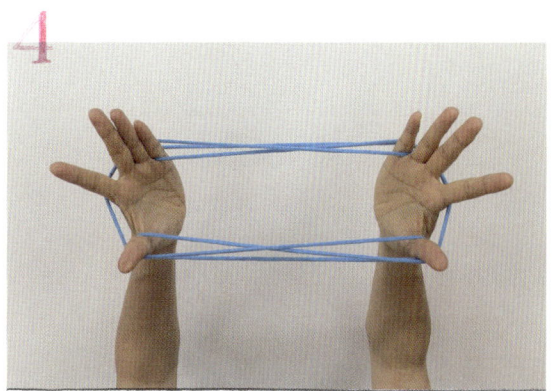

양 손등에 있는 실을 손목으로 내려주세요.

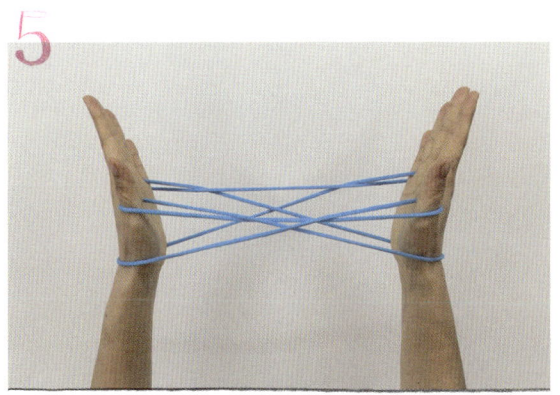

양손 엄지손가락으로 양손 새끼손가락 앞실을 떠 오세요.

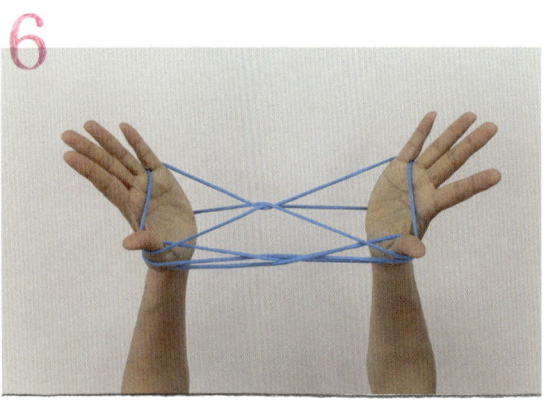

양손 새끼손가락으로 양손 엄지손가락 뒷실을 떠 오세요.

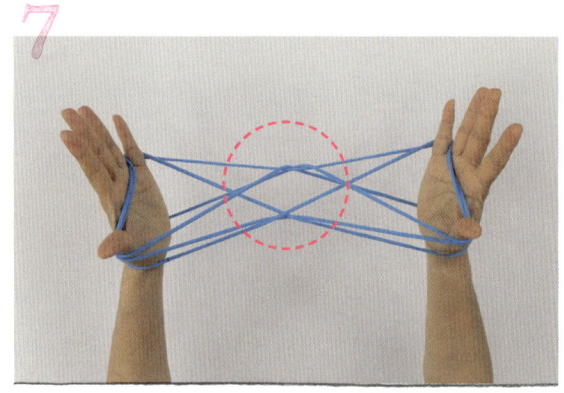

왼손으로 양손 가운데 부분 실(○)을 모두 움켜잡으세요.

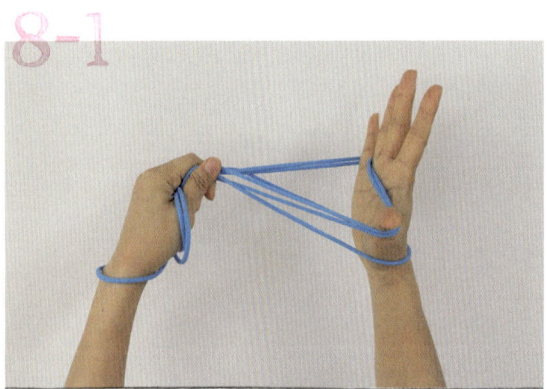

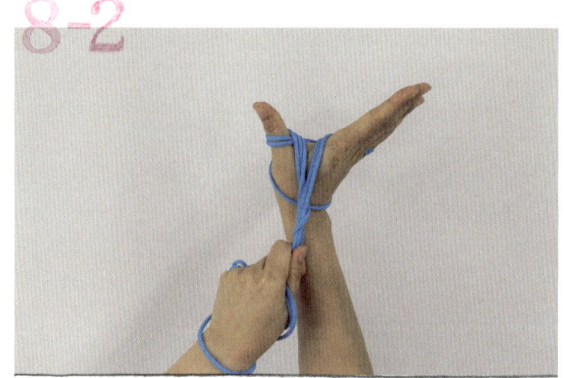

왼손으로 움켜잡은 실을 오른손 엄지손가락과 집게손가락 사이로 모두 넘겨주세요.

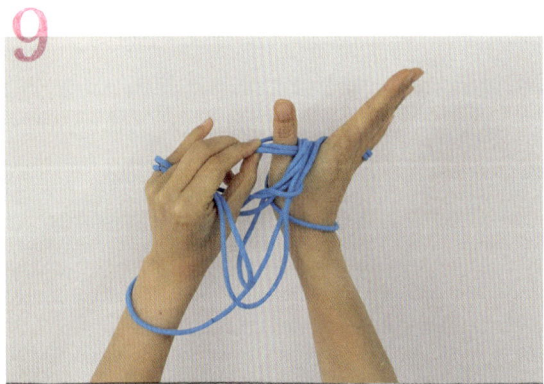

왼손으로 오른손 엄지손가락 윗고리 2개를 집어 벗긴 후 계속 잡고 있어요.

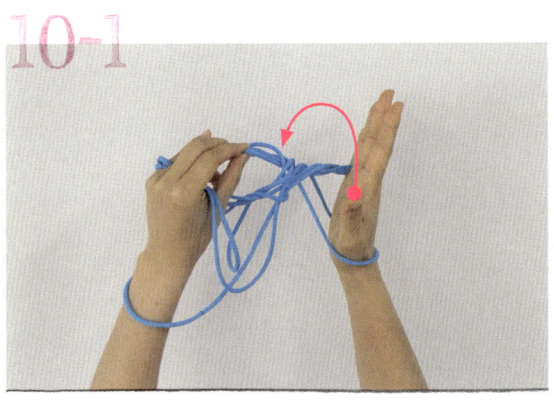
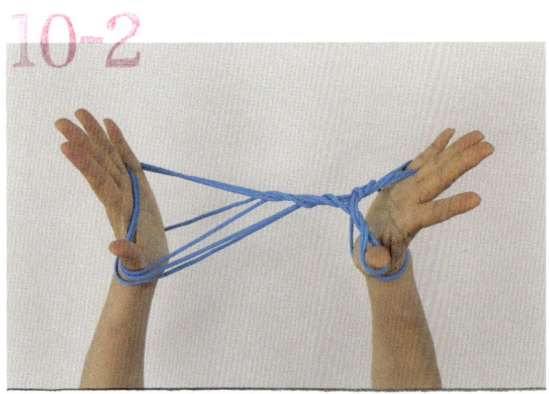

왼손이 잡고 있는 벗긴 고리에 오른손 엄지손가락을 위에서 넣어주세요.

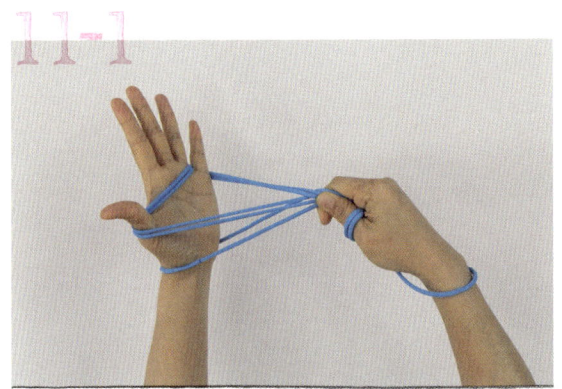
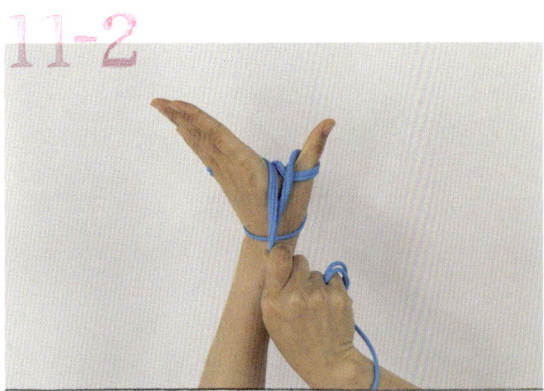

과정 8~10을 왼손에도 똑같이 합니다. 오른손으로 가운데 실을 모두 움켜잡고 왼손 엄지손가락과 집게손가락 사이로 넘겨주세요.

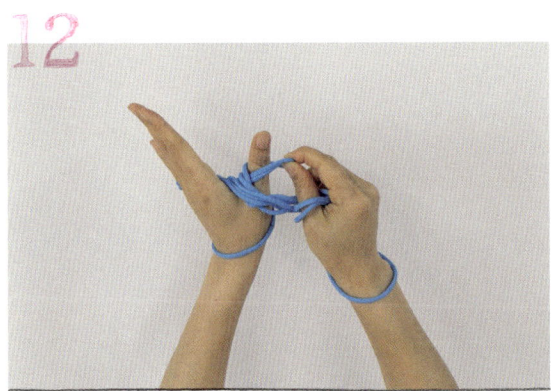

왼손 엄지손가락 위쪽에 걸린 고리 2개를 벗겨주세요.

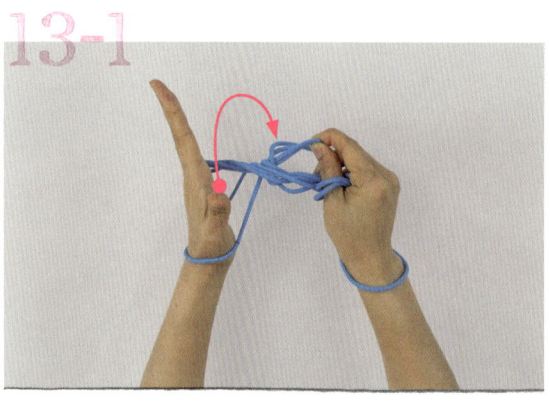

왼손 엄지손가락을 방금 벗긴 고리에 위에서 넣어주세요.

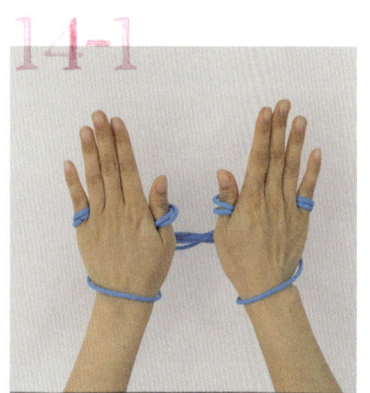 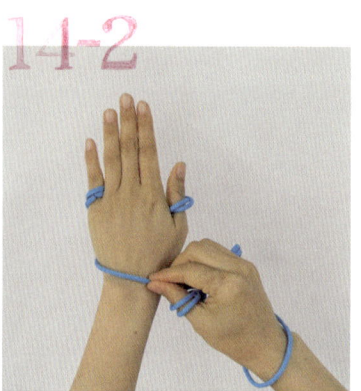 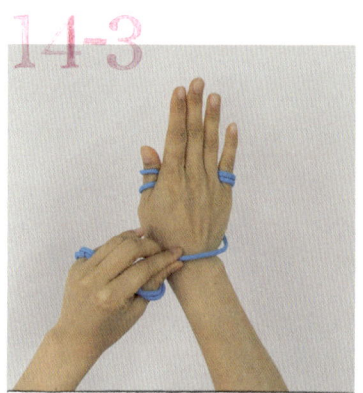

양 손목에 있는 고리를 손에서 완전히 벗겨주세요.

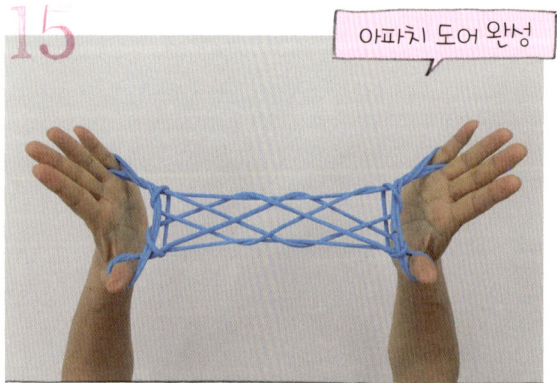

아파치 도어 완성

아파치 도어 완성입니다.

그물, 거문고, 이발기

실의 길이 : 기본 실의 1/2   난이도 : ★★★☆☆

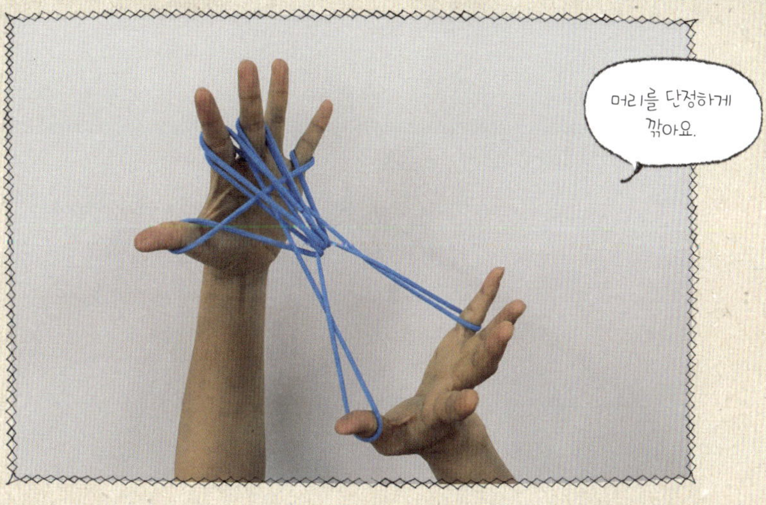

그물은 해먹이라고도 하는데요. 해먹은 적당히 떨어진 기둥이나 나무에 각각 묶는 형태로 그물이나 천으로 만든 침대예요. 옛날 이발기는 전기를 사용하지 않고 가위처럼 움직여 머리를 짧게 깎는 기구예요. 옛날에 중학교나 고등학교 남학생들의 머리카락을 아주 짧게 깎을 때 사용했어요.

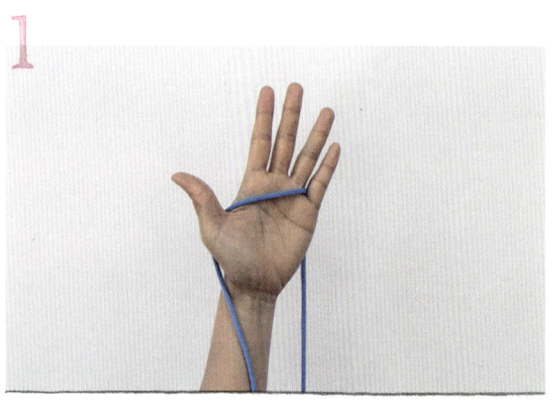

왼손 엄지손가락과 새끼손가락에 실을 걸어주세요. 기본 자세의 왼손 모양과 같아요.

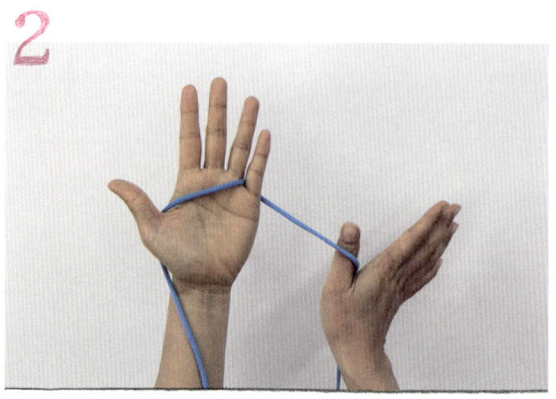

왼손 새끼손가락 뒷실을 오른손 엄지손가락으로 떠 오세요.

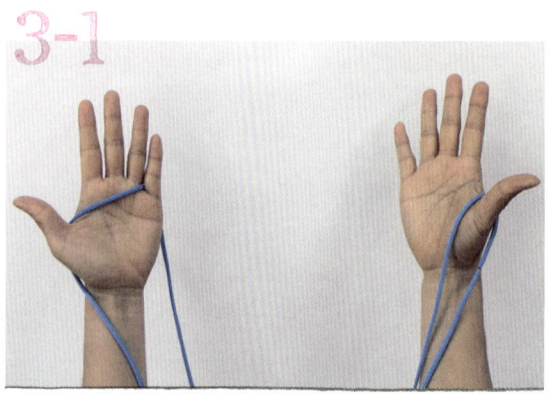

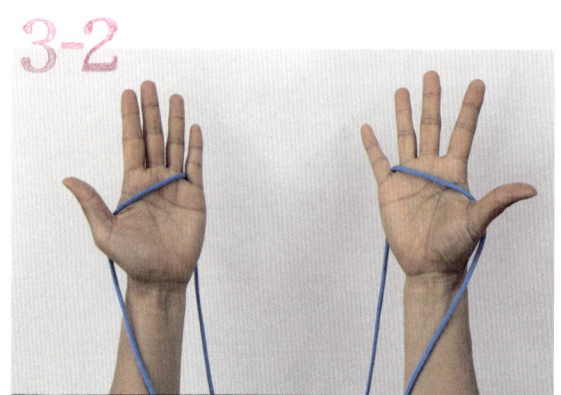

오른손 엄지손가락 뒷실을 집어 오른손 새끼손가락에 걸어주세요.

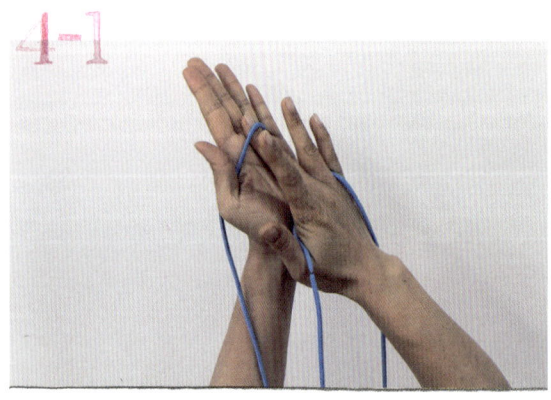

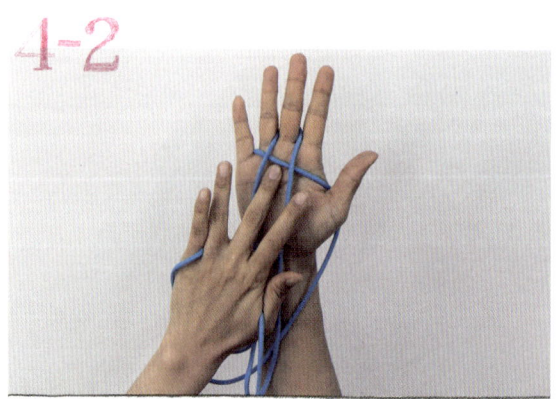

양 손바닥에 있는 실을 가운뎃손가락으로 각각 떠 오세요.

5-1
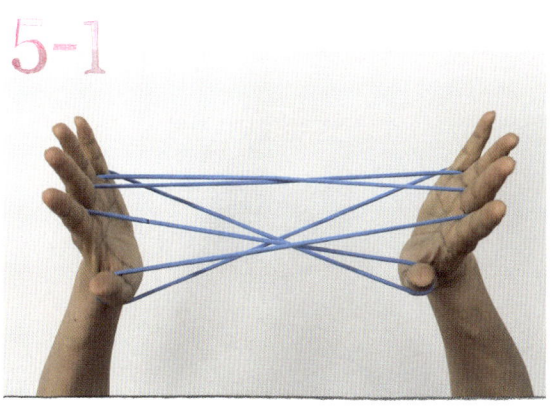

5-2
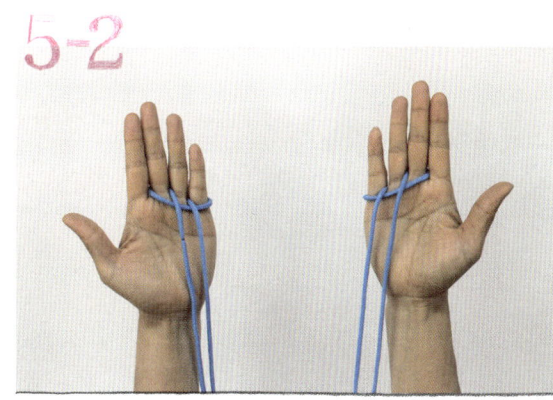

양손 엄지손가락 고리를 놓아주세요.

6-1
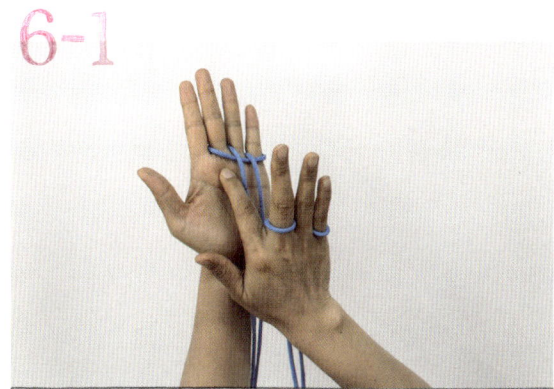

6-2
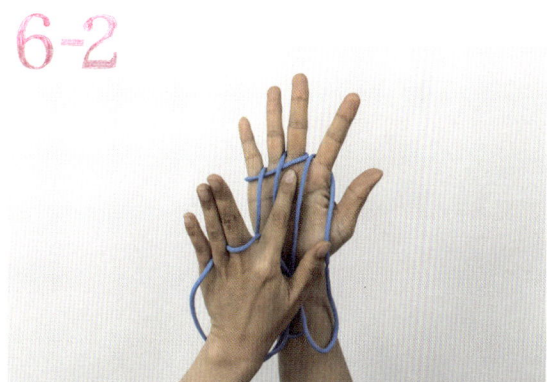

오른손 집게손가락으로 왼손 가운뎃손가락 앞실을 뜬 후, 왼손 집게손가락으로 오른손 가운뎃손가락 앞실을 떠 오세요.

7-1
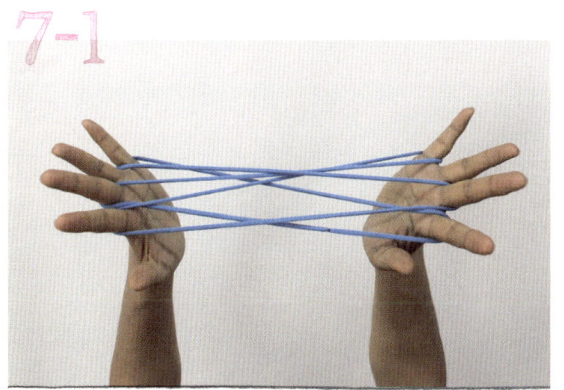

7-2
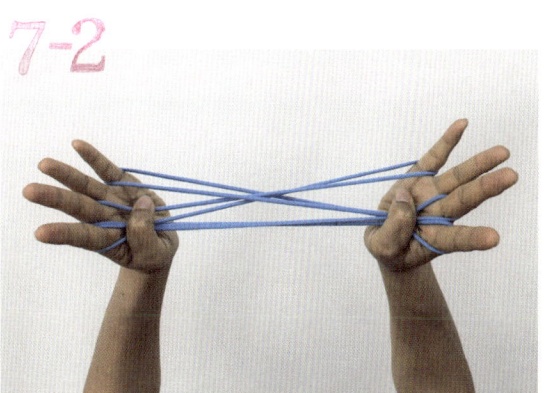

양손 엄지손가락으로 집게손가락 실, 가운뎃손가락 실을 위로 지나 새끼손가락 앞실을 떠 오세요.

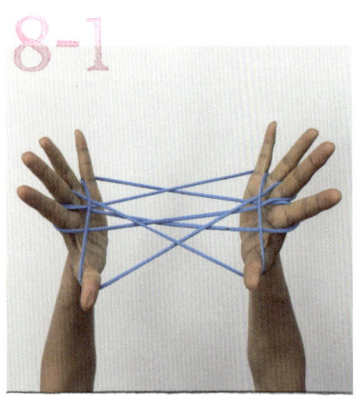 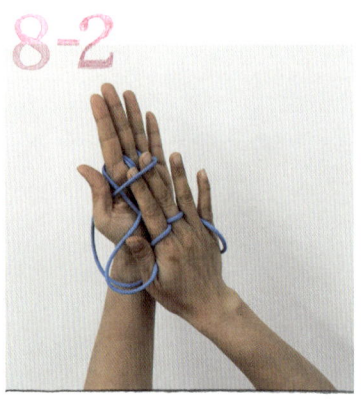 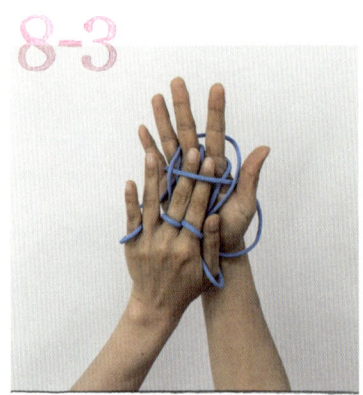

오른손 집게손가락과 가운뎃손가락으로 왼손 엄지손가락에서 새끼손가락으로 연결된 실을 뜬 후, 왼손 집게손가락과 가운뎃손가락으로 오른손 엄지손가락에서 새끼손가락으로 연결된 실을 떠 오세요.

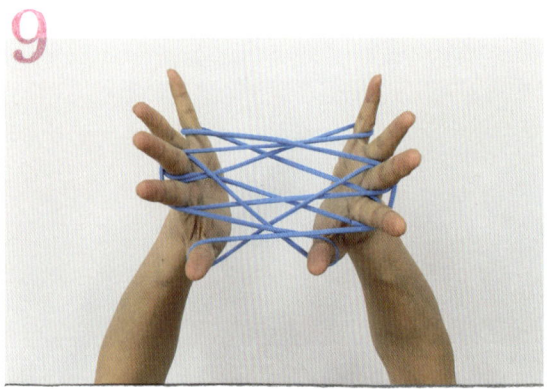

양손 엄지손가락, 가운뎃손가락, 새끼손가락에 걸린 고리가 꼬여 있어요. 이제부터 꼬인 실을 풀 거예요.

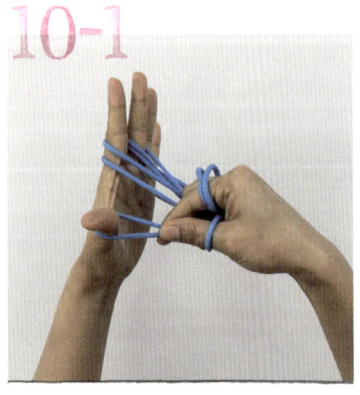 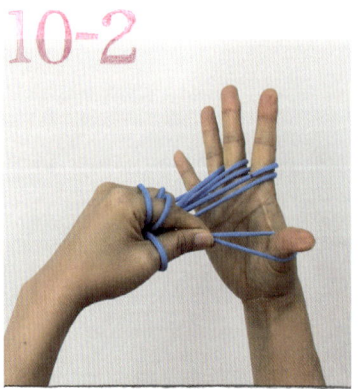 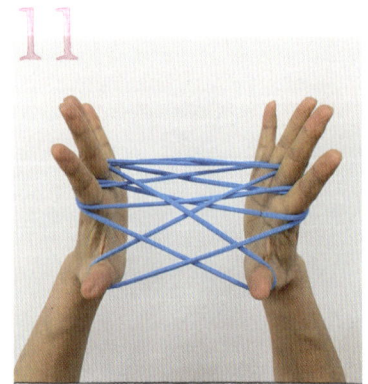

양손 엄지손가락 고리는 빼서 앞으로 반 바퀴 돌린 후 다시 엄지손가락에 걸어주세요.

양손 엄지손가락 고리의 꼬임이 풀렸어요.

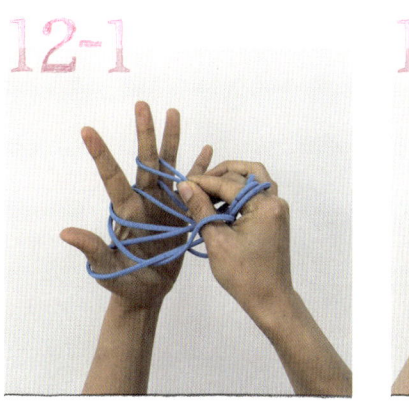 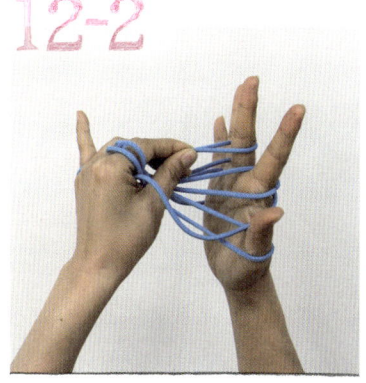

양손 가운뎃손가락 고리를 빼서 앞으로 반 바퀴 돌린 후 다시 양손 가운뎃손가락에 다시 걸어주세요.

양손 엄지손가락과 가운뎃손가락의 꼬임이 풀렸어요.

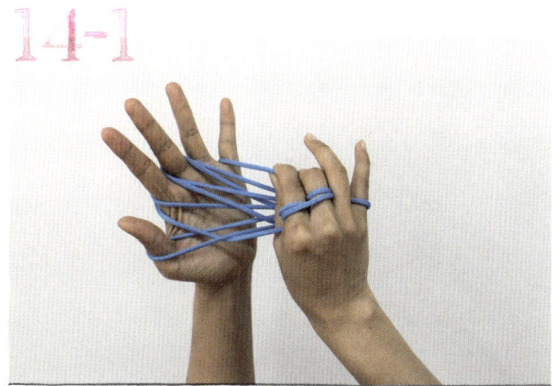 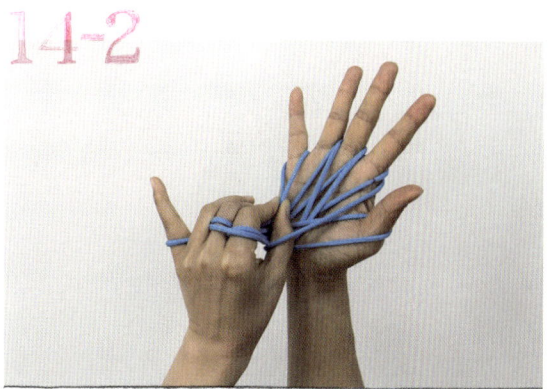

양손 새끼손가락 고리를 빼서 뒤로 반 바퀴 돌린 후 다시 양손 새끼손가락에 걸어주세요.

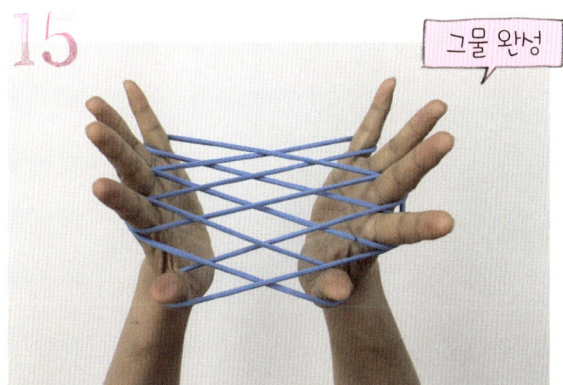

그물 완성

그물 완성입니다.

16

양쪽 손등을 보면 집게손가락과 가운뎃손가락에 동시에 걸린 고리(↑)가 있어요. 이 고리만 양손 집게손가락과 가운뎃손가락에서 벗겨주세요.

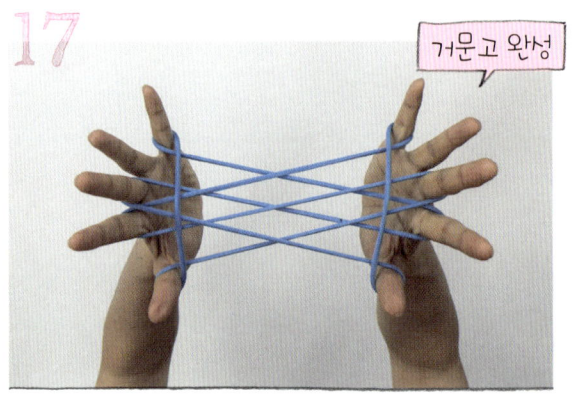

거문고 완성입니다.

18

오른손 집게손가락 고리와 가운뎃손가락 고리를 왼손 집게손가락과 가운뎃손가락으로 옮겨주세요.

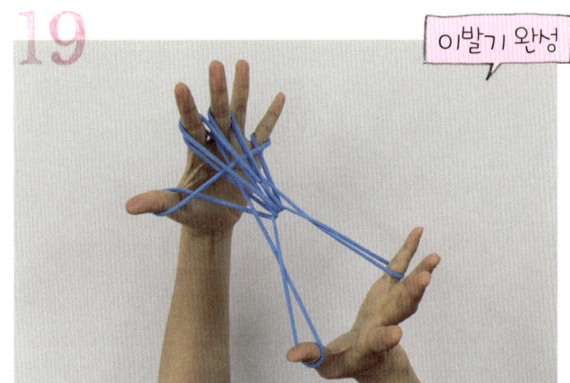

양손을 좌우로 벌리면 옛날 이발기 완성입니다.

통발

실의 길이 : 기본 실   난이도 : ★★★☆☆

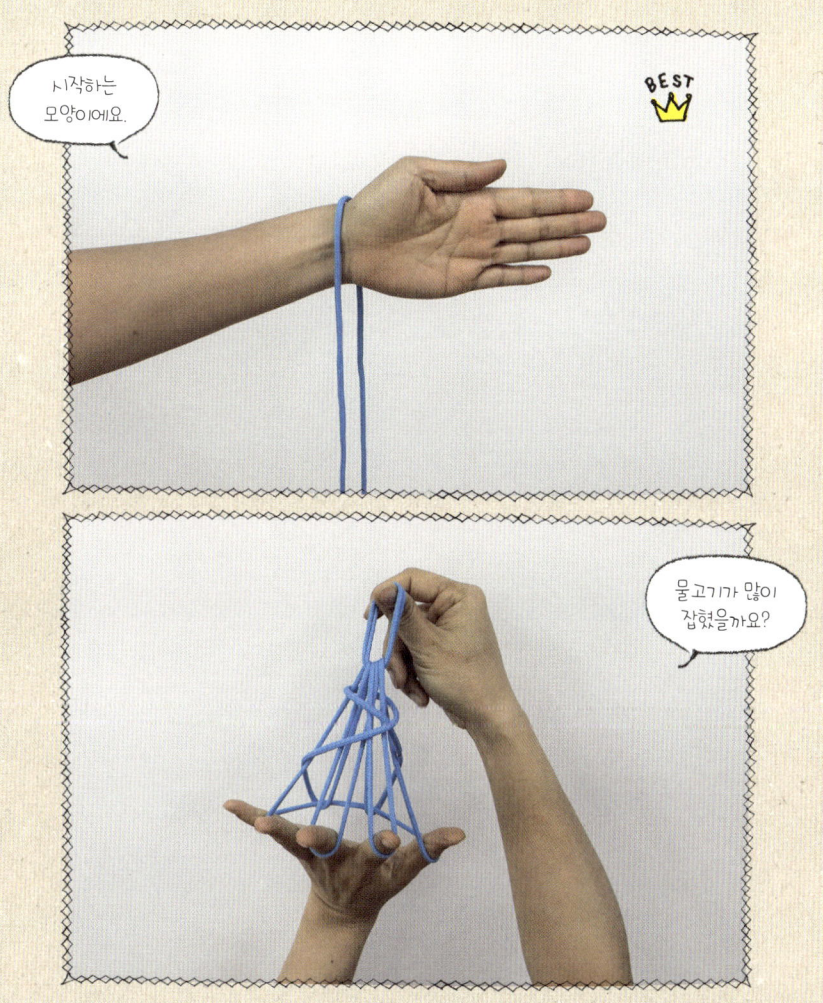

영연방국가인 가이아나의 파토나마 원주민으로부터 1912년경에 수집되었어요.
통발은 강이나 바다에서 고기를 잡을 때 쓰던 도구입니다. 입구에 작은 발을 달아
날카로운 끝이 가운데로 몰려 한 번 들어간 물고기는 나오지 못해요. 뒤쪽으로 꺼낼 수 있어요.

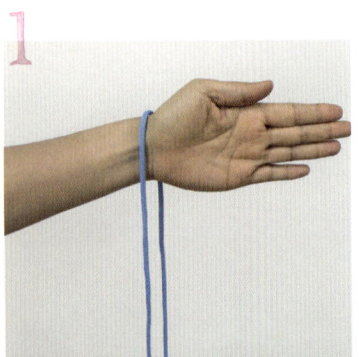
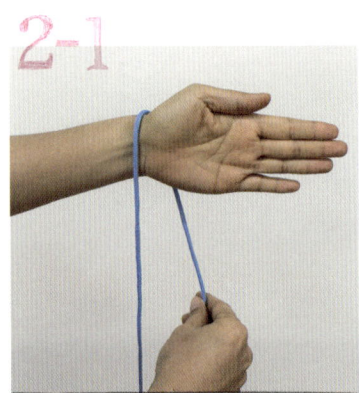
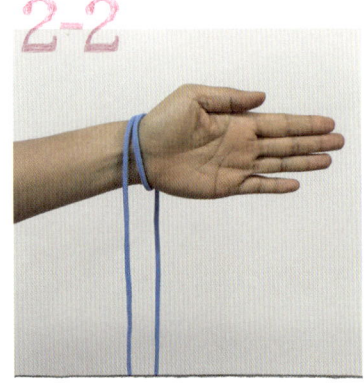

왼 손목에 실을 걸어주세요.

왼 손목 뒷실을 오른손으로 잡고 왼 손목에 실을 한 번 더 감아주세요.

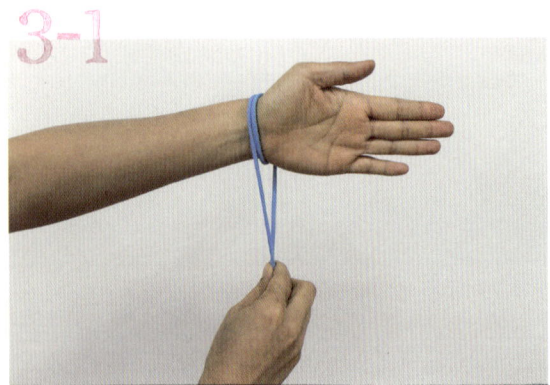
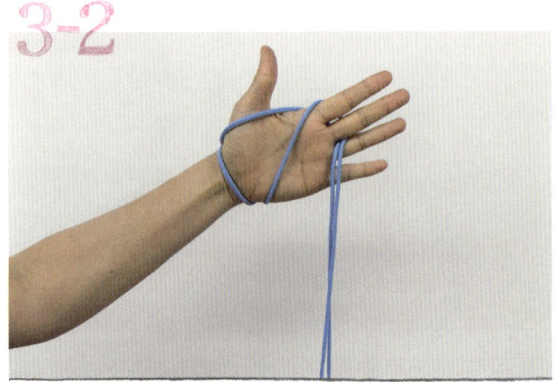

오른손으로 왼 손목 아래로 늘어진 실 2가닥을 다 집어서 왼손 엄지손가락과 집게손가락 사이로 넘긴 후 다시 왼손 가운뎃손가락과 약손가락 사이로 빼내주세요.

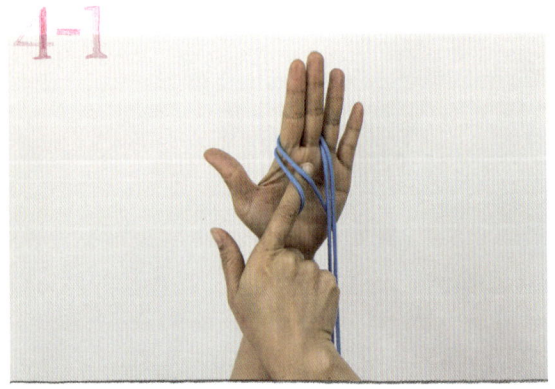
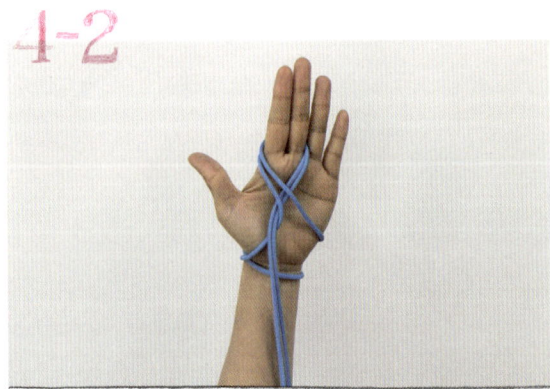

왼손 엄지손가락과 집게손가락 사이에 있는 실 2가닥을 밑으로 오른손 집게손가락을 넣은 다음, 왼손 가운뎃손가락과 약손가락 사이에 나온 실 2가닥을 걸어 당겨 완전히 빼내세요.

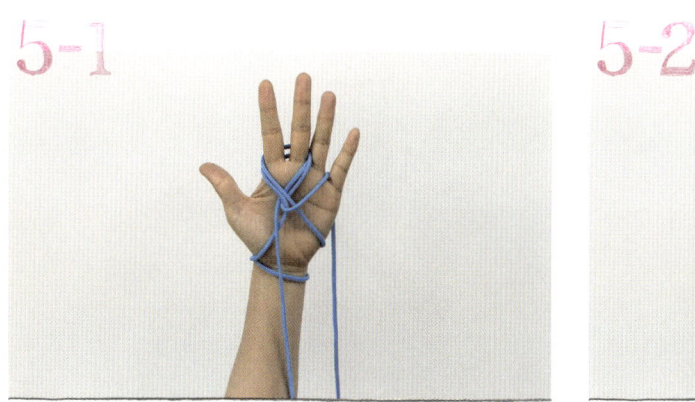
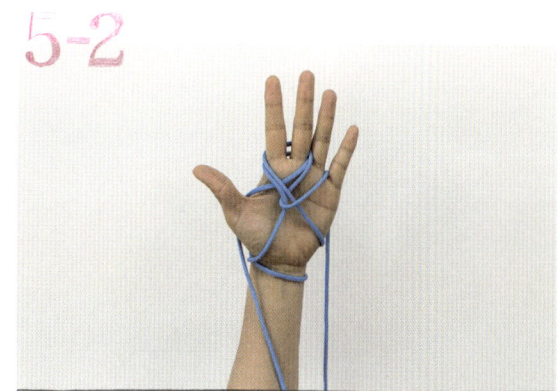

앞에서 빼낸 실을 1가닥은 왼손 새끼손가락에, 다른 1가닥은 왼손 엄지손가락에 걸어주세요.

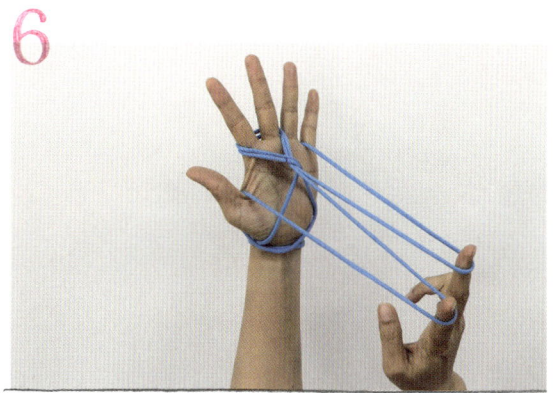

앞에서 왼손 엄지손가락과 새끼손가락에 걸어 준 실을 각각 오른손 집게손가락과 가운뎃손가락으로 밑으로 들어가 떠 오세요.

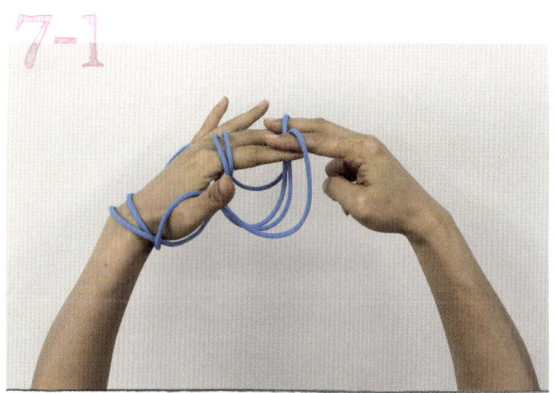
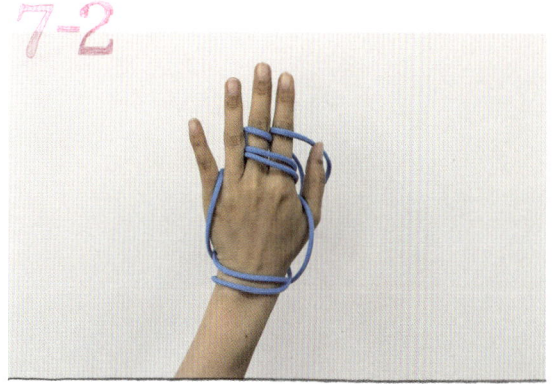

오른손 집게손가락과 가운뎃손가락으로 걸어온 실을 다시 왼손 집게손가락과 가운뎃손가락에 걸어주세요.

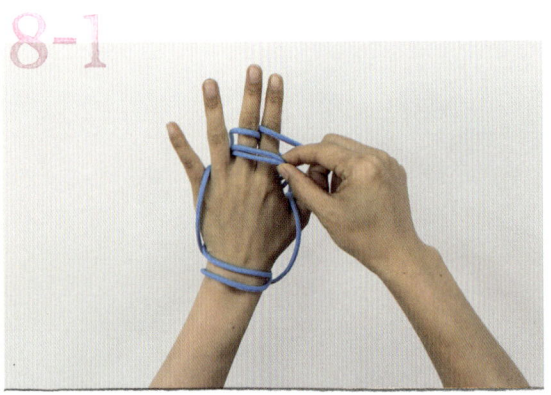
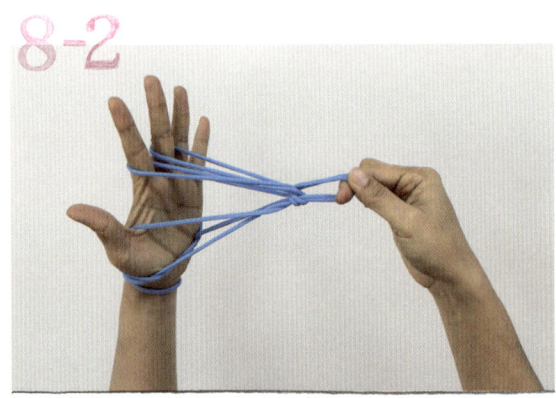

왼손 집게손가락과 가운뎃손가락에 실이 4가닥이나 걸렸어요. 이중에서 오른손에서 옮겨온 실을 그대로 두고 집게손가락과 가운뎃손가락에 동시에 걸려 있는 2가닥만을 집어서 집게손가락과 가운뎃손가락에서 벗긴 후 오른손 집게손가락에 걸어주세요.

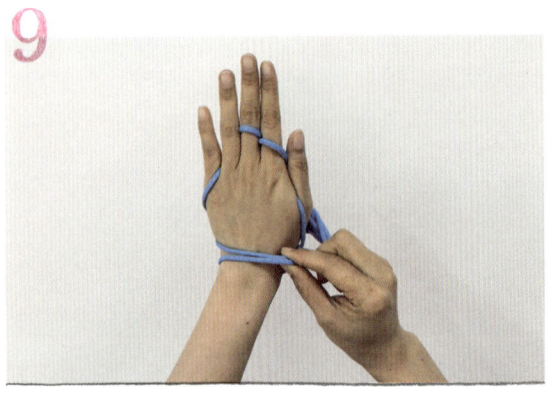
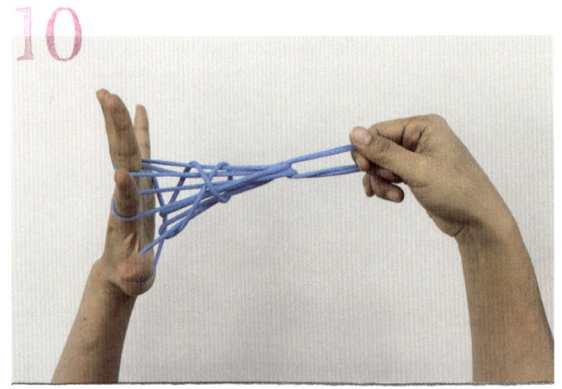

다시 왼 손목에 걸린 실 2가닥을 왼손에서 완전히 벗겨주세요. 이때 왼손 집게손가락, 가운뎃손가락, 새끼손가락에 걸린 실을 벗겨지지 않도록 조심하세요.

오른손 집게손가락 고리를 당겨주세요.

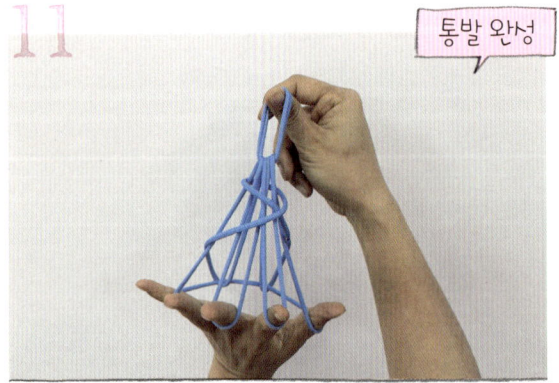

통발 완성

물고기 잡는 통발 완성입니다.

나팔

실의 길이 : 기본 실의 1/2   난이도 : ★★★☆☆

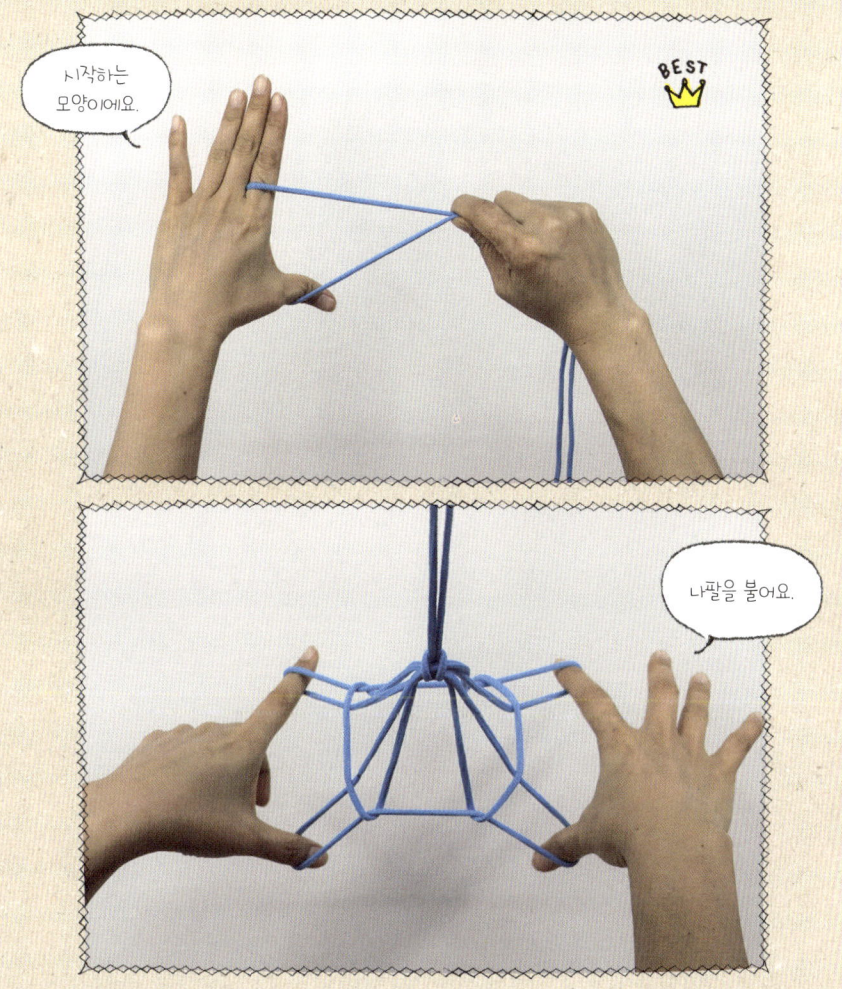

혼자 하면 입에 물고 모양이 만들어지기 때문에 나팔처럼 보입니다. 푸에블로 원주민은 다른 사람이 같이 잡아주었다고 해요. 그래서 '집'이라고 불렀답니다. 옛날 원주민이 지었던 집은 들판에 나무 기둥을 몇 개 세우고 동물 가죽이나 천을 덮어 만들었어요. 오늘날의 텐트와 비슷하지요.

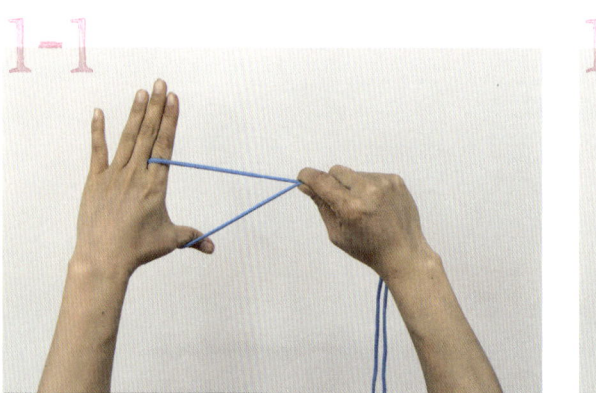 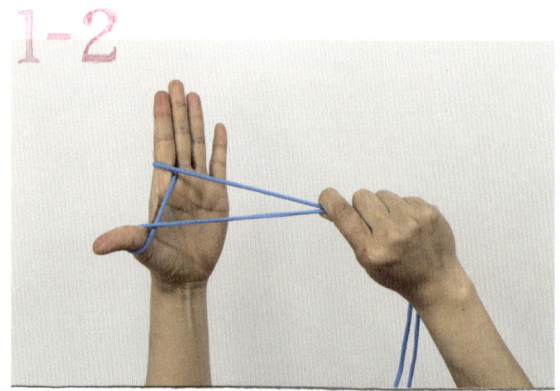

실에 왼손 엄지손가락과 집게손가락을 위에서 넣은 후 왼손 엄지손가락과 집게손가락 사이로 오른손으로 잡은 실을 넘겨주세요.

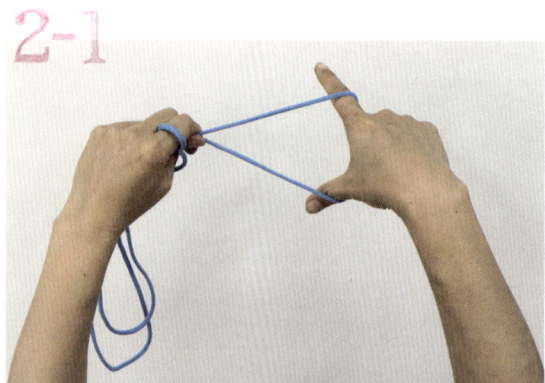 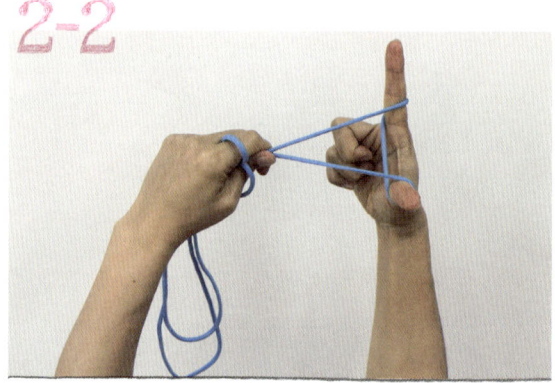

반대쪽 실에 오른손 엄지손가락과 집게손가락을 위에서 넣은 후 오른손 엄지손가락과 집게손가락 사이로 왼손으로 잡은 실을 넘겨주세요.

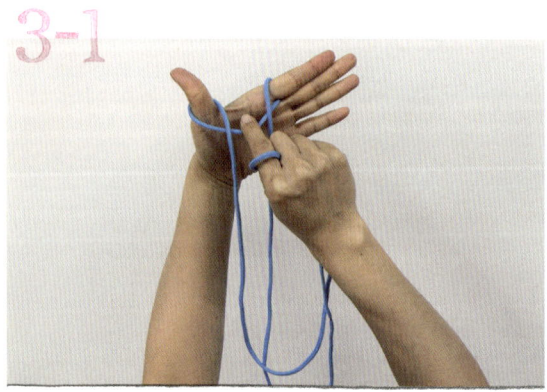 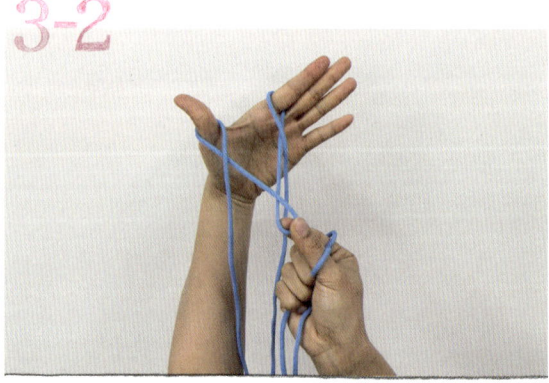

오른손으로 왼손 엄지손가락에서 집게손가락으로 이어지는 실을 집어 뒤로 반 바퀴 돌려주세요. 돌려서 생긴 고리에 오른손 엄지손가락과 집게손가락을 아래에서 넣어주세요.

4

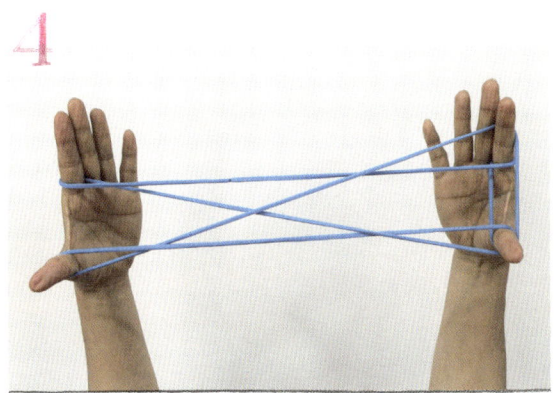

양손을 좌우로 벌려주세요.

5-1

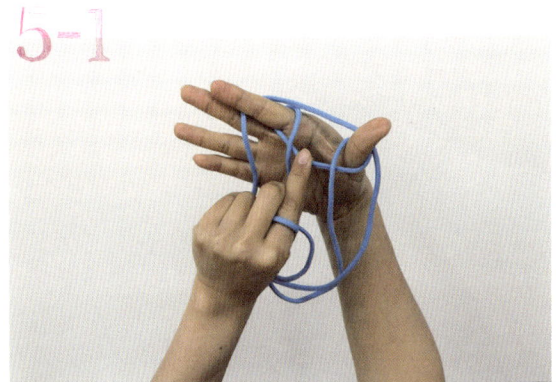

5-2

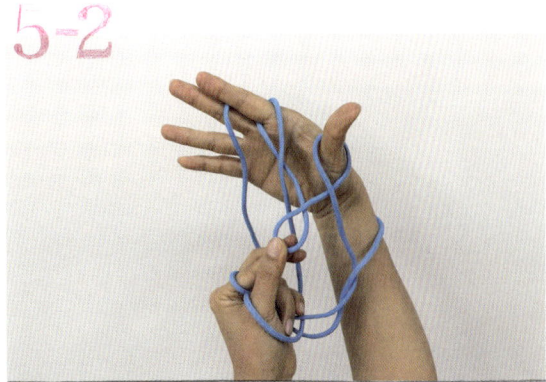

왼손으로 오른손 엄지손가락에서 집게손가락으로 이어지는 실을 집어 뒤로 반 바퀴 돌려주세요. 반 바퀴 돌려서 생긴 고리에 왼손 엄지손가락과 집게손가락을 아래에서 넣어주세요.

6

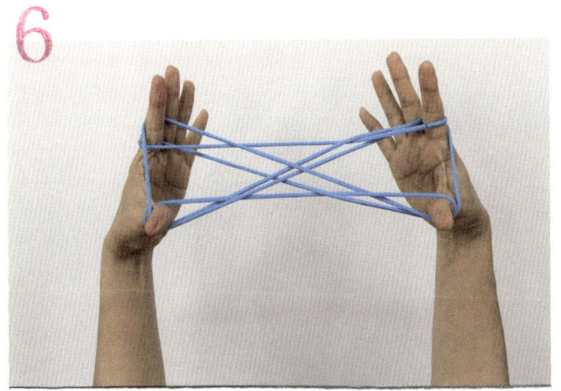

양손을 좌우로 벌려주세요.

7

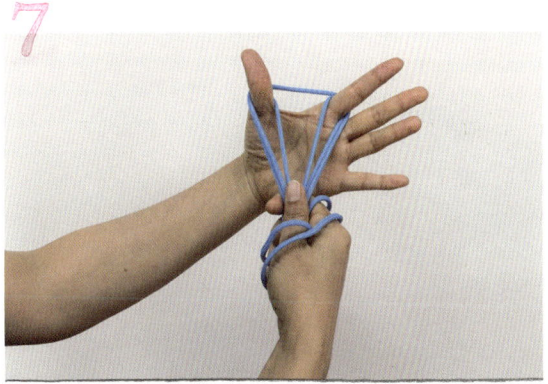

오른손으로 왼손의 실을 모두 다 잡은 후 왼손 엄지손가락과 집게손가락에서 살짝 빼주세요.

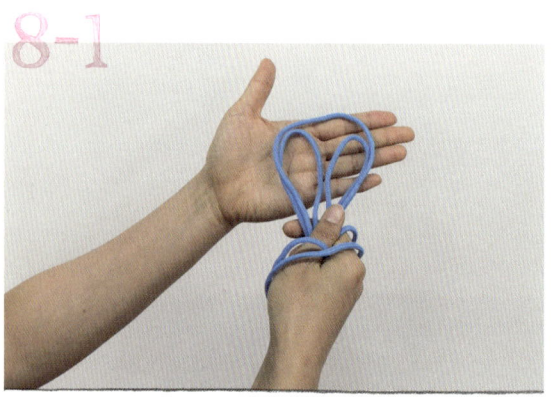

빼낸 실 전체을 몸 앞쪽으로 반 바퀴 돌려주세요.

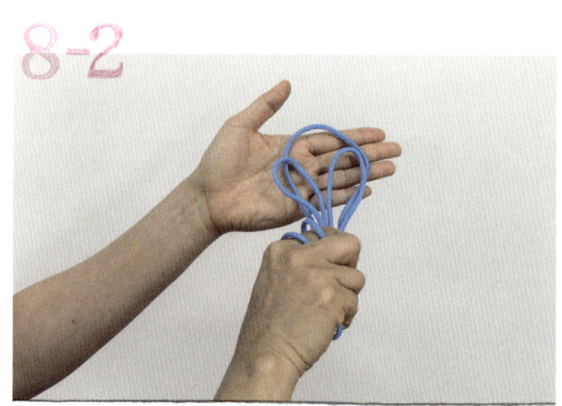

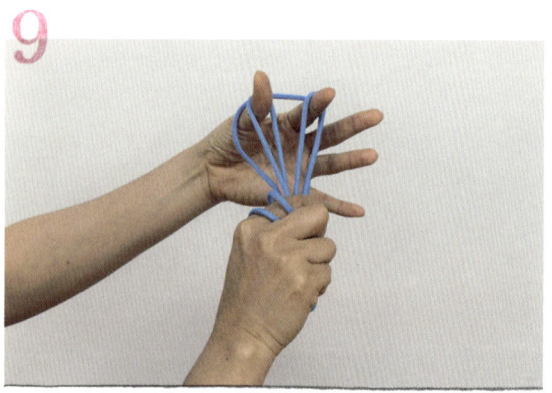

그대로 다시 왼손 엄지손가락과 집게손가락에 걸어주세요. 반 바퀴 돌렸기 때문에 원래 엄지손가락 고리는 집게손가락에, 원래 집게손가락 고리는 엄지손가락에 걸립니다.

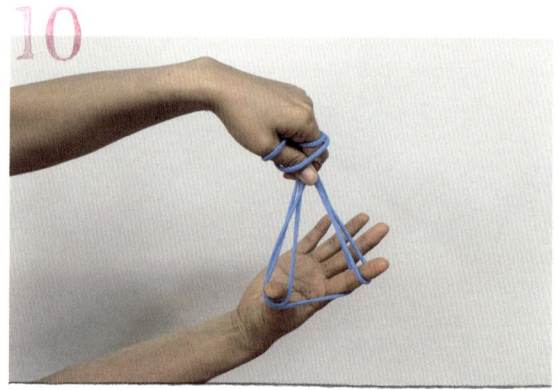

왼손으로 오른손의 실을 모두 다 잡은 후 오른손 엄지손가락과 집게손가락에서 살짝 빼주세요.

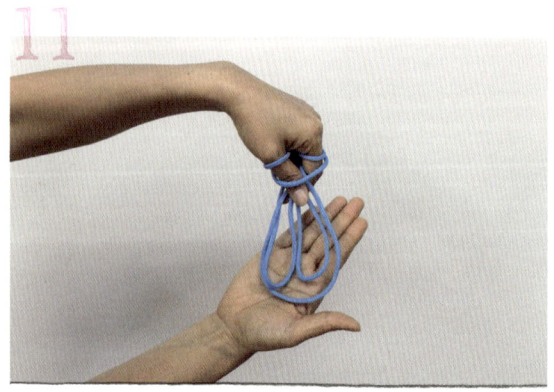

빼낸 실 전체를 몸 앞쪽으로 반 바퀴 돌려주세요.

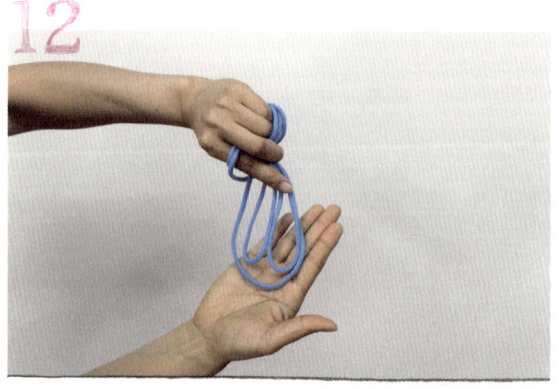

돌린 실을 오른손 엄지손가락과 집게손가락에 걸어주세요. 반 바퀴 돌렸기 때문에 원래 엄지손가락 고리는 집게손가락에, 원래 집게손가락 고리는 엄지손가락에 걸립니다.

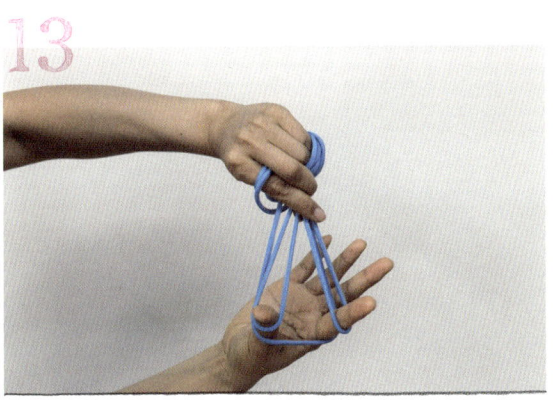

양손을 좌우로 벌려주세요.

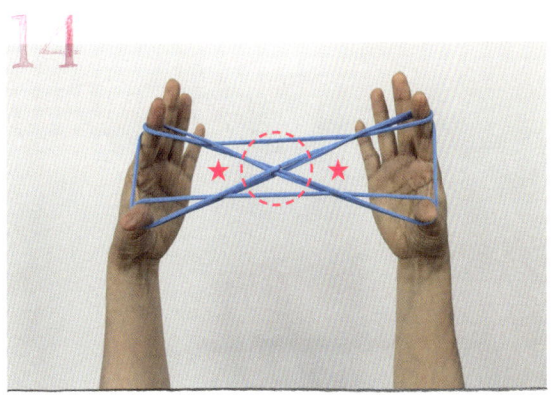

가운데 실이 엇갈리는 부분(○)을 입으로 물고(또는 친구가 잡아주고) 양손 엄지손가락과 집게손가락을 세모 구멍(★)으로 위에서 넣어주세요.

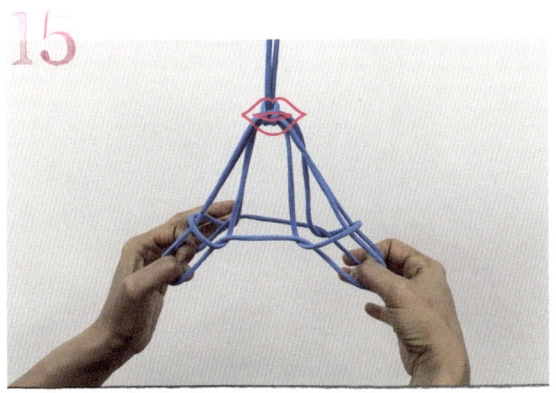

이제 엄지손가락과 집게손가락을 아래로 내린 다음 엄지손가락과 집게손가락을 벌려주세요.

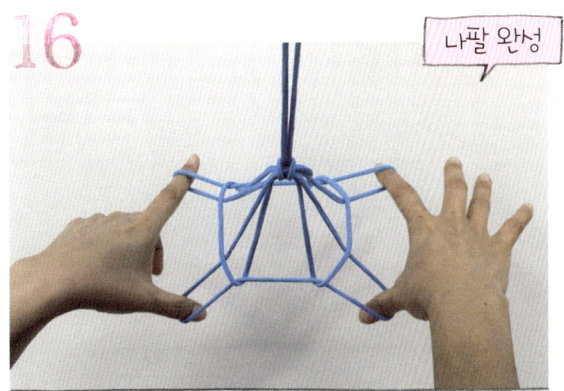

나팔 완성입니다.

나팔 완성

다이아몬드 2개

실의 길이 : 기본실   난이도 : ★★★☆☆

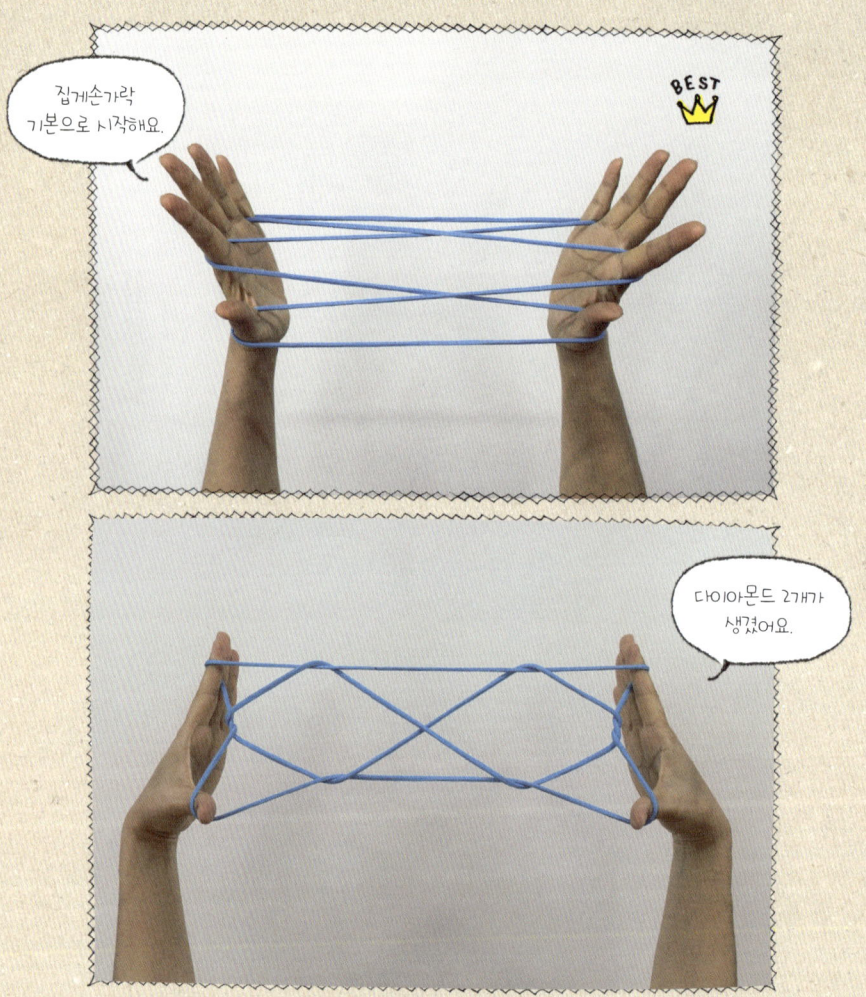

다이아몬드는 시리즈 중 가장 쉽게 만들 수 있습니다.
다이아몬드 2개를 잘 만들 수 있다면 다이아몬드 시리즈의 80%를 아는 것과 같아요.
특히 과정 4~8의 동작은 다이아몬드 시리즈의 공통된 동작이니까 잘 기억해주세요.

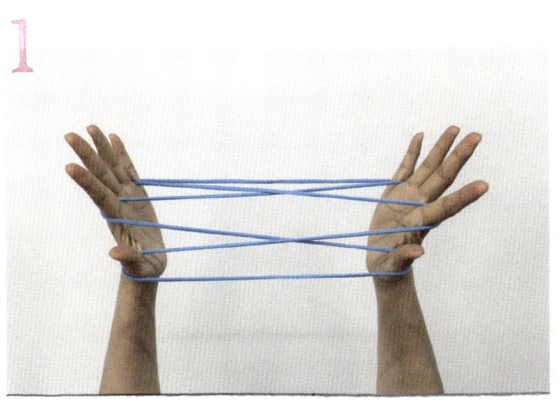

집게손가락 기본을 만들어주세요(19쪽 참조).

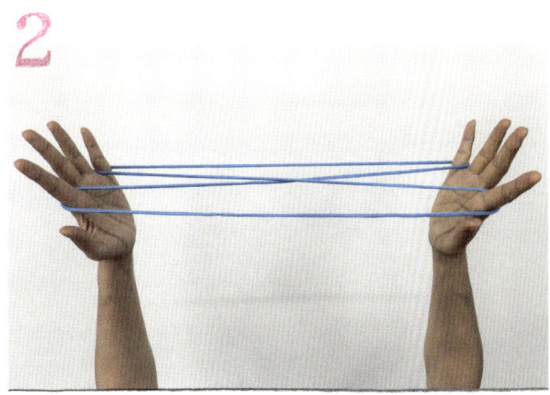

양손 엄지손가락 고리를 벗깁니다.

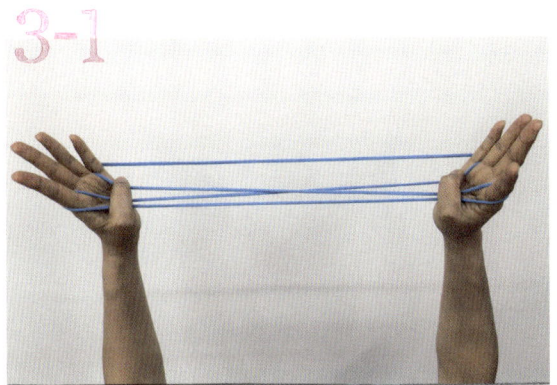

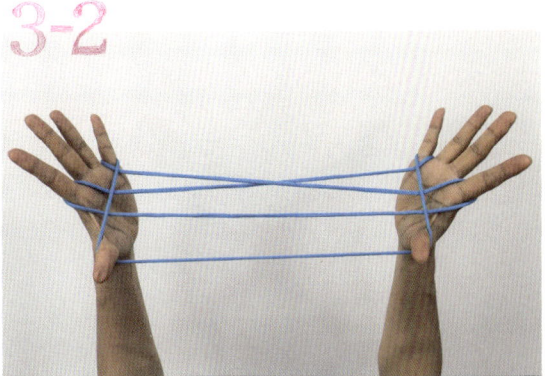

양손 엄지손가락으로 집게손가락 실과 새끼손가락 앞실을 위로 지나 새끼손가락 뒷실을 떠 오세요.

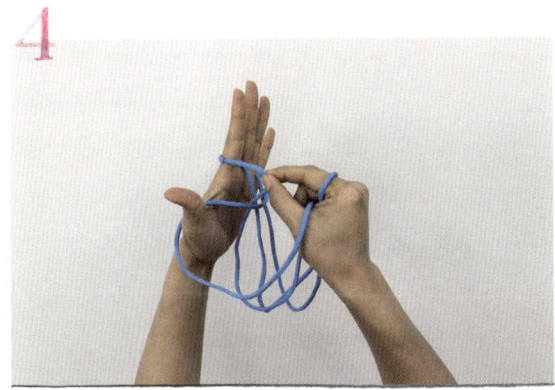

오른손으로 왼손 집게손가락 앞실을 집어 왼손 엄지손가락에 걸어주세요.

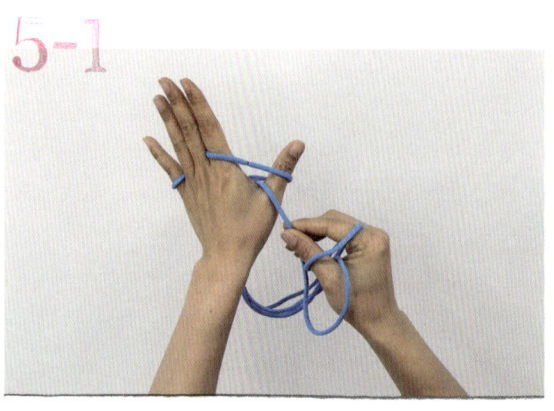
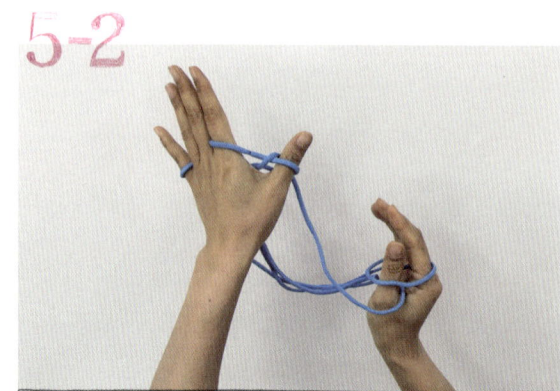

오른손으로 왼손 엄지손가락 아랫실을 엄지손가락에서 벗겨주세요.

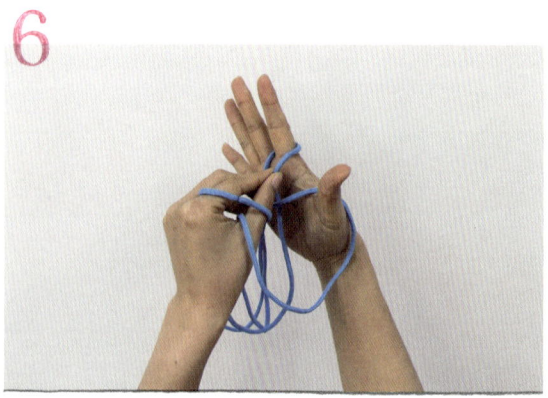

왼손으로 오른손 집게손가락 앞실을 집어 오른손 엄지손가락에 걸어주세요.

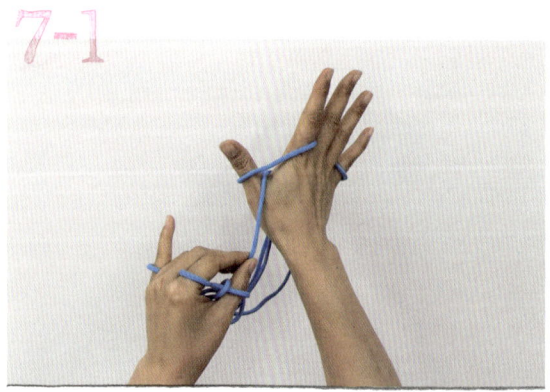
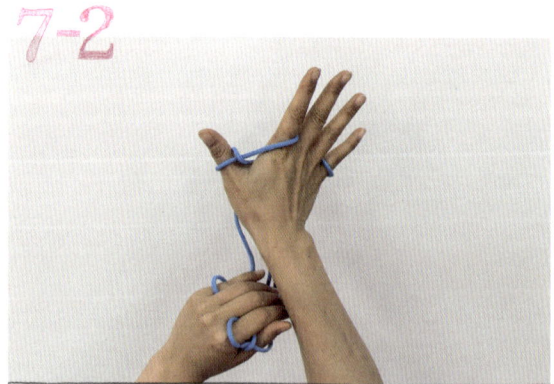

오른손으로 왼손 엄지손가락 아랫실을 집어 왼손 엄지손가락에서 벗겨주세요.

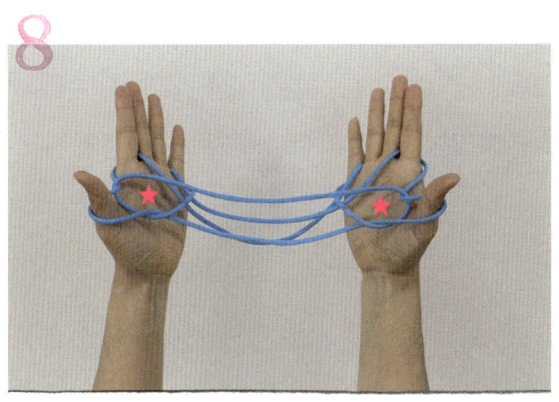

양손 집게손가락을 엄지손가락 앞에 생긴 세모 모양(★)에 위에서 넣고 손바닥에 붙여주세요.

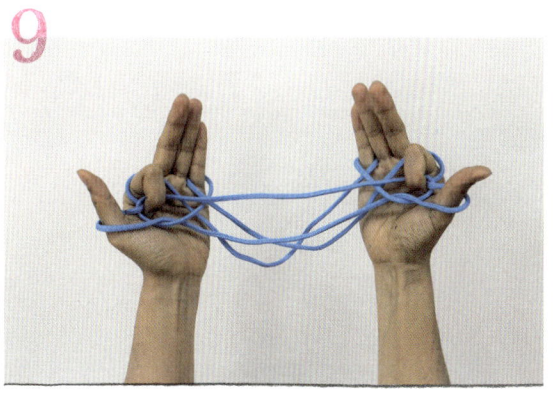

양손 새끼손가락 고리를 벗겨주세요.

엄지손가락과 집게손가락을 좌우로 팽팽하게 벌린 후 집게손가락을 뒤로 돌려 세워주세요.

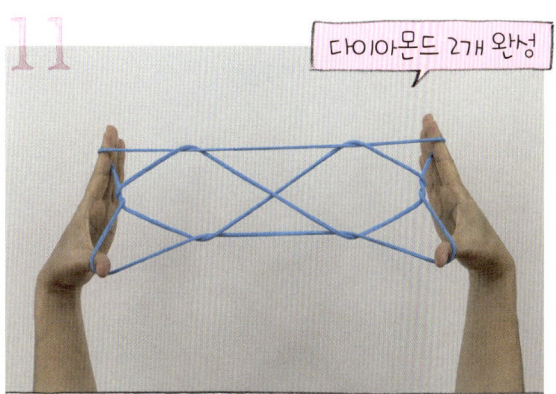

다이아몬드 2개 완성입니다.

Tip 실을 쉽게 푸는 방법

실뜨기를 하다 보면 모양을 만들고 난 후 실을 풀 때 실이 엉키는 경우가 많아요. 다이아몬드를 만들고 나서 실이 엉키지 않고 한 번에 풀리면 화살표(↑) 부분의 실을 당기면 돼요. 다이아몬드 1개, 3개, 4개도 마찬가지예요.

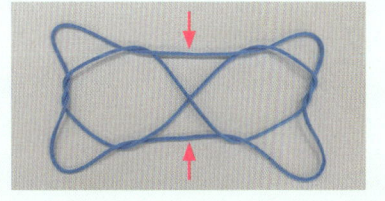

다이아몬드 1개

실의 길이 : 기본 실   난이도 : ★★★☆☆

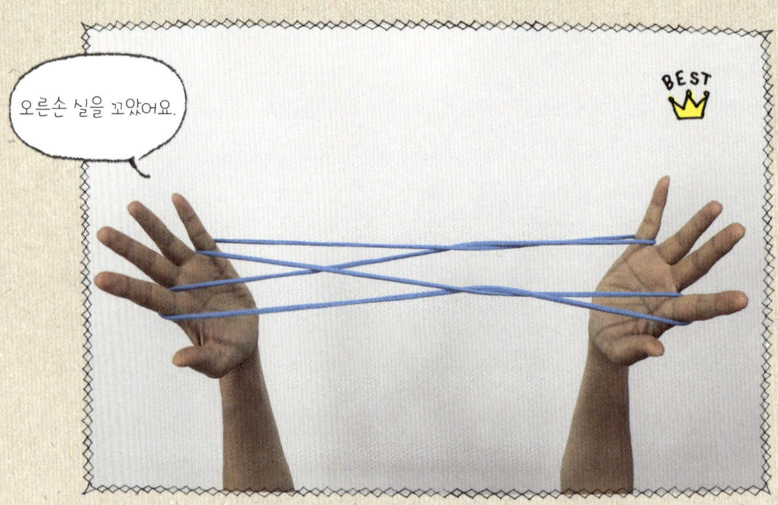

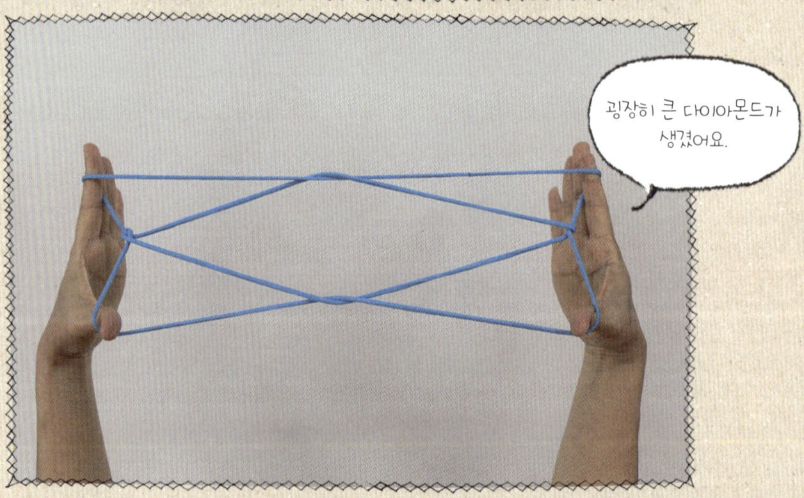

오른손 실을 꼬았어요.

굉장히 큰 다이아몬드가 생겼어요.

다이아몬드 2개와 처음 시작하는 부분만 다르고 나머지는 비슷해요. 다이아몬드 만들기는 실뜨기를 하는 여러 지역에서 각기 다른 방법으로 만듭니다. 한 가지 모양을 만드는 데 이만큼 다양한 방법이 알려진 것도 드물어요. 그중 일정한 규칙이 있어 배우기 쉬운 방법을 소개합니다.

1
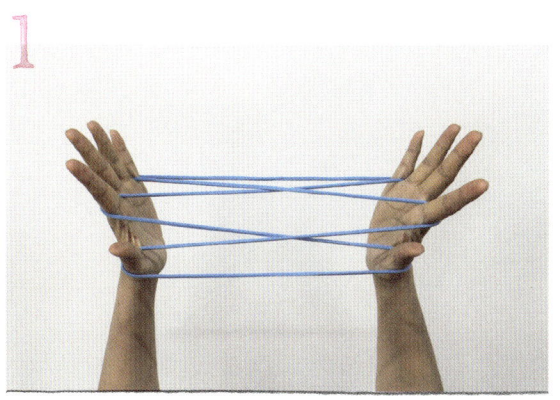
집게손가락 기본을 만들어주세요(19쪽 참조).

2
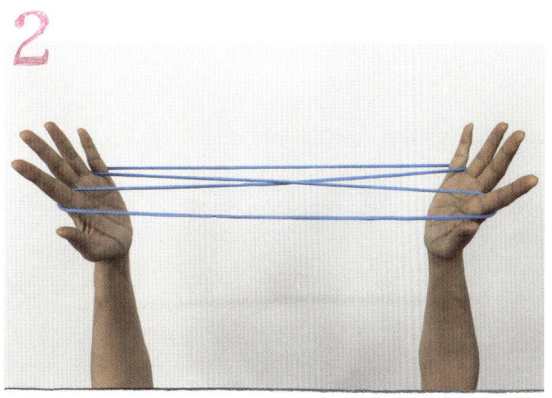
양손 엄지손가락 고리를 벗겨주세요. 집게손가락과 새끼손가락에만 실이 걸려 있어요.

3-1
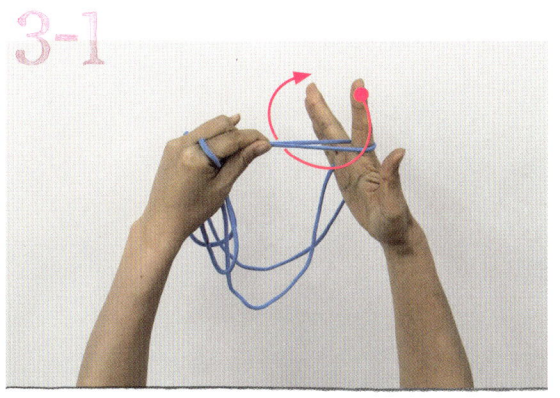
왼손으로 오른손 집게손가락에 걸린 실 2개를 잡은 후, 오른손 집게손가락을 몸 앞쪽으로 1바퀴 돌려주세요.

3-2
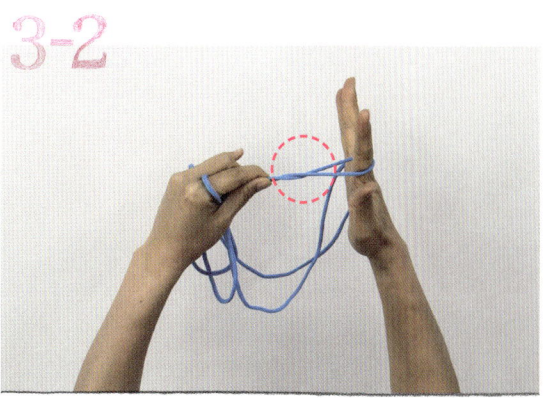
그러면 ○부분에 보이는 것처럼 실이 꼬입니다.

4-1
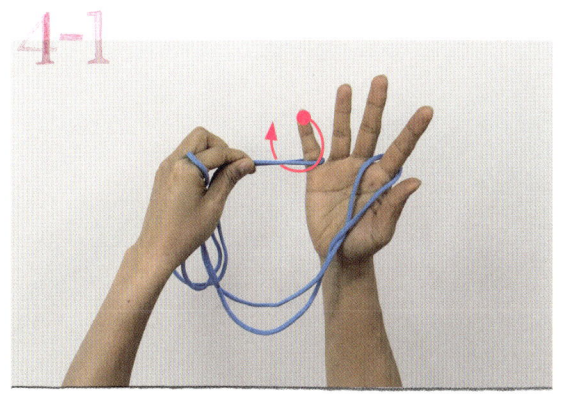

4-2
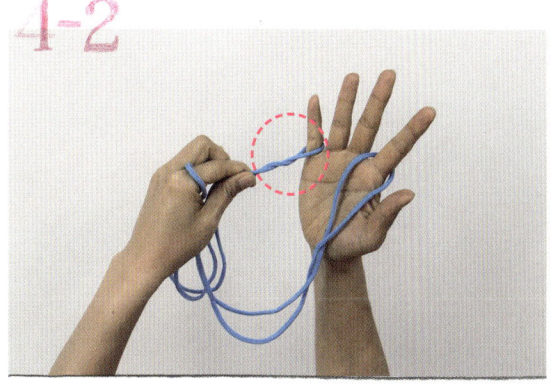

왼손 엄지손가락과 집게손가락으로 오른손 새끼손가락에 걸린 실 2개를 다 잡은 후, 오른손 새끼손가락을 몸 앞쪽으로 1바퀴 돌리면 ○부분에 실이 꼬인 것을 볼 수 있습니다.

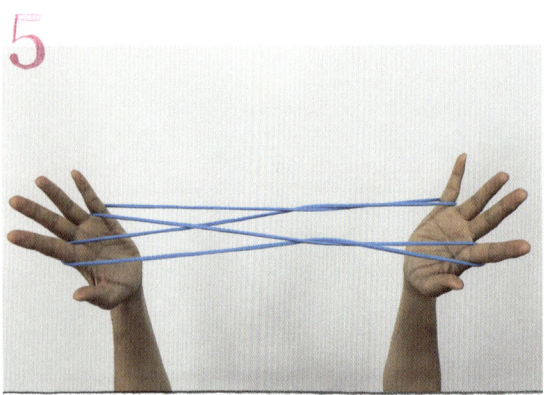

오른손 엄지손가락과 새끼손가락에 걸린 실이 한 번씩 꼬여 있습니다.

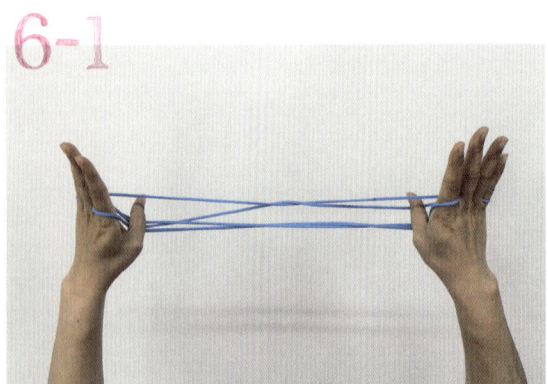
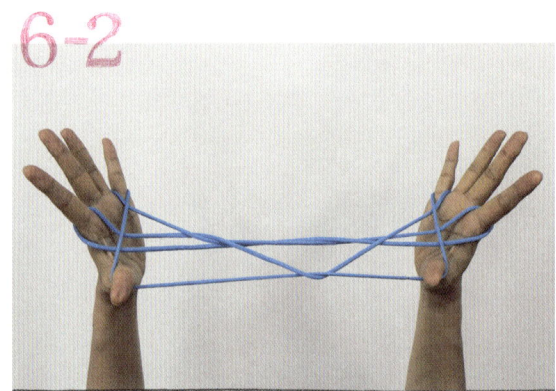

양손 엄지손가락으로 집게손가락 실 2개와 새끼손가락 앞실을 위로 지나간 후, 새끼손가락 뒷실을 떠 옵니다.

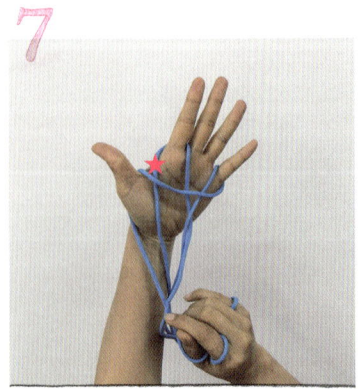
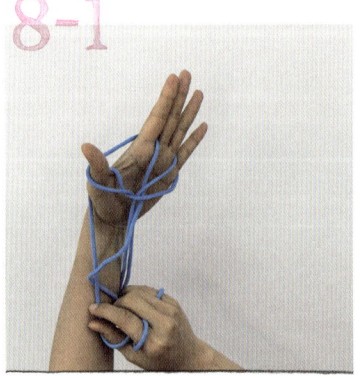

지금부터는 다이아몬드 2개를 할 때와 똑같아요. 오른손으로 왼손 집게손가락 앞실(★)을 왼손 엄지손가락에 걸어주세요. 왼손 엄지손가락에 실이 2개 걸려요.

오른손으로 왼손 엄지손가락 아랫실을 왼손 엄지손가락에서 벗겨주세요.

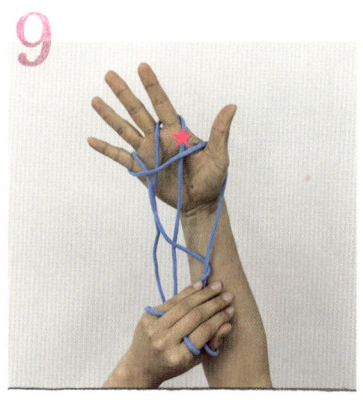

왼손으로 오른손 집게손가락 앞실(★)을 집어 오른손 엄지손가락에 걸어주세요.

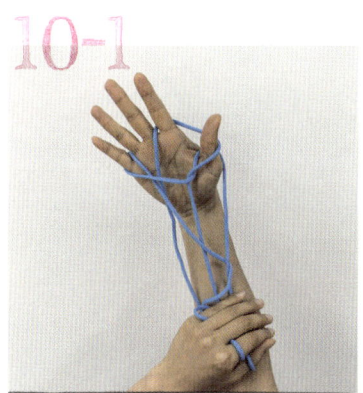

왼손으로 오른손 엄지손가락 아랫실을 오른손 엄지손가락에서 벗겨주세요. 여기까지는 모든 다이아몬드 시리즈에서 똑같이 반복되는 부분이에요.

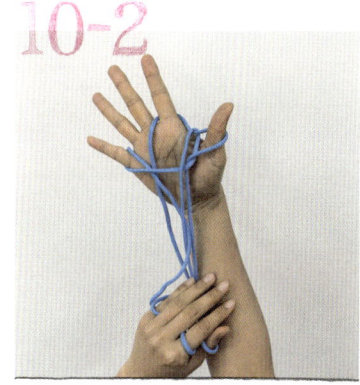

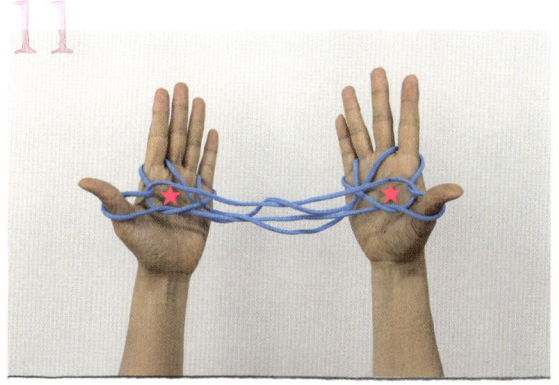

엄지손가락 앞쪽에 생긴 세모 모양(★)에 집게손가락을 위에서 넣은 후, 집게손가락을 손바닥에 붙여주세요.

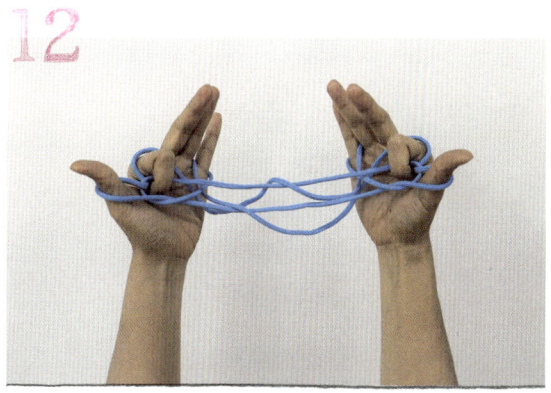

양손 새끼손가락 고리를 벗겨주세요.

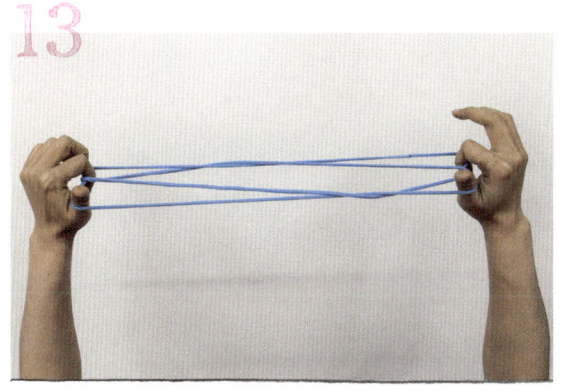

집게손가락 고리를 놓치지 않도록 조심하며 양손을 좌우로 팽팽히 당겨주세요. 그다음 집게손가락을 뒤쪽으로 돌려 세워주세요.

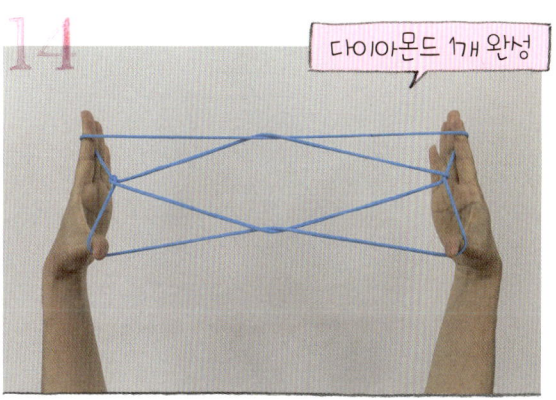

커다란 다이아몬드 1개 완성입니다.

다이아몬드 1개 완성

다이아몬드 3개

실의 길이 : 기본 실   난이도 : ★★★☆☆

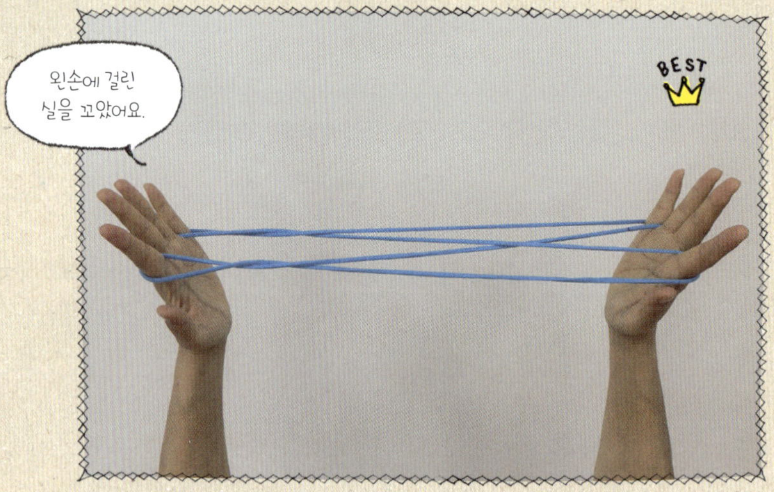

> 왼손에 걸린 실을 꼬았어요.

BEST 👑

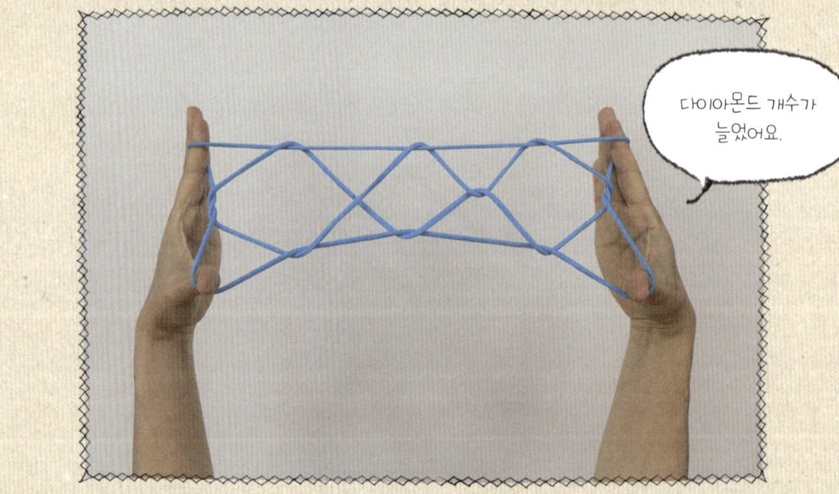

> 다이아몬드 개수가 늘었어요.

다이아몬드 시리즈를 'O단 사다리'라고도 부르는데 이는 다이아몬드 4개를 '제이콥의 사다리'라고 부르는 것과 관련이 있어요. 다이아몬드 3개 만들기의 핵심은 왼손입니다. 1개, 2개, 3개를 만들 때와의 공통점과 차이점을 찾아보세요.

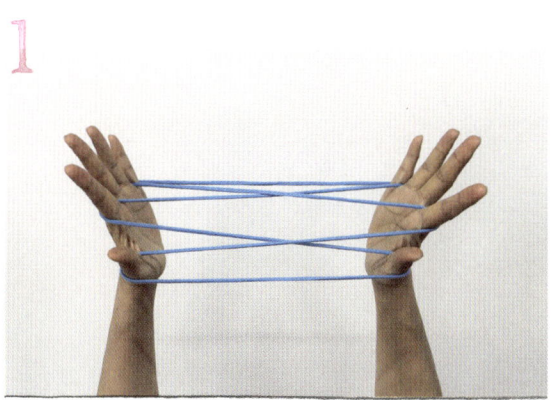

집게손가락 기본을 만들어주세요(19쪽 참조).

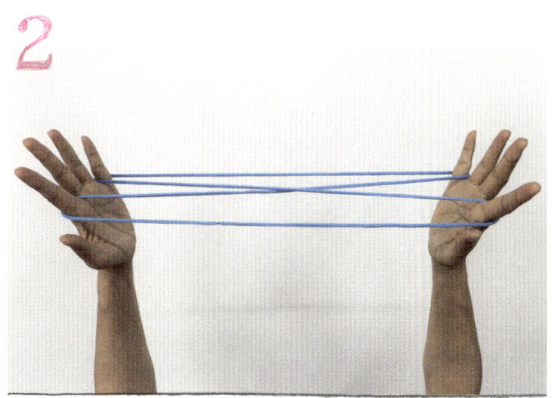

양손 엄지손가락 고리를 벗깁니다. 다이아몬드 시리즈는 과정 1, 2가 똑같아요.

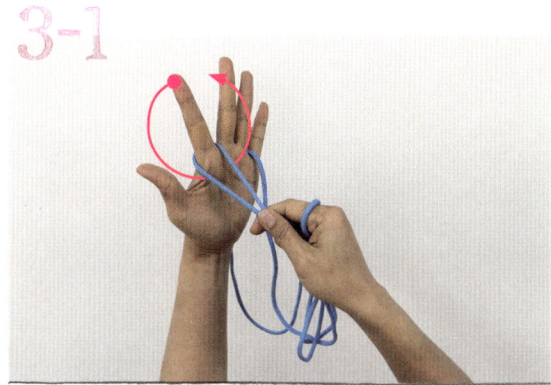

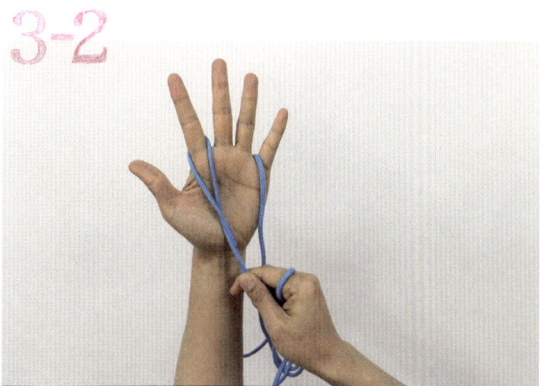

오른손으로 왼손 집게손가락에 걸린 실 2가닥을 잡은 후, 왼손 집게손가락을 몸 앞쪽으로 1바퀴 돌려주세요. 집게손가락 실이 꼬입니다.

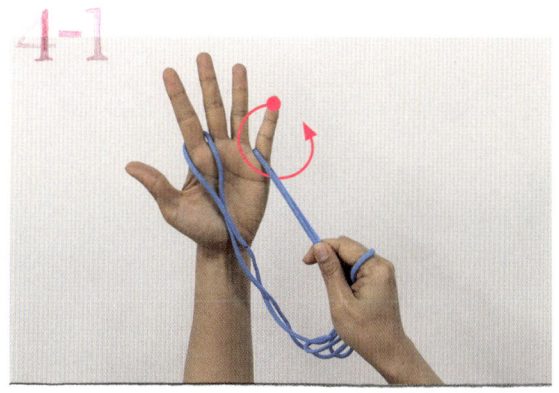

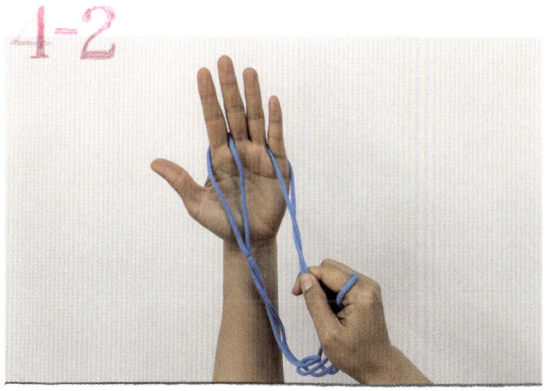

오른손으로 왼손 새끼손가락에 걸린 실 2가닥을 잡은 후, 왼손 새끼손가락을 몸 앞쪽으로 1바퀴 돌려주세요.

5

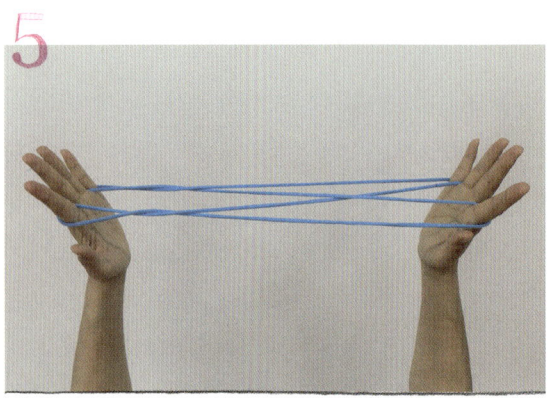

오른손 엄지손가락과 새끼손가락에 걸린 실이 한 번씩 꼬여 있습니다.

6-1

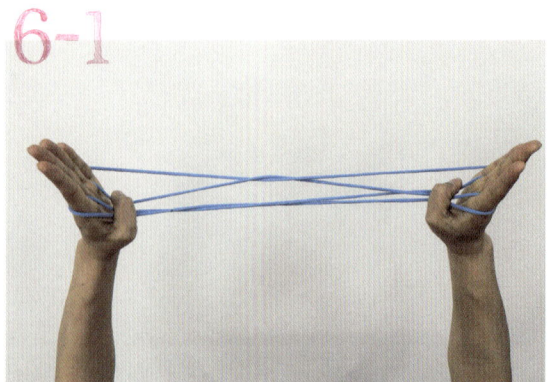

6-2

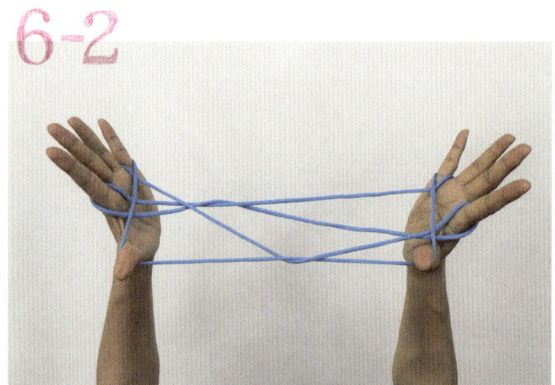

양손 엄지손가락으로 집게손가락 실과 새끼손가락 앞실을 위로 지나간 후 새끼손가락 뒷실을 떠 옵니다.

7

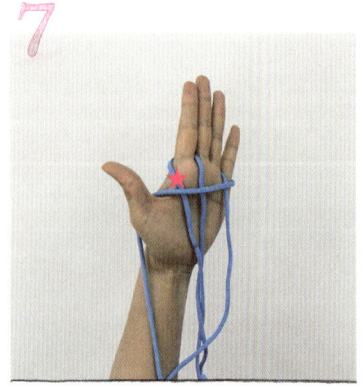

8-1

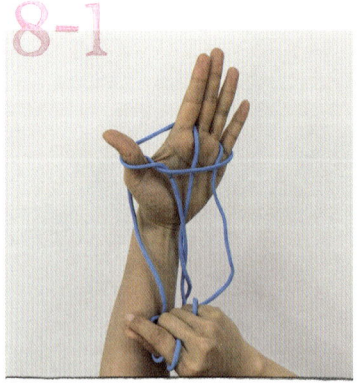

8-2

오른손으로 왼손 집게손가락 앞실(★)을 왼손 엄지손가락에 걸어주세요. 왼손 엄지손가락에 실이 2개 걸립니다.

오른손으로 왼손 엄지손가락 아랫실을 왼손 엄지손가락에서 벗겨주세요.

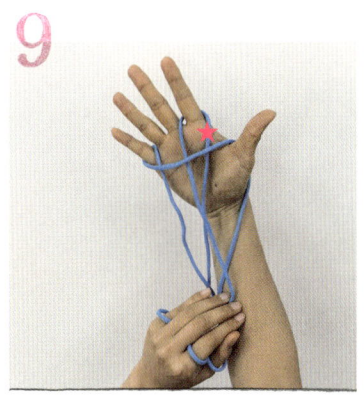

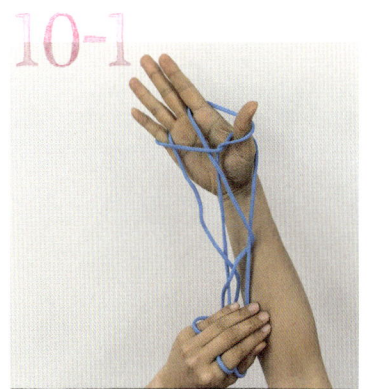

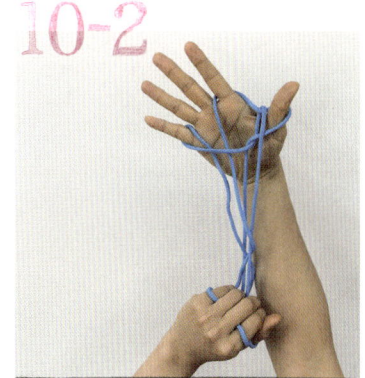

왼손으로 오른손 집게손가락 앞실(★)을 집어 오른손 엄지손가락에 걸어주세요.

오른손 엄지손가락 고리 2개 중에 아랫고리를 오른손 엄지손가락에서 벗겨주세요.

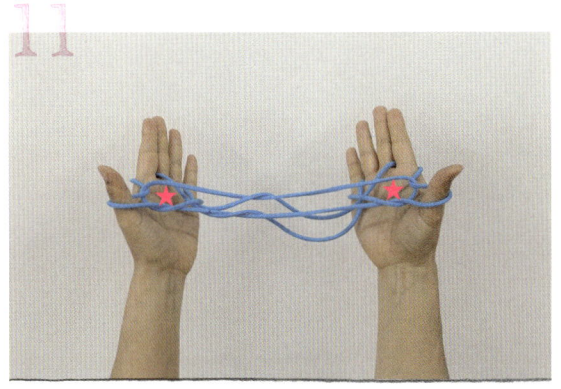

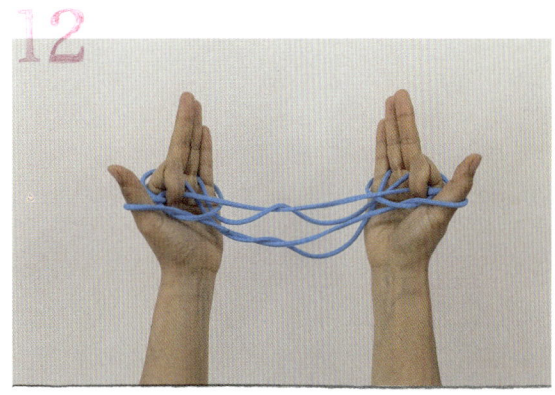

양손 엄지손가락 앞쪽에 생긴 세모 모양(★)에 양손 집게손가락을 위에서 꽂아 손바닥에 집게손가락이 딱 붙도록 해주세요.

양손 새끼손가락 고리를 벗긴 후 양손 집게손가락을 손바닥에 붙인 채로 손을 좌우로 팽팽하게 벌려주세요.

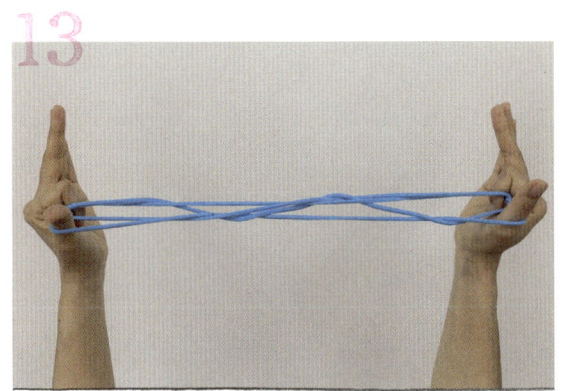

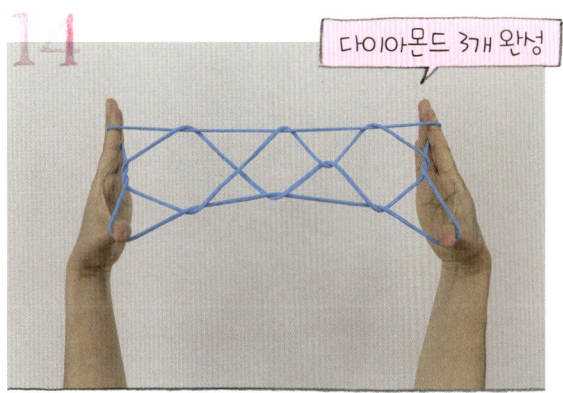

다이아몬드 3개 완성

양손 집게손가락을 뒤쪽으로 돌려 세워주세요.

다이아몬드 3개 완성입니다.

다이아몬드 4개
(에펠탑, 마녀 모자)

실의 길이 : 기본 실   난이도 : ★★★☆☆

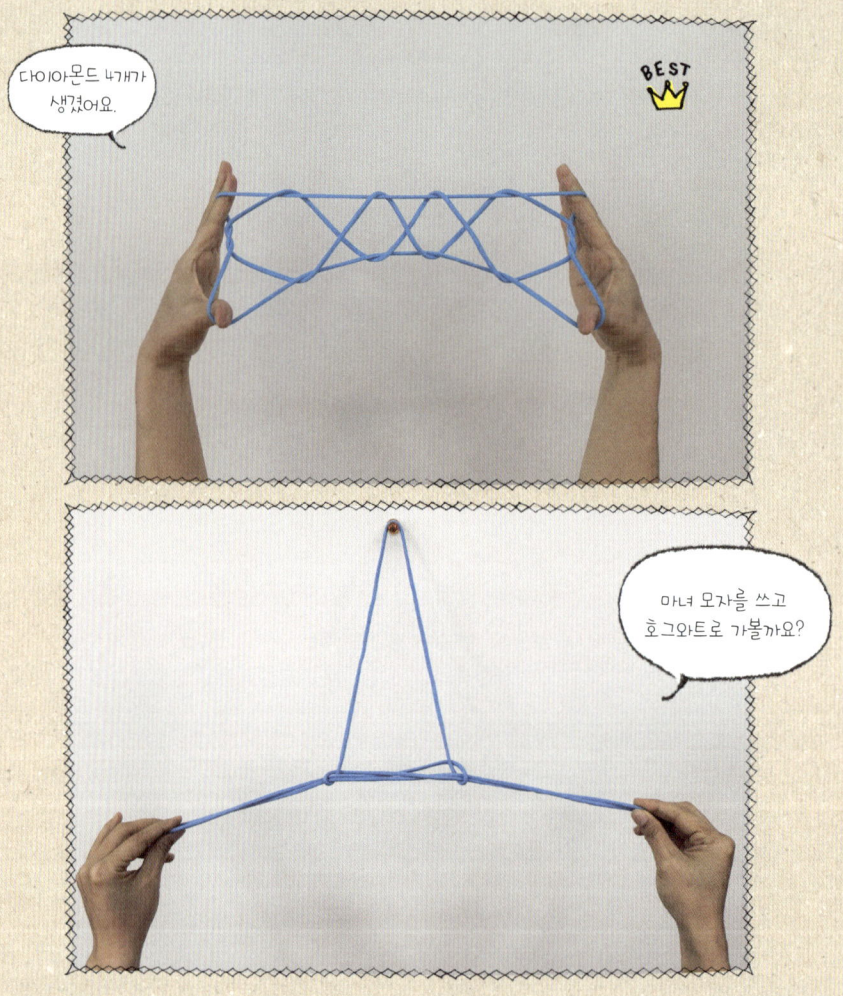

다이아몬드 4개는 다이아몬드 1개와 3개를 한 번에 하는 것입니다. 다이아몬드 1개는 오른손 집게손가락 실과
새끼손가락 실을 꼬았고, 다이아몬드 3개는 왼손 집게손가락 실과 새끼손가락 실을 꼬아서 만들었어요.
다이아몬드 4개는 양손의 집게손가락과 새끼손가락의 실을 다 꼬아서 만들어요.

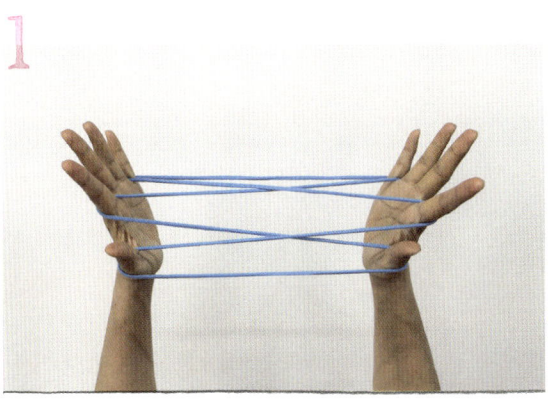

집게손가락 기본을 만들어주세요(19쪽 참조).

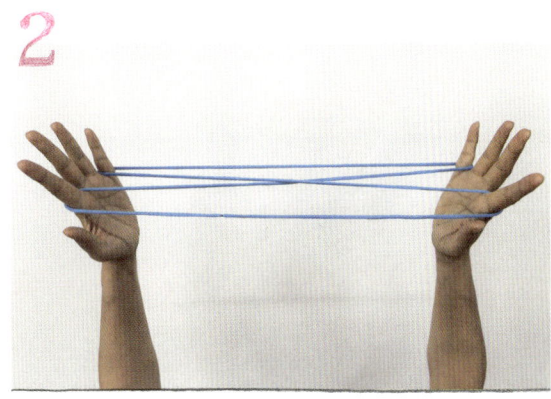

양손 엄지손가락 고리를 벗깁니다.

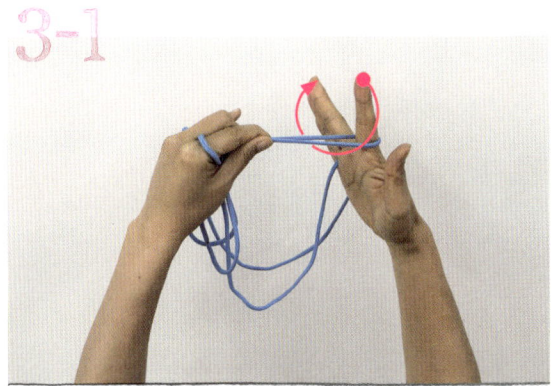
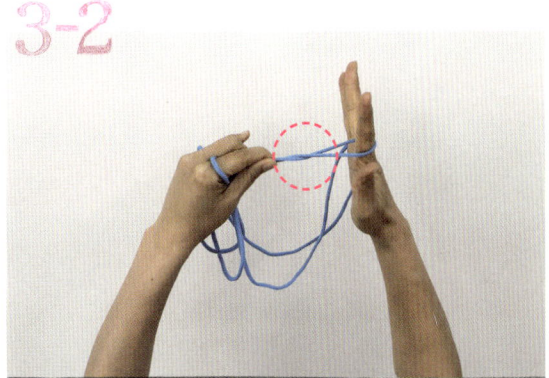

왼손으로 오른손 집게손가락에 걸린 실 2개를 잡은 후, 오른손 집게손가락을 몸 앞쪽으로 1바퀴 돌려주세요.

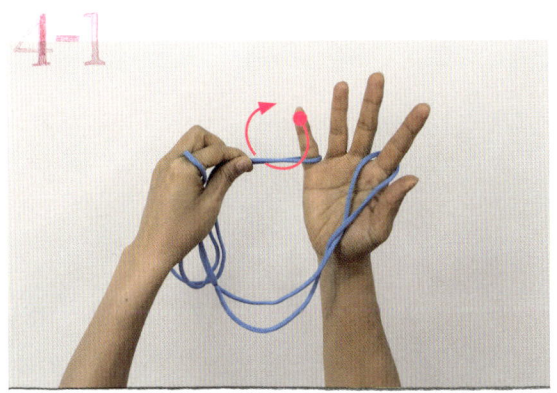
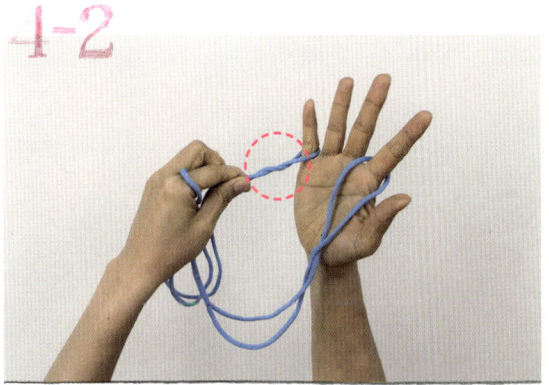

왼손 엄지손가락과 집게손가락으로 오른손 새끼손가락에 걸린 실 2개를 다 잡은 후, 오른손 새끼손가락을 몸 앞쪽으로 1바퀴 돌려주세요.

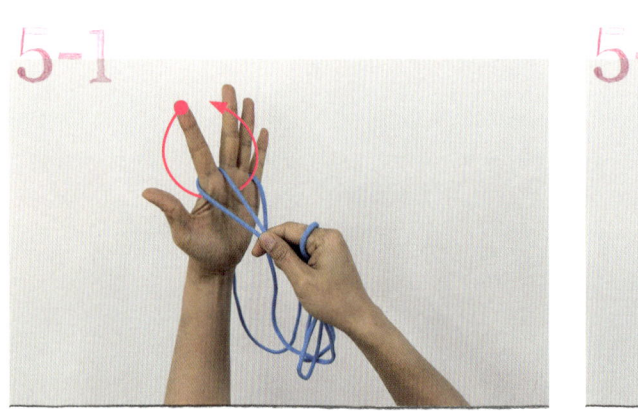 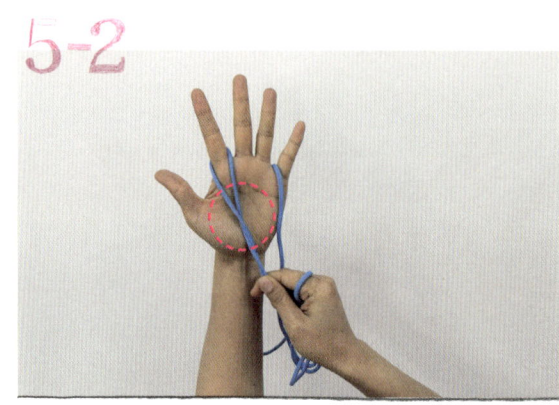

오른손으로 왼손 집게손가락에 걸린 실 2가닥을 잡은 후, 왼손 집게손가락을 몸 앞쪽으로 1바퀴 돌려주세요.

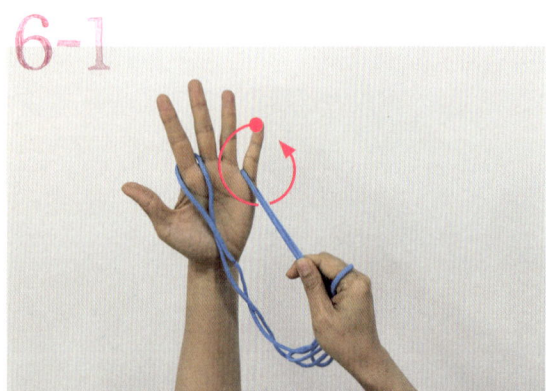 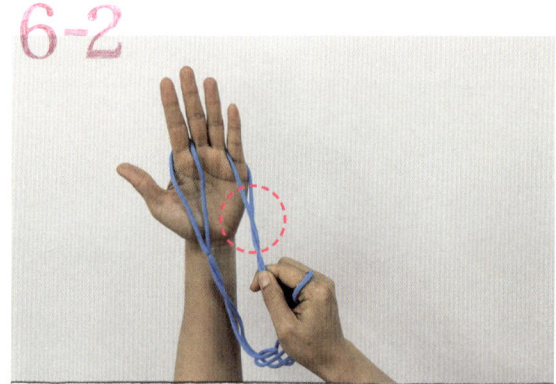

오른손으로 왼손 새끼손가락에 걸린 실 2가닥을 잡은 후, 왼손 새끼손가락을 몸 앞쪽으로 1바퀴 돌려주세요.

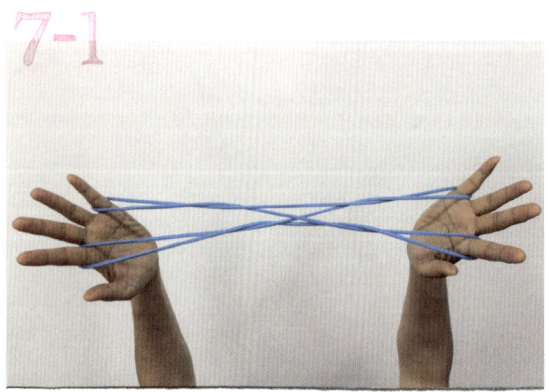 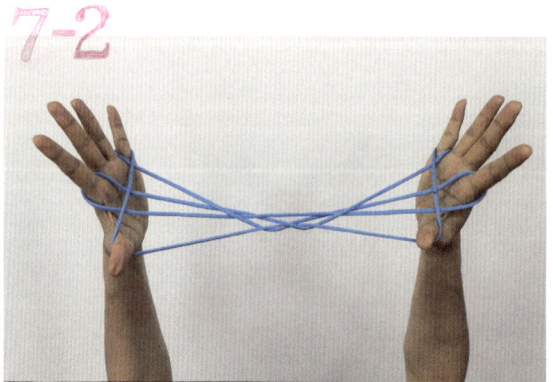

양손 엄지손가락이 집게손가락 실 2가닥과 새끼손가락 앞실을 위로 지나 새끼손가락 뒷실을 떠 옵니다.

8
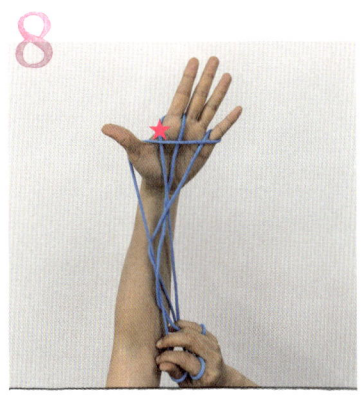
오른손으로 왼손 집게손가락 앞실(★)을 집어 왼손 엄지손가락에 걸어주세요.

9-1
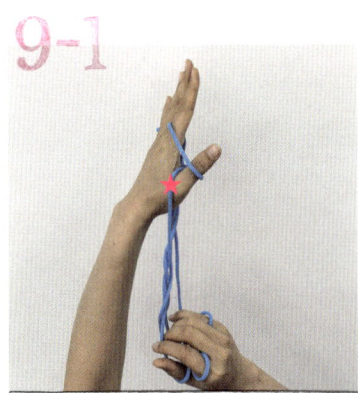

9-2
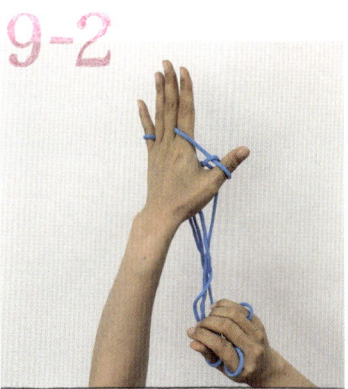
오른손으로 왼손 엄지손가락 아랫실(★)을 집어 엄지손가락에 벗겨주세요.

10
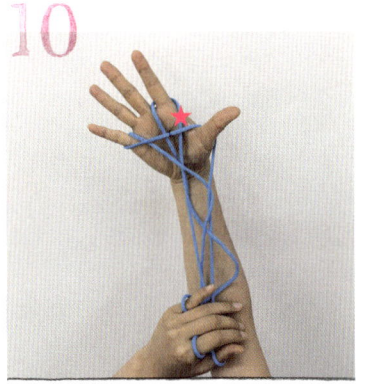
왼손으로 오른손 집게손가락 앞실(★)을 집어 오른손 엄지손가락에 걸어주세요.

11-1
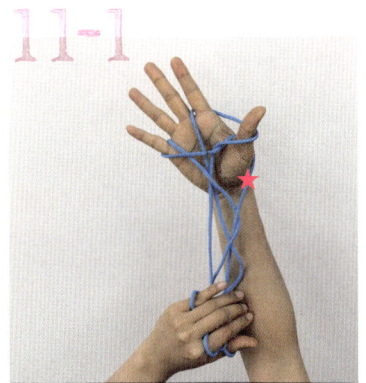

11-2
왼손으로 오른손 엄지손가락 아랫실(★)을 집어 엄지손가락에서 벗겨주세요.

12-1
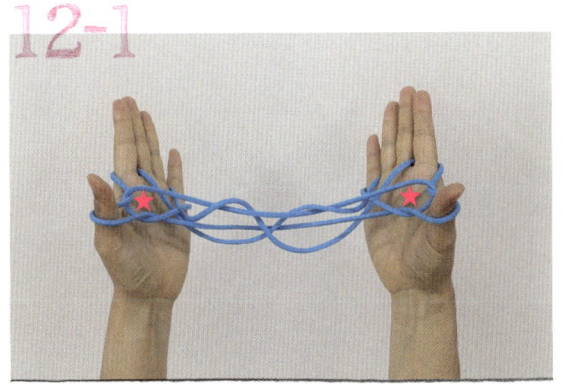

12-2
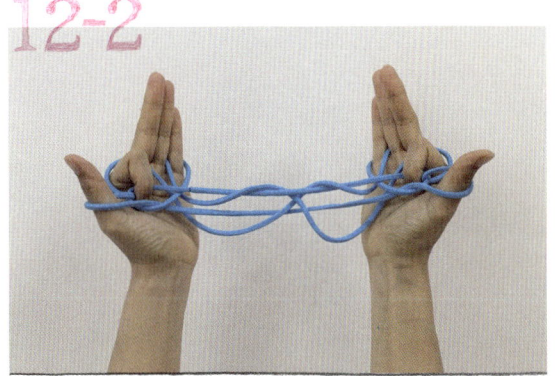
양손 엄지손가락과 집게손가락 앞에 만들어진 세모 모양의 구멍(★)에 각각 집게손가락을 꽂고 집게손가락을 손바닥에 붙여주세요.

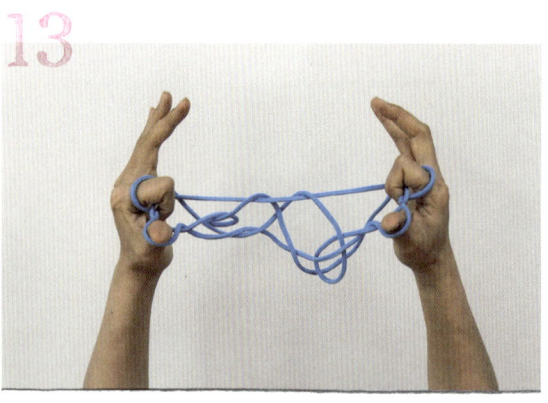

양손 새끼손가락 고리를 벗긴 후 엄지손가락은 아래로 집게손가락은 위로 향하게 뒤로 밀면서 펴주세요.

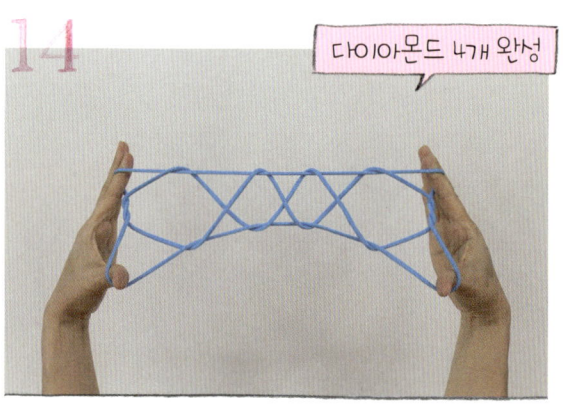

다이아몬드 4개 완성

다이아몬드 4개 완성입니다.

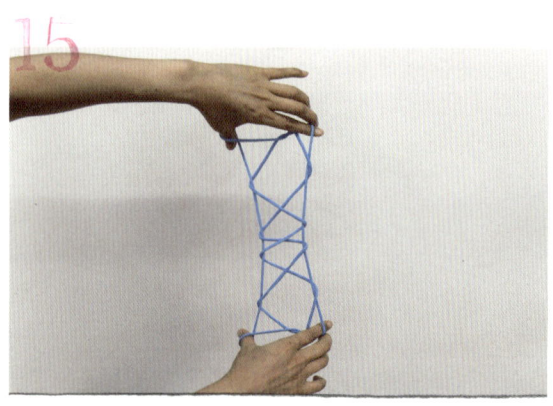

다이아몬드 4개를 아래위로 세운 다음 위쪽에 있는 왼손의 엄지손가락과 집게손가락을 붙여주세요.

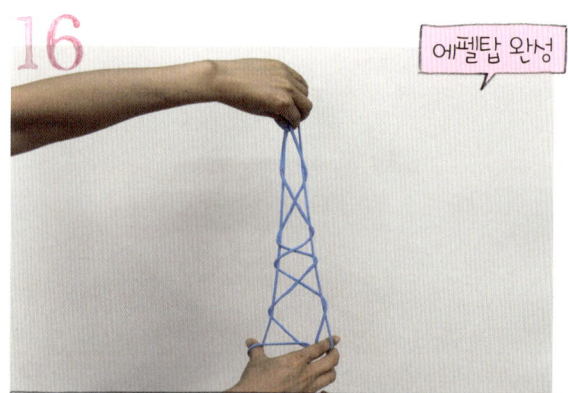

에펠탑 완성

에펠탑 완성입니다.

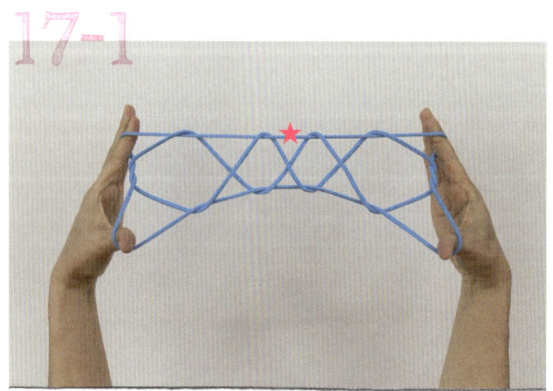

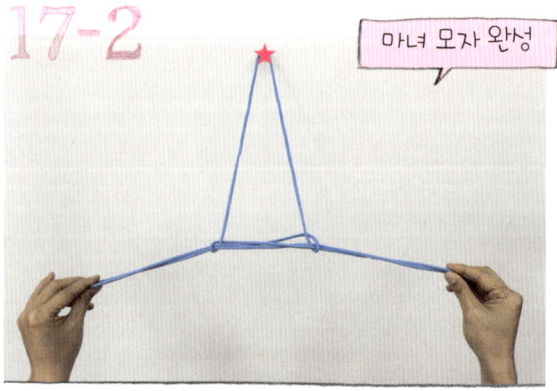

마녀 모자 완성

다이아몬드 4개의 윗부분(★)을 입으로 물고 살짝 당기면서 양손 집게손가락 고리를 놓아주고 엄지손가락 고리를 좌우로 벌려줍니다. 마녀 모자 완성입니다.

쌍둥이별

실의 길이 : 기본 실   난이도 : ★★★☆☆

쌍둥이별은 최근에 만들어진 창작 실뜨기예요. 누구나 실뜨기를 새로 만들 수는 있지만 만든 사람만 좋아해서는 안 되고 여러 사람이 좋아해야 사라지지 않고 앞으로도 계속 이어질 수 있겠지요. 쌍둥이별은 어린이도 어른도 모두 좋아하는 실뜨기예요.

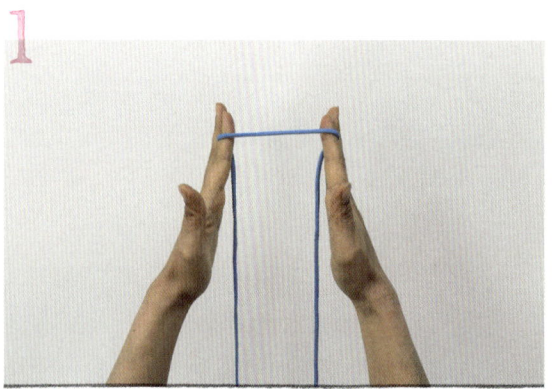

양손 집게손가락에 실을 걸어주세요.

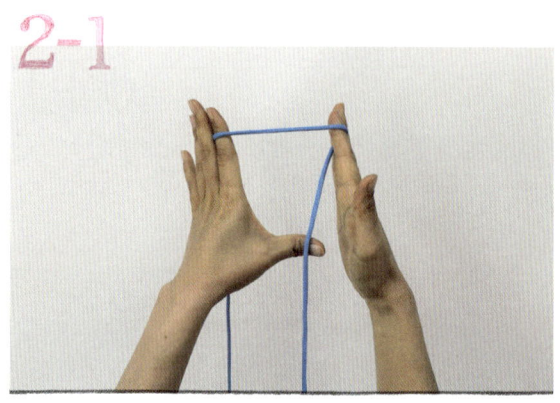

왼손 엄지손가락으로 오른손 집게손가락 아래로 늘어져 있는 실을 뒤에서 뜬 후 제자리로 돌아오세요.

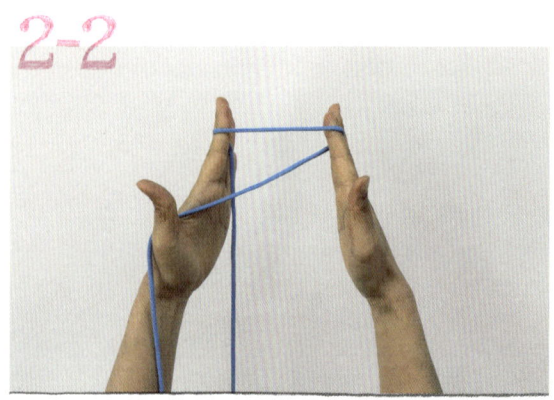

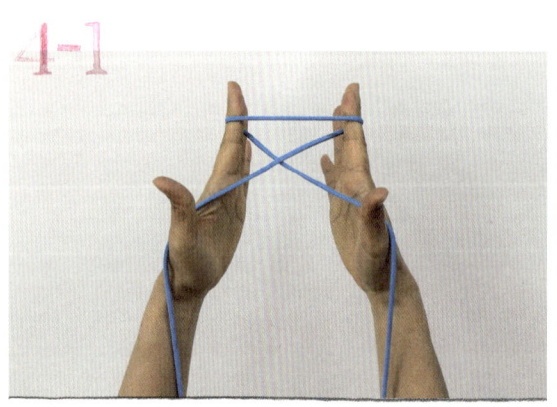

오른손 엄지손가락으로 왼손 집게손가락에서 아래로 늘어진 실을 뒤에서 떠 오세요.

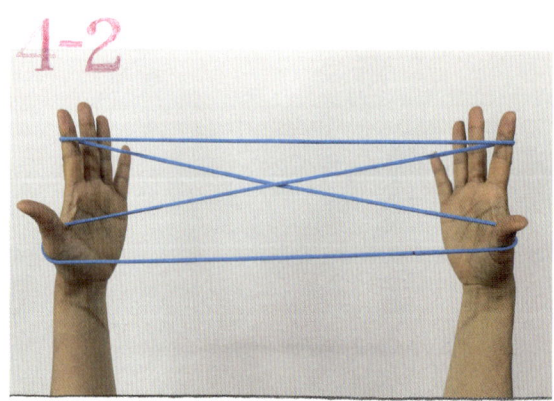

양손을 좌우로 벌려주세요.

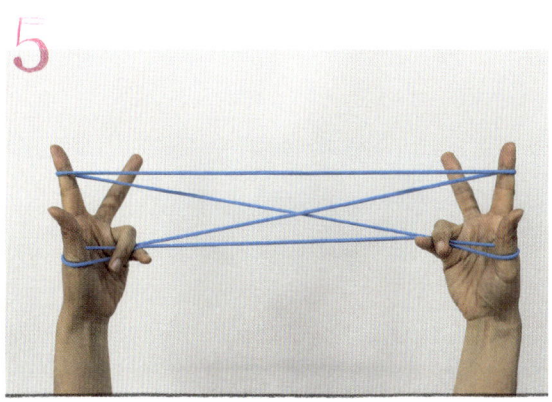

양손 약손가락과 새끼손가락을 집게처럼 사용해서 엄지손가락에 걸린 실 2가닥을 모두 집어주세요. 엄지손가락 실 2가닥을 집은 약손가락과 새끼손가락을 집게손가락 실 아래로 지나가도록 뒤로 밀어내어주세요.

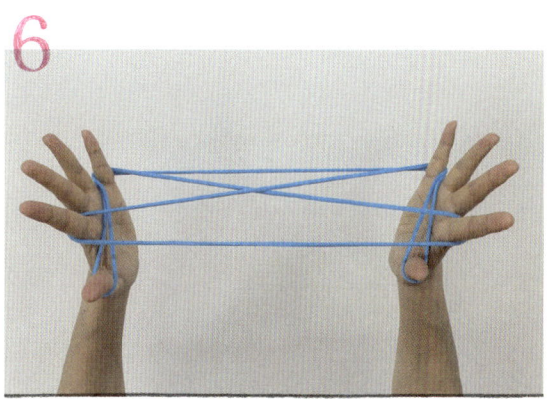

엄지손가락 실 2가닥이 새끼손가락에 걸립니다.

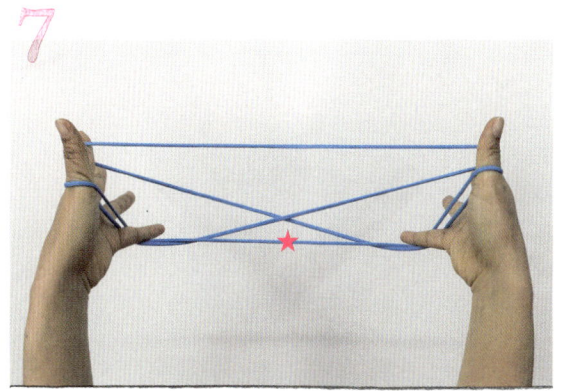

엄지손가락이 위로 향하게 양손을 앞으로 하면 양손 새끼손가락 뒷실 중 수평으로 걸린 실(★)이 보입니다.

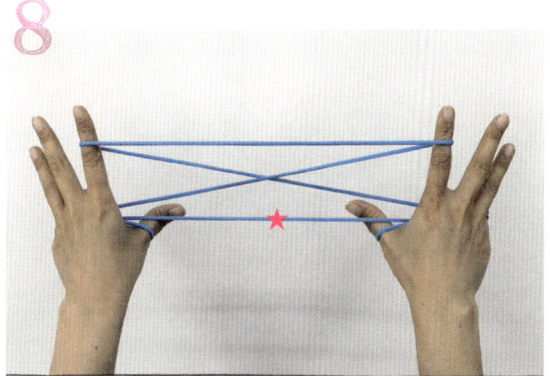

양손 엄지손가락을 몸 앞쪽으로 내려 새끼손가락 뒷실 2가닥 중 가로실(★)을 뒤에서 앞으로 떠 옵니다.

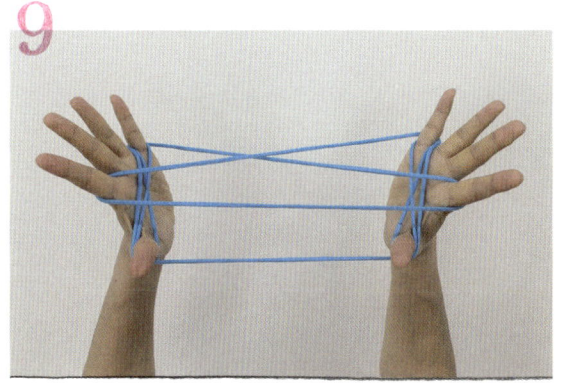

양손 엄지손가락, 집게손가락, 새끼손가락에 실이 걸립니다.

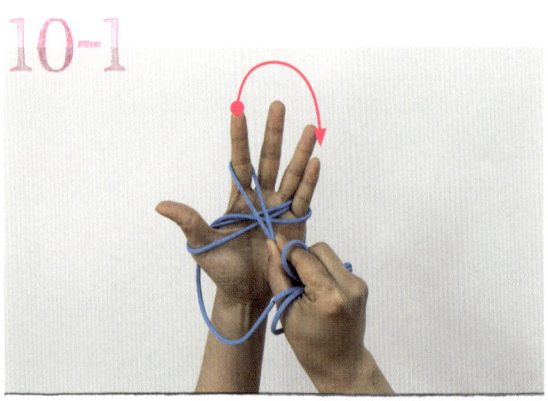 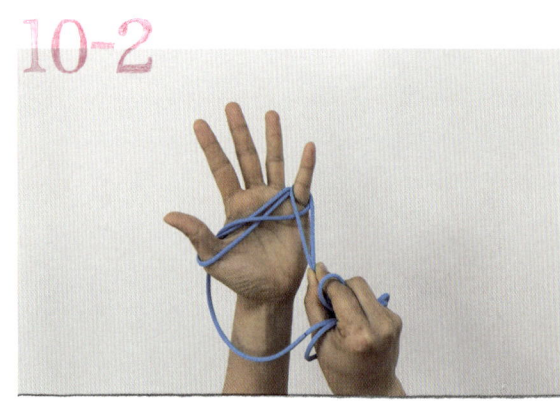

오른손을 사용하여 왼손 집게손가락에 걸린 고리를 빼서 그대로 새끼손가락에 걸어주세요.

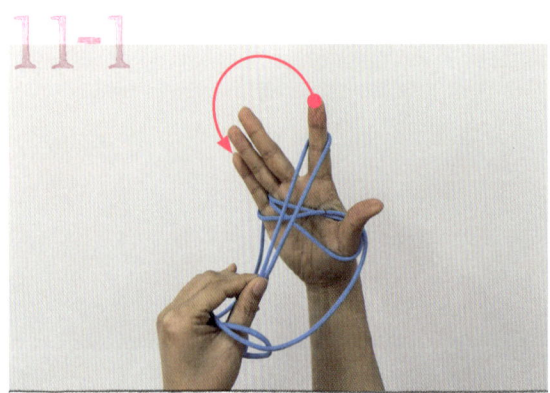 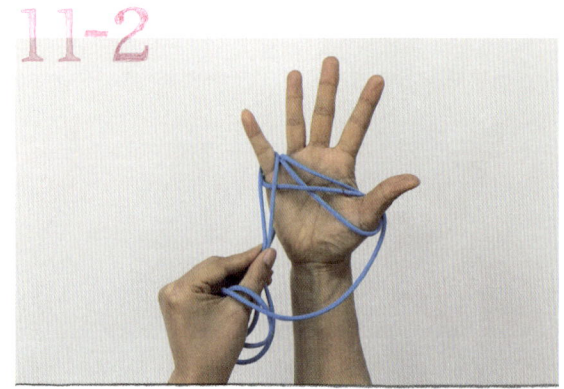

왼손을 사용하여 오른손 집게손가락에 걸린 고리를 빼서 그대로 새끼손가락에 걸어주세요.

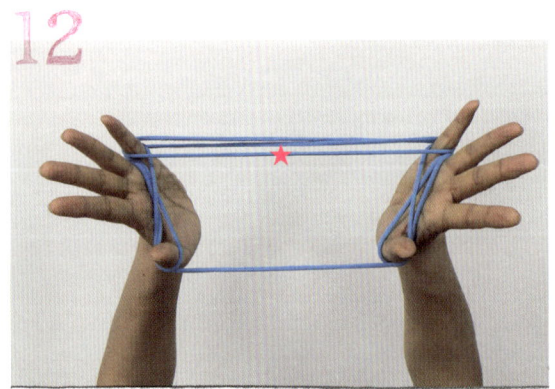 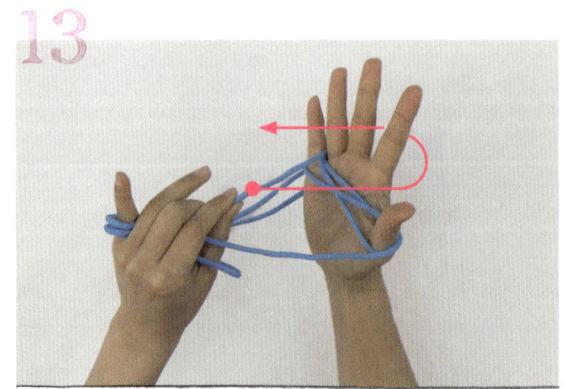

왼손 엄지손가락과 집게손가락으로 새끼손가락 앞실(★)을 집어주세요.

집은 실을 오른손 집게손가락에 앞에서 뒤로 1바퀴 돌려 걸어주세요.

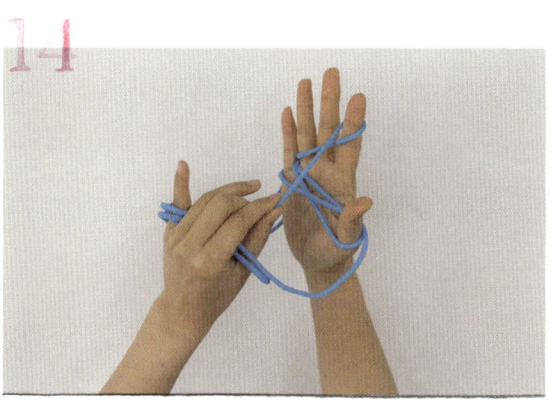

오른손 집게손가락에 생긴 고리에 왼손 집게손가락을 아래에서 넣어주세요.

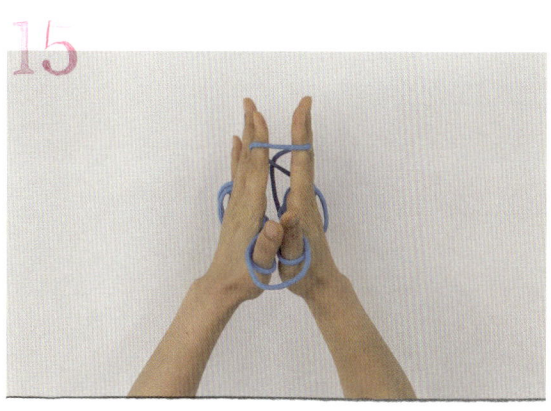

양손을 좌우로 벌려주세요.

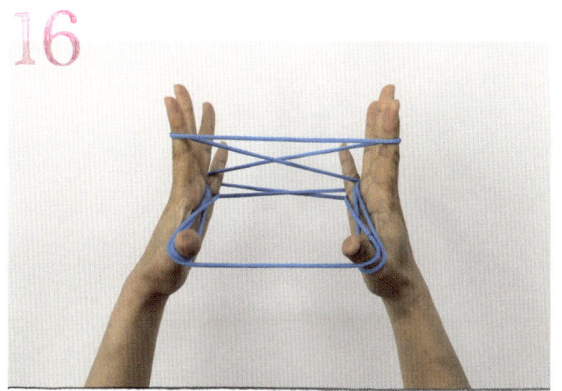

양손 집게손가락에 실이 걸립니다.

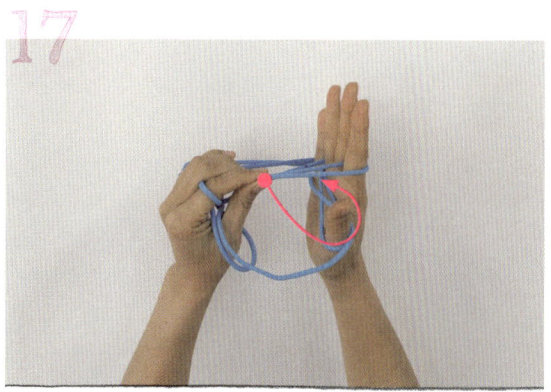

왼손으로 집게손가락 앞실을 집어 오른손 엄지손가락에 앞에서 뒤로 1바퀴 돌려 걸어주세요.

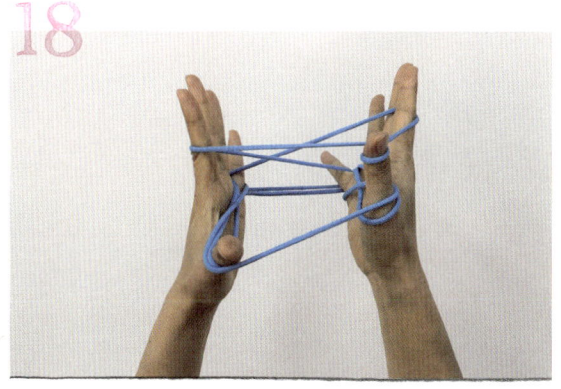

오른손 엄지손가락 제일 윗고리에 왼손 엄지손가락을 아래에서 넣습니다.

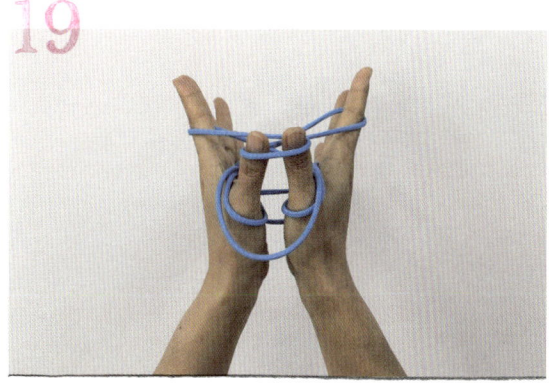

양손을 좌우로 벌려주세요.

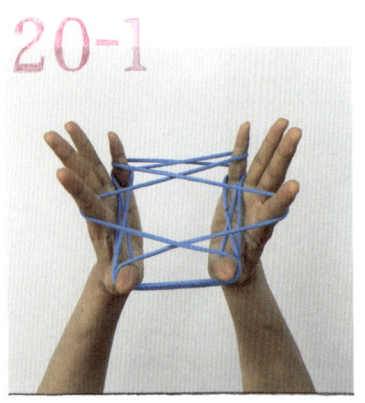

양손 집게손가락 고리를 벗겨주세요.

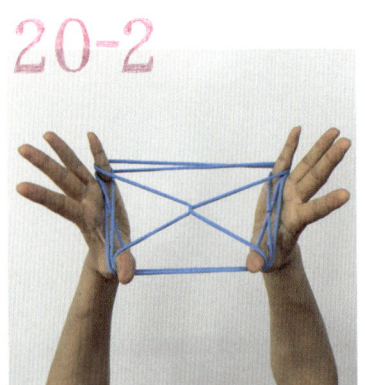

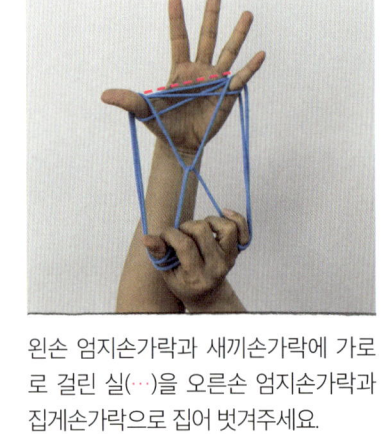

왼손 엄지손가락과 새끼손가락에 가로로 걸린 실(…)을 오른손 엄지손가락과 집게손가락으로 집어 벗겨주세요.

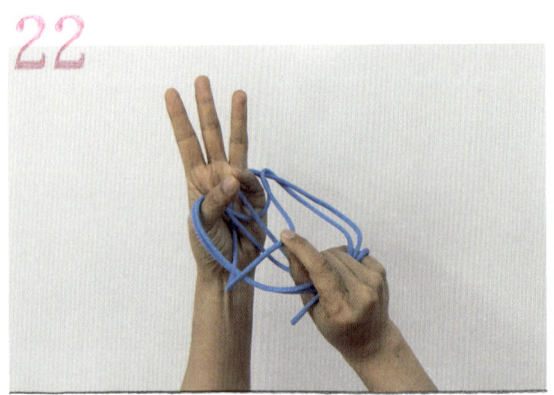

왼손 엄지손가락과 집게손가락을 붙이면 벗기기 쉬워요. 왼손 엄지손가락과 새끼손가락에 걸려 있는 다른 실들이 벗겨지지 않도록 조심하세요.

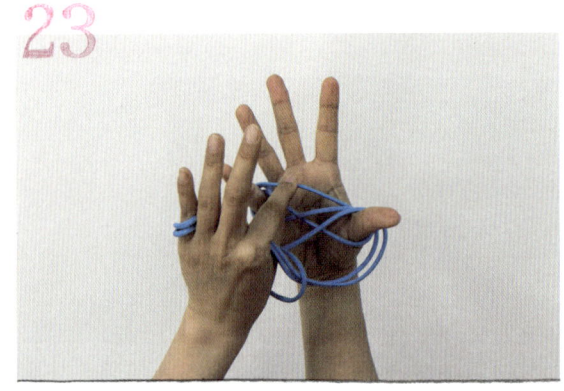

왼손 엄지손가락과 집게손가락을 사용해서 오른손 엄지손가락과 새끼손가락에 가로로 걸린 실을 벗겨주세요.

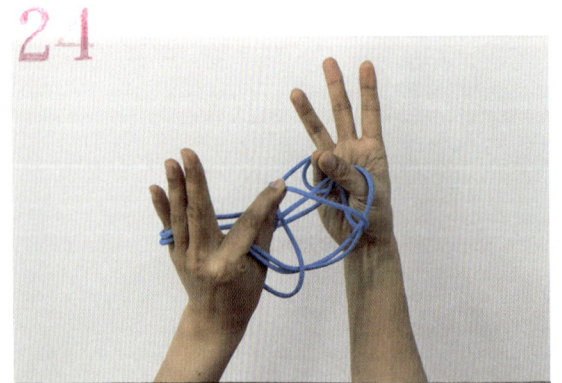

오른손 엄지손가락과 집게손가락을 붙이면 벗기기 쉬워요. 오른손 엄지손가락과 새끼손가락에 걸려 있는 다른 실들이 벗겨지지 않도록 조심하세요.

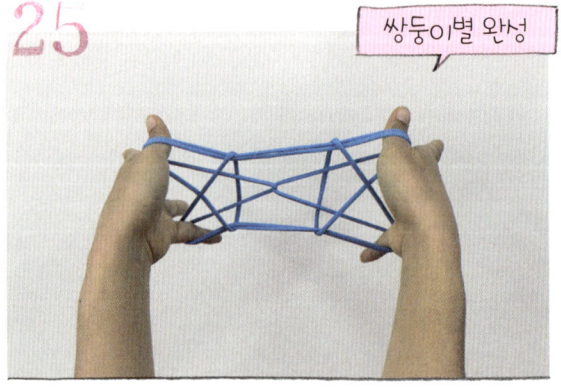

쌍둥이별 완성

쌍둥이별 완성입니다.

가면

실의 길이 : 기본 실   난이도 : ★★★☆☆

집게손가락 기본으로 시작해요.

가면을 쓰고 무도회에 가보세요.

**'2개의 별'이라고도 불리는 나바호족의 실뜨기예요.
마름모꼴이 만들어지는 실뜨기가 많고 이름도 지역마다 다양해요. 가면은 가면 자체로도 예쁘지만
'멋진 하트'를 만들기 위해서는 꼭 만들 수 있어야 해요. 찬찬히 따라 하면 어렵지 않으니 도전해보아요.**

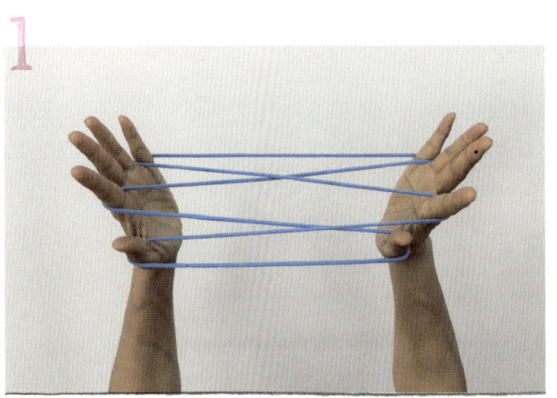

집게손가락 기본을 만들어주세요(19쪽 참조).

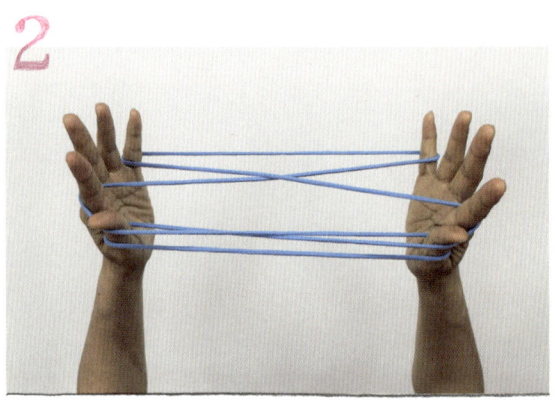

양손 엄지손가락으로 집게손가락 앞실을 뜬 후 양손 집게손가락 고리를 벗겨주세요.

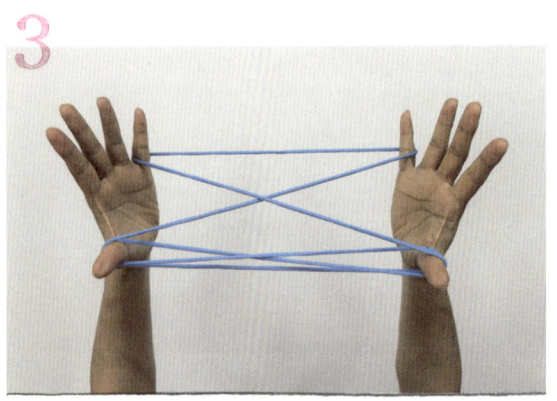

양손 엄지손가락에 고리 2개가 걸렸어요. 이때 원래 있던 고리가 아래에 있고 집게손가락에서 옮겨온 고리가 위에 있어야 해요.

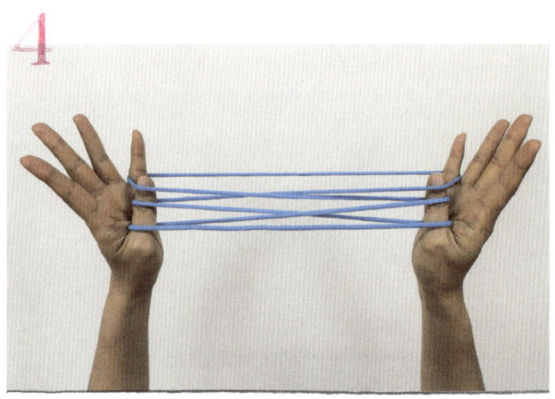

양손 엄지손가락으로 새끼손가락 앞실을 뜬 다음 양손 새끼손가락은 빼줍니다.

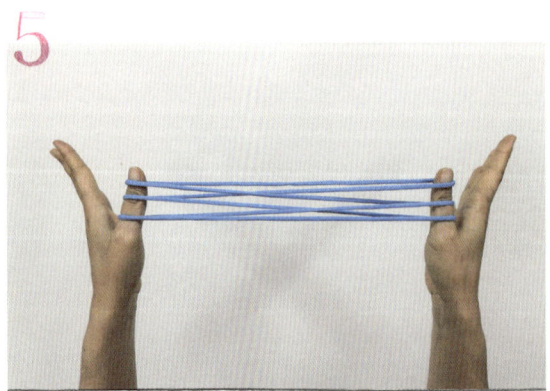

집게손가락과 새끼손가락에 있던 고리를 모두 엄지손가락으로 옮겼어요. 이때 3개의 고리가 순서대로 있어야 합니다. 제일 밑에 원래 엄지손가락 고리, 그 위에 옮겨 온 집게손가락 고리, 제일 위가 새끼손가락 고리를 옮겨온 것입니다.

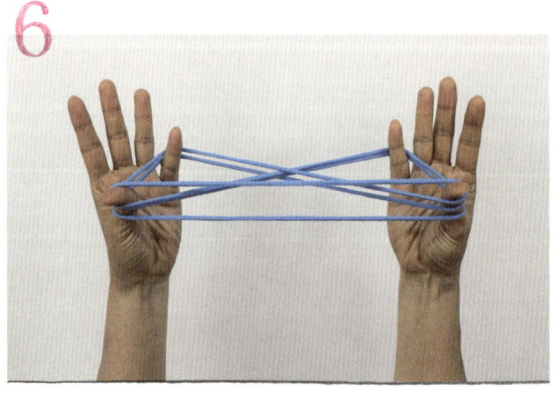

양손 새끼손가락을 엄지손가락 고리 3개의 맨 아래로 들어간 후, 뒤쪽 아랫실 2가닥만 뒤로 밀어내세요. 제일 윗실은 건드리지 않고 다음 동작에서 사용합니다.

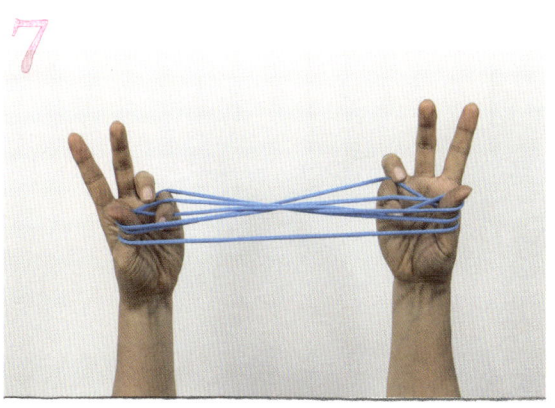

엄지손가락 뒤쪽 제일 윗실을 양손 새끼손가락으로 누르면서 새끼손가락을 손바닥에 붙입니다.

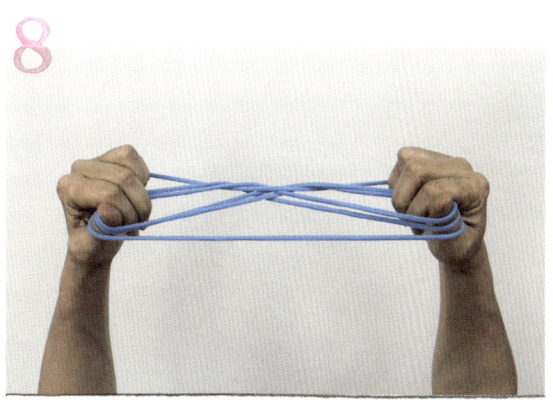

양손 집게손가락과 가운뎃손가락을 3개의 엄지손가락 고리에 위에서 집어 넣어주세요.

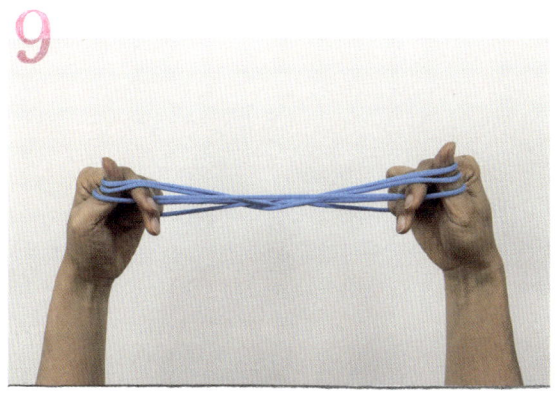

엄지손가락 앞쪽 제일 아랫실 1가닥을 집게손가락과 가운뎃손가락으로 집게처럼 집어주세요. 그다음 집게손가락과 가운뎃손가락을 엄지손기락 고리 사이로 빼세요.

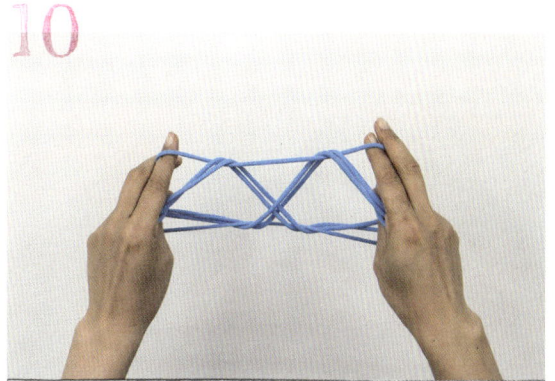

양손 집게손가락과 가운뎃손가락을 뒤로 돌려 세우면서 집게손가락과 가운뎃손가락으로 집은 실을 엄지손가락 고리 사이로 빼내어주세요.

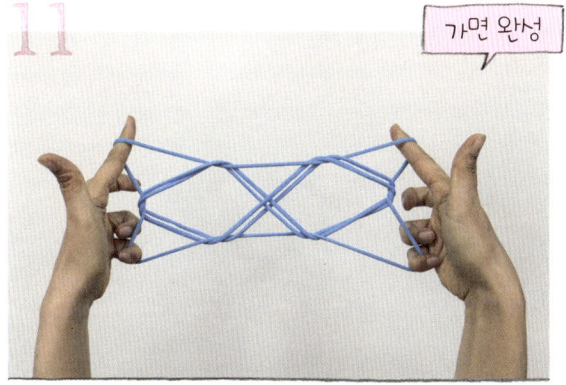

가면 완성

가면 완성입니다.

번개

실의 길이 : 기본 실   난이도 : ★★★☆☆

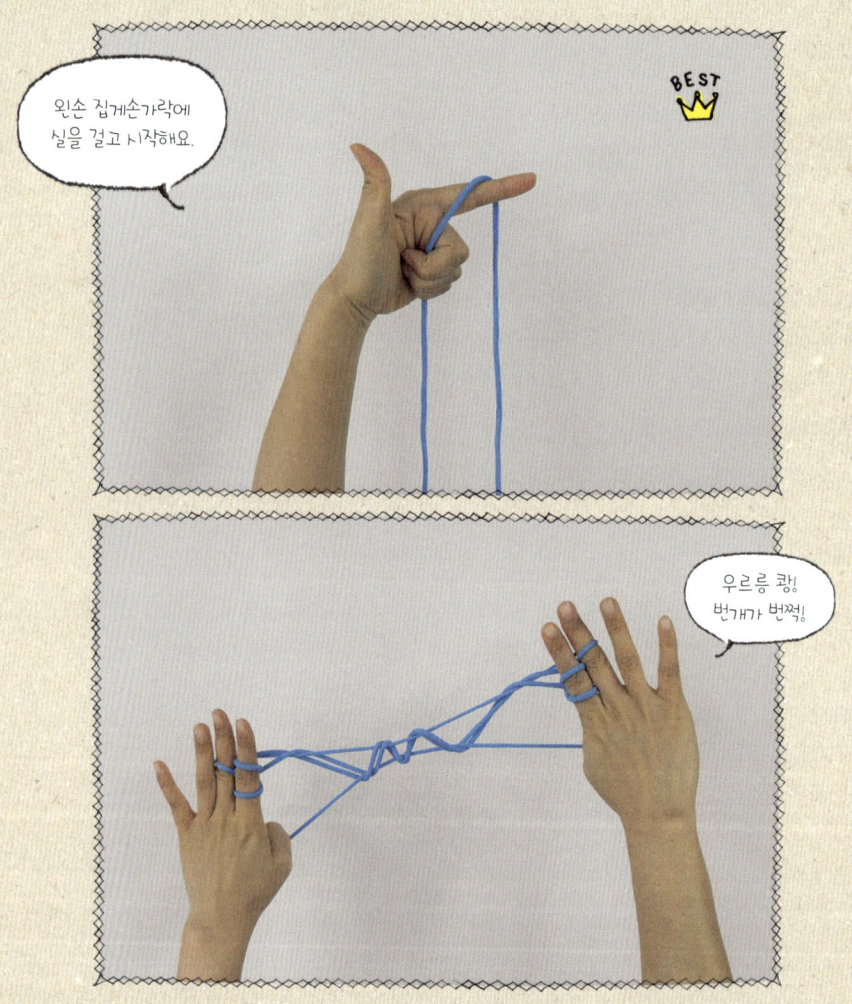

번개는 하늘에 번쩍하고 나타났다 사라지지요. 번개가 치고 몇 초 후에 항상 천둥이 칩니다.
그래서 흔히 천둥번개라고 말해요. 실뜨기 완성 후 손을 모았다가 순간적으로 펴면
지그재그로 번개가 나타났다 사라지는 모습을 표현할 수 있어요.

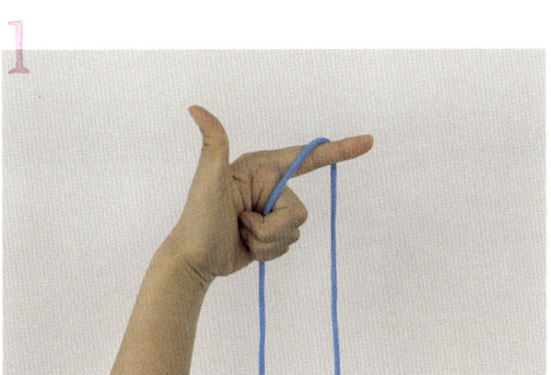

왼손 집게손가락에 실을 걸어주세요.

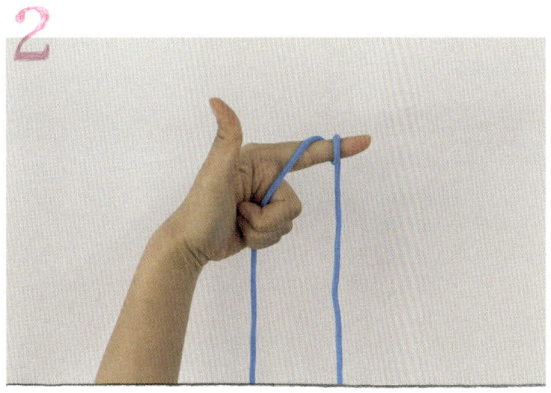

집게손가락 뒤로 늘어진 실을 오른손으로 잡아 왼손 집게손가락에 한 번 더 걸어주세요.

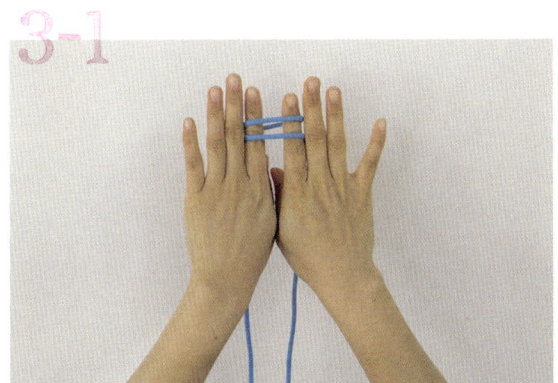

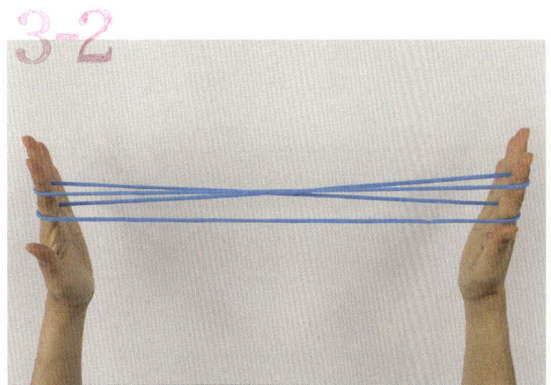

왼손 집게손가락 고리 2개에 오른손 집게손가락을 아래에서 넣고 양손을 벌려주세요.

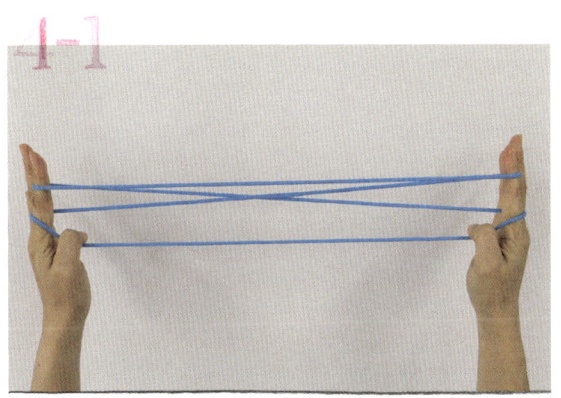

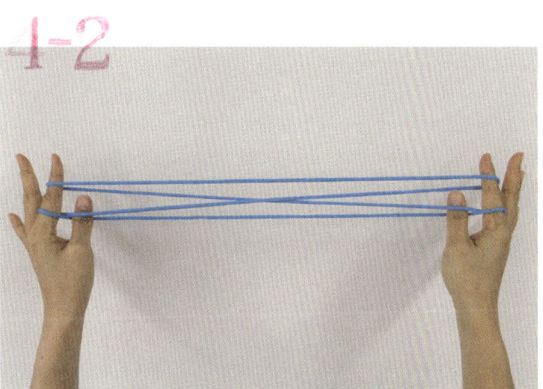

양손 엄지손가락으로 집게손가락 아래쪽 앞실을 누르고 집게손가락 아래쪽 뒷실을 뜬 후, 들어갔던 길로 빠져나오세요.

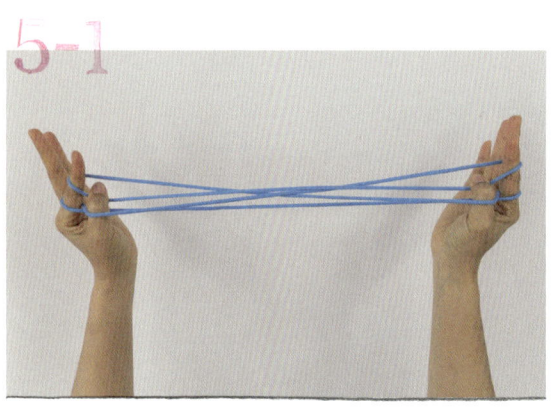 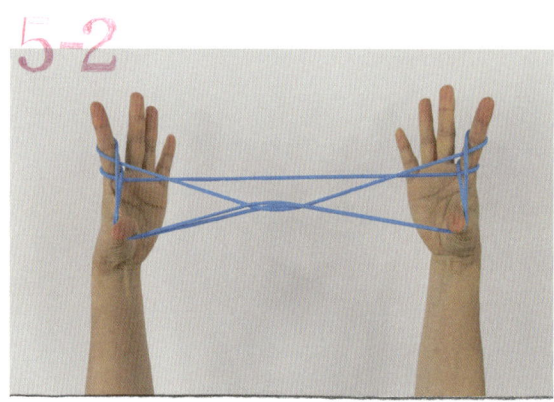

양손 엄지손가락으로 집게손가락의 위쪽 앞실을 누르고 집게손가락 위쪽 뒷실을 떠 오세요.

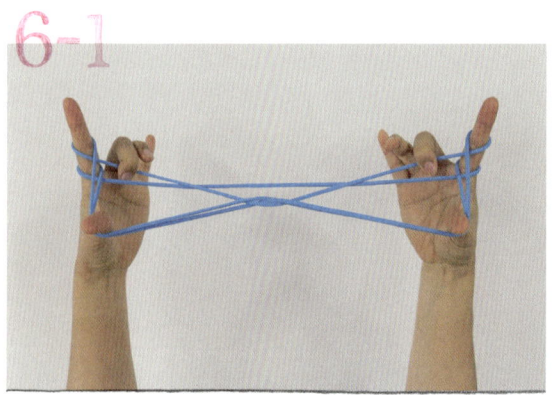 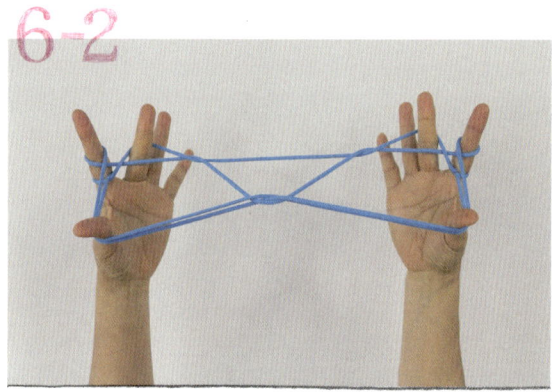

양손 가운뎃손가락을 앞으로 구부려 집게손가락 위쪽 앞실을 누르고 집게손가락 아래쪽 앞실을 뜬 후 가운뎃손가락을 세워주세요.

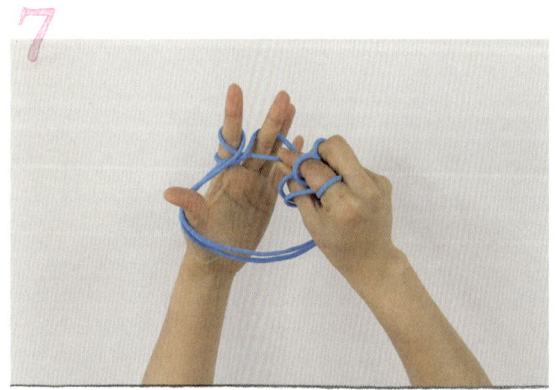 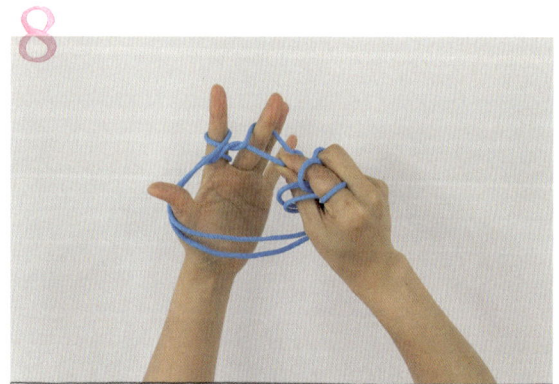

왼손 가운뎃손가락 앞실을 잡고 왼손 가운뎃손가락을 고리에서 뺀 후, 잡고 있는 가운뎃손가락 앞실을 다시 가운뎃손가락에 걸어주세요.

과정 7과 같은 방법으로 2회 더 해주세요.

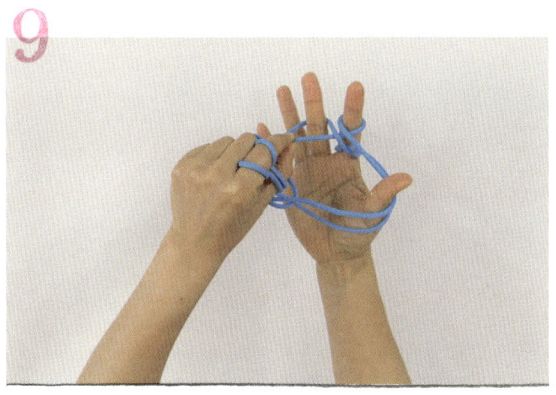

왼손으로 오른손 가운뎃손가락 앞실을 잡고 오른손 가운뎃손가락을 고리에서 뺀 후, 잡고 있는 가운뎃손가락 앞실을 다시 가운뎃손가락에 걸어주세요.

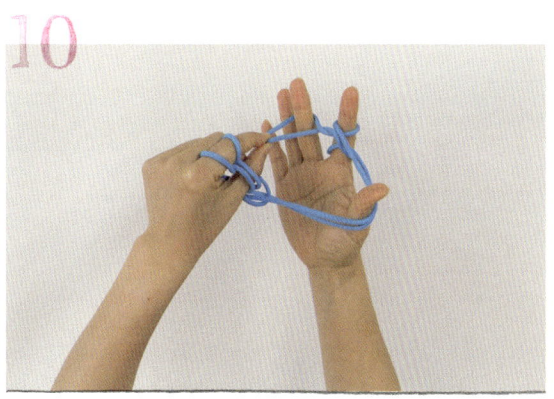

과정 9와 같은 방법으로 두 번 더 해주세요.

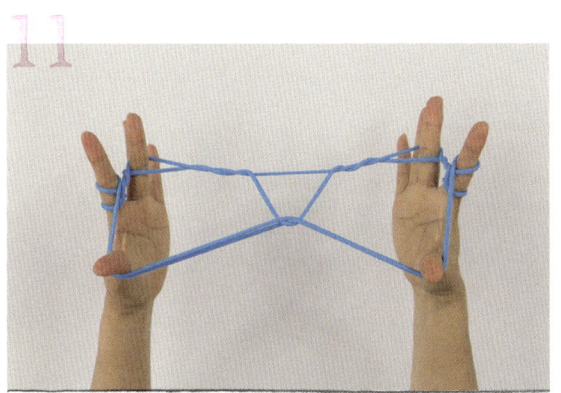

이제 번개 칠 준비가 되었어요.

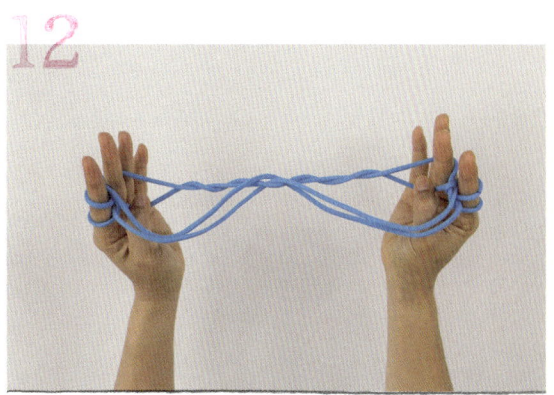

양손 엄지손가락을 아래로 누르며 손등이 보이도록 손을 재빠르게 뒤로 돌려주세요.

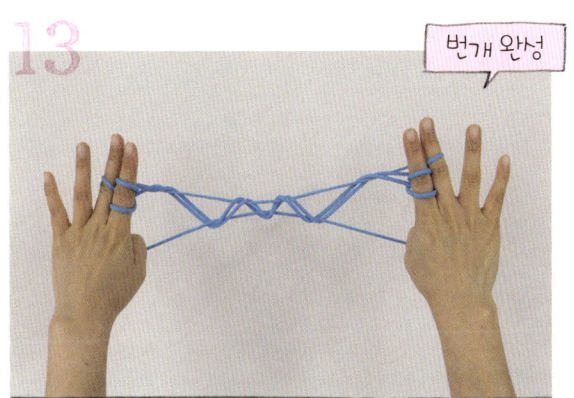

우르르 쾅! 번쩍! 번개 완성입니다.

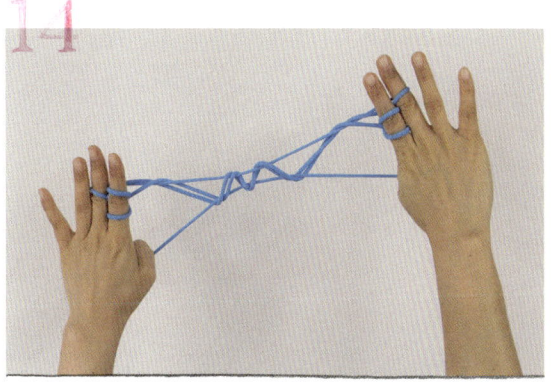

과정 12~13을 반복해보세요. 손바닥이 보이도록 돌리면 번개가 사라지고 다시 손을 뒤로 돌리면 번개가 치는 모습이 돼요.

터널

실의 길이 : 기본 실   난이도 : ★★★☆☆

시작하는 모양이에요.

BEST

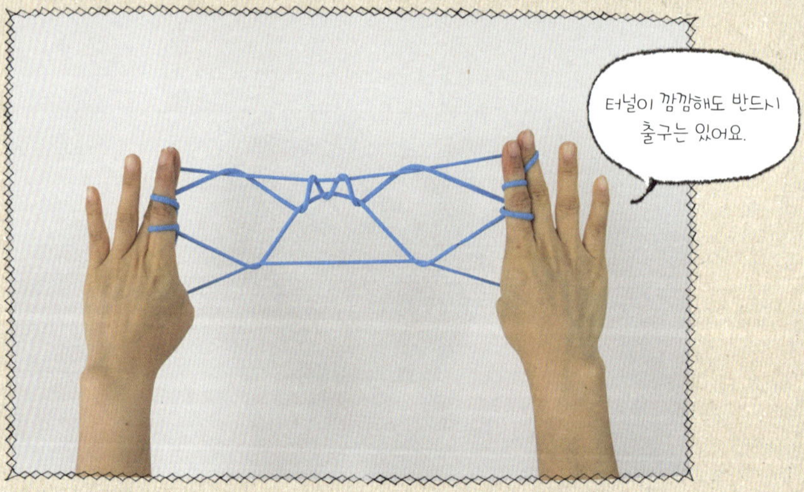

터널이 깜깜해도 반드시 출구는 있어요.

'철교(철로 만든 다리)'로도 보여요. 윗부분을 중심으로 보면 다리처럼 보이고
아래 둥근 부분을 중심으로 보면 터널같이 보여요. 여러분은 어떻게 보이나요?
터널은 번개를 만드는 방법과 거의 비슷해서 번개를 잘 만들 수 있으면 쉽게 만들 수 있어요.

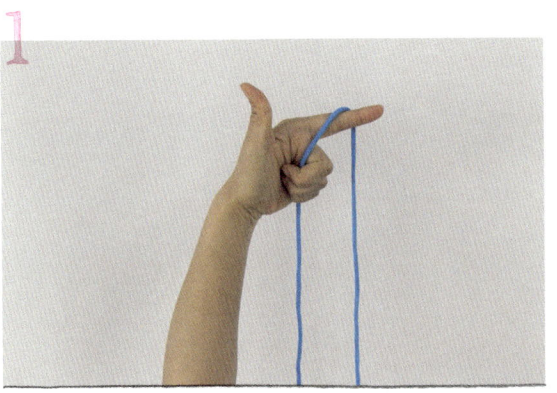

왼손 집게손가락에 실을 걸어주세요.

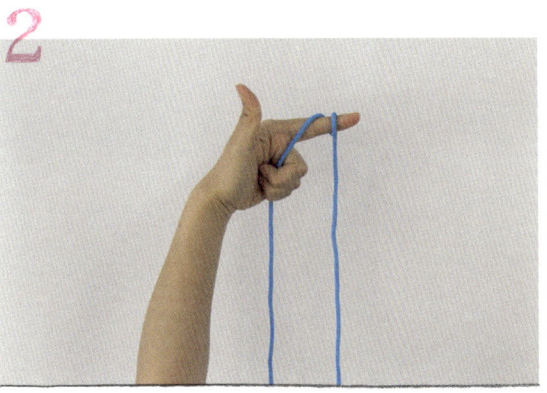

집게손가락 뒤로 늘어진 실을 오른손으로 잡아 왼손 집게손가락에 한 번 더 걸어주세요.

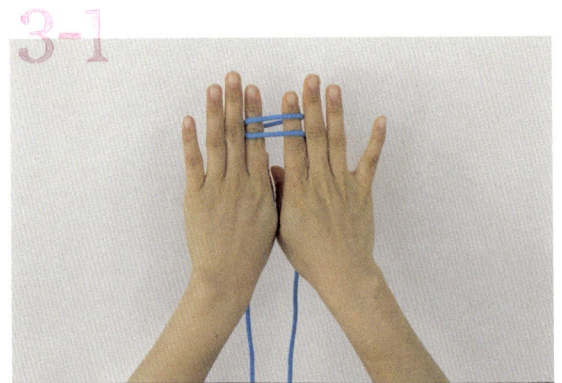

왼손 집게손가락 고리 2개에 오른손 집게손가락을 아래에서 넣고 양손을 벌려주세요.

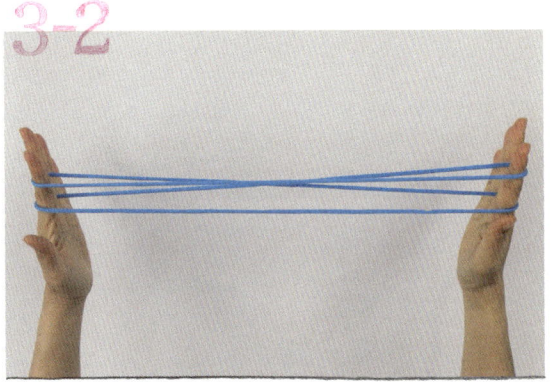

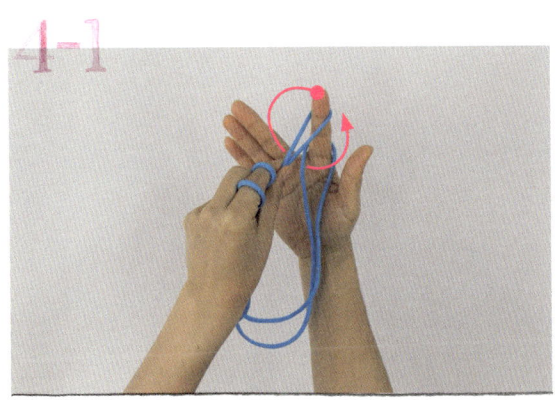

왼손으로 오른손 집게손가락 윗고리를 잡고 오른손 집게손가락을 뒤로 1바퀴 돌려주세요. 이때 아랫고리는 건드리지 않아요.

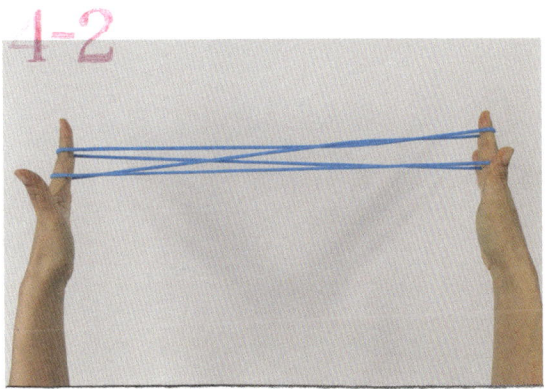

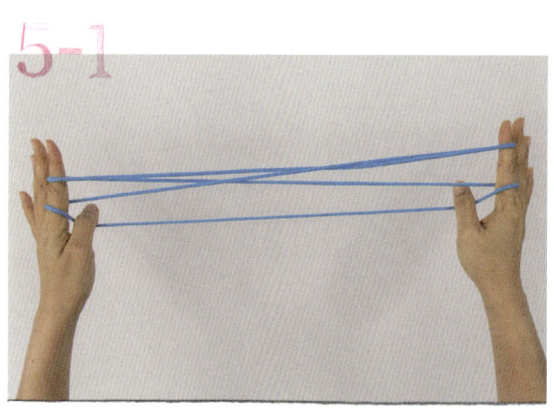 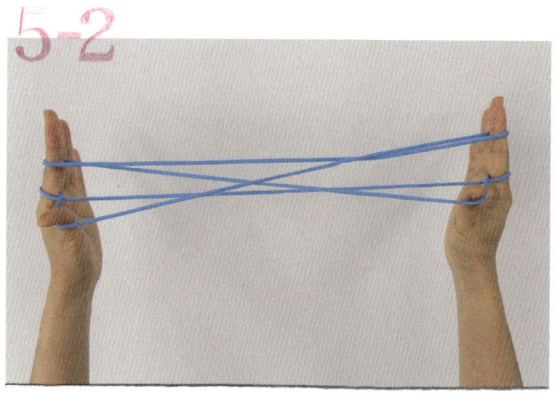

양손 엄지손가락으로 집게손가락 아래쪽 앞실을 누르고 집게손가락 아래쪽 뒷실을 뜬 후, 들어갔던 길로 그대로 빠져나오세요.

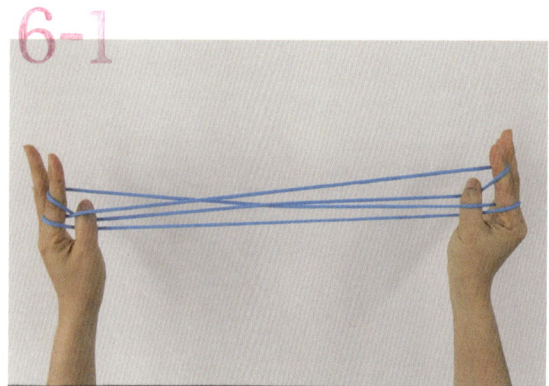 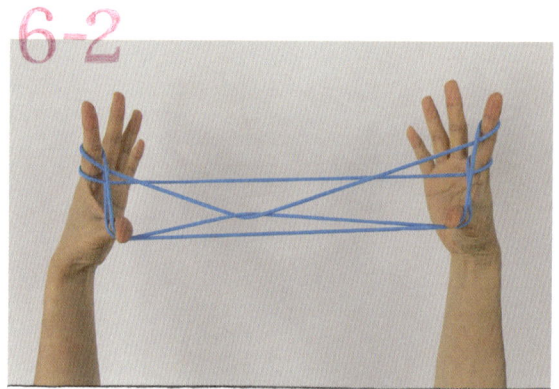

양손 엄지손가락으로 집게손가락의 위쪽 앞실을 누르고 집게손가락 위쪽 뒷실을 떠 오세요.

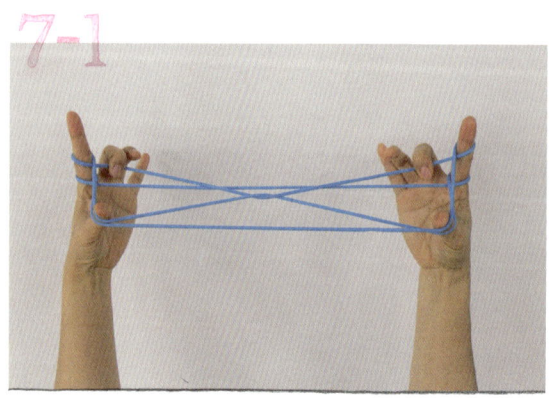 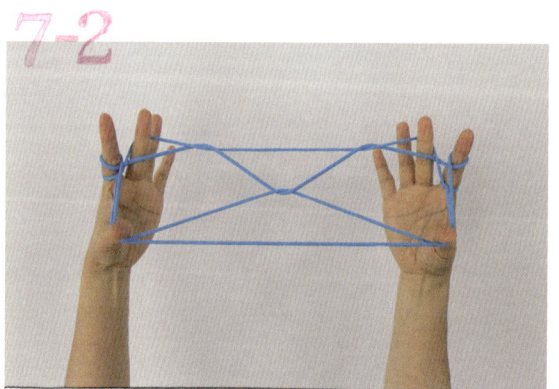

양손 가운뎃손가락을 앞으로 구부려 집게손가락 위쪽 앞실을 누르고 집게손가락 아래쪽 앞실을 뜬 후 가운뎃손가락을 세워주세요.

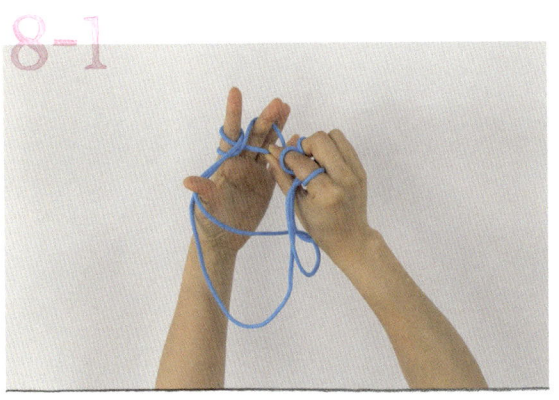
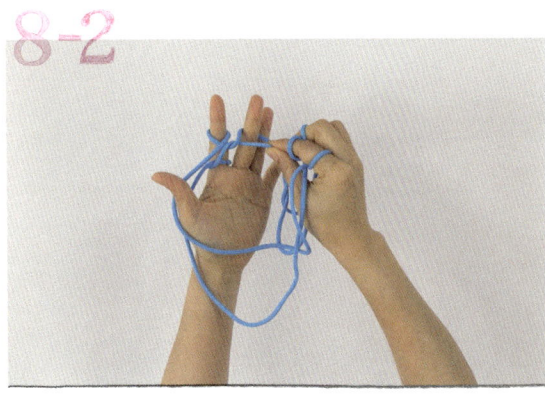

왼손 가운뎃손가락 앞실을 잡고 왼손 가운뎃손가락을 고리에서 뺀 후, 잡고 있는 가운뎃손가락 앞실을 다시 가운뎃손가락에 걸어 주세요. 똑같이 두 번 더 해주세요.

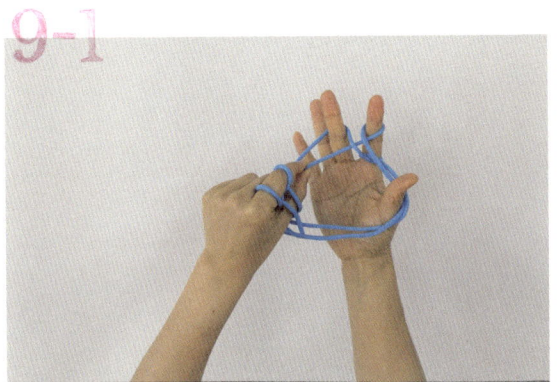
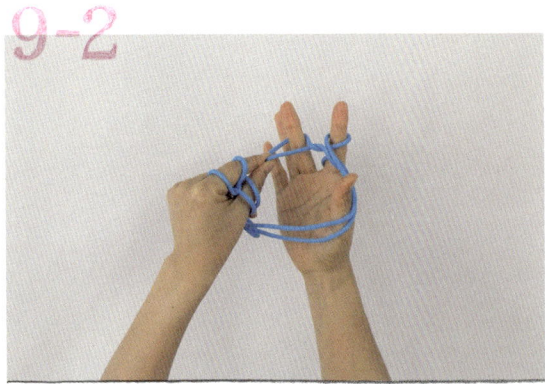

왼손으로 오른손 가운뎃손가락 앞실을 잡고 오른손 가운뎃손가락을 고리에서 뺀 후, 잡고 있는 가운뎃손가락 앞실을 다시 가운뎃 손가락에 걸어주세요. 똑같이 두 번 더 해주세요.

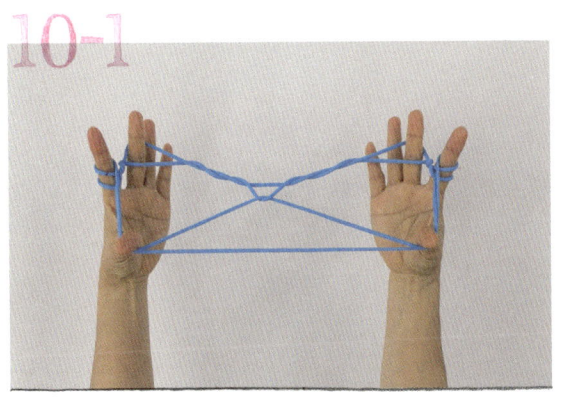
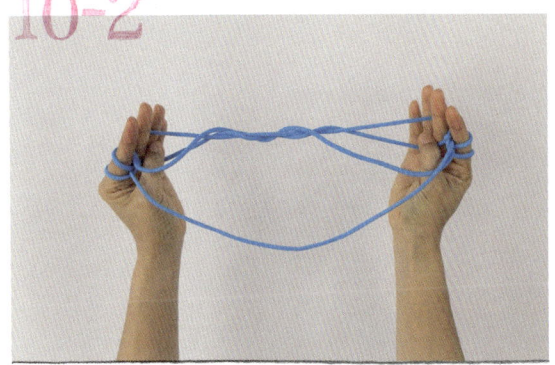

양손 엄지손가락으로 가운뎃손가락 앞실을 아래로 눌러주세요.

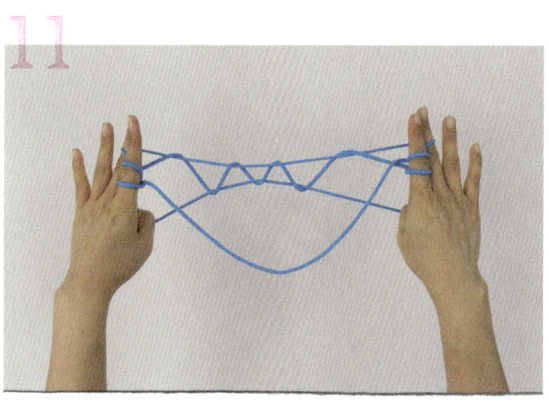

양손 엄지손가락 고리에 뒤에서 앞으로 각각 새끼손가락을 넣어주세요.

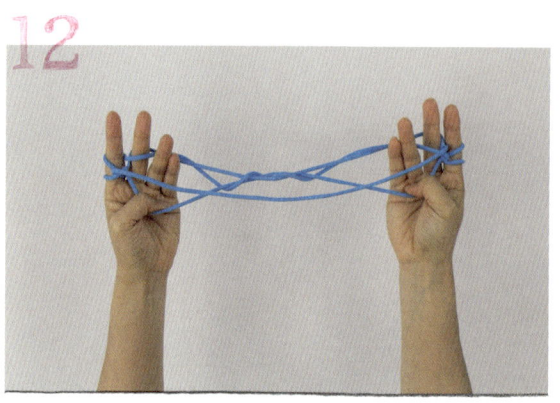

앞쪽에 늘어져 있는 실을 양손 새끼손가락으로 걸어 당겨 엄지손가락 고리로 들어왔던 그대로 다시 빠져나오세요.

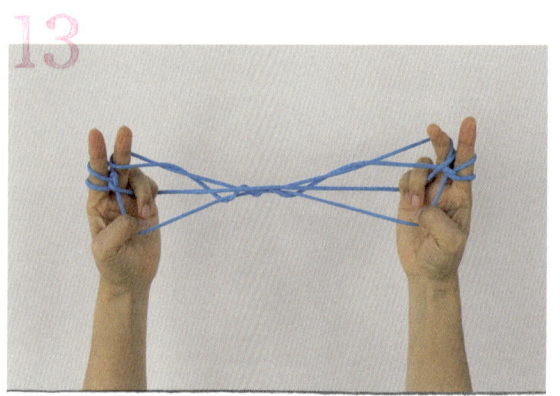

양손 엄지손가락으로 엄지손가락 고리를 놓으세요.

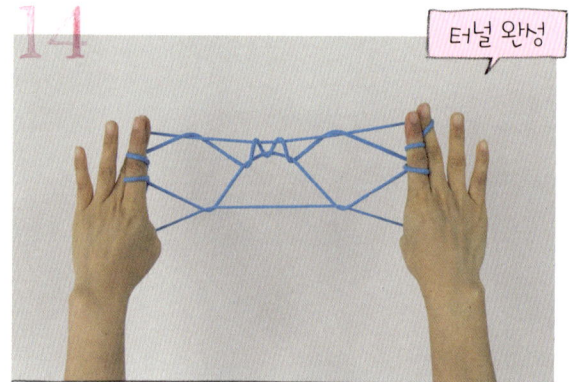

터널 완성

터널 완성입니다.

연기 뿜는 화산

실의 길이 : 기본 실   난이도 : ★★★☆☆

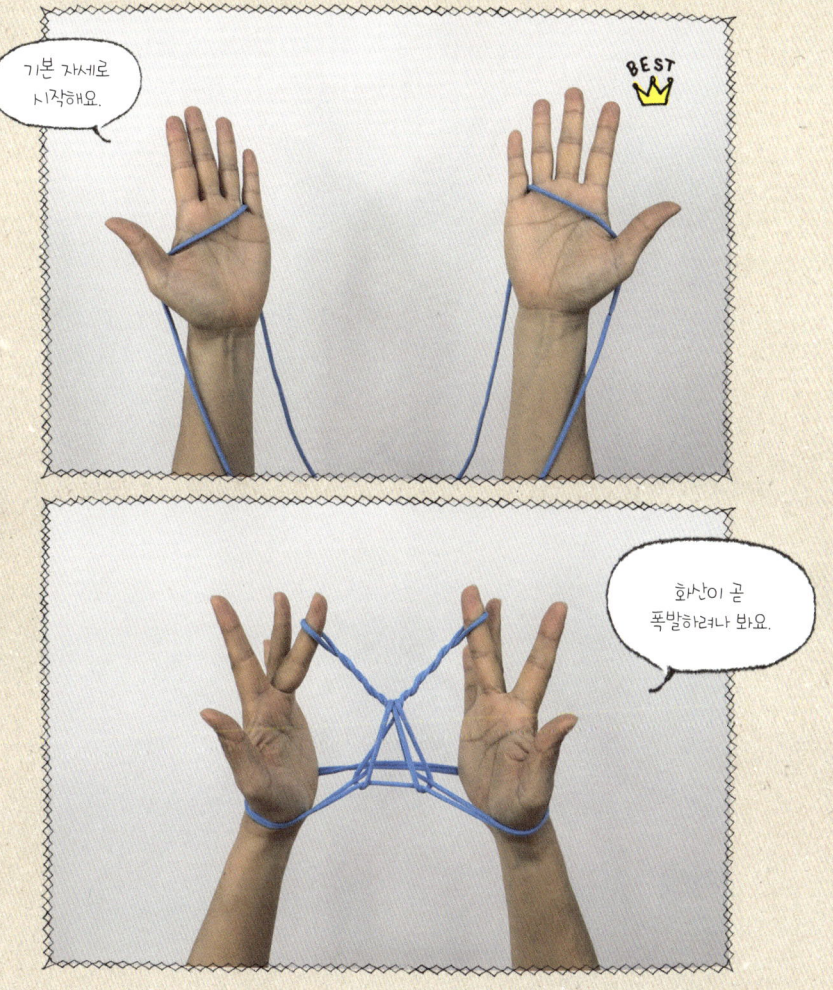

아르헨티나 파타고니아 북부 아라우카노에서 수집된 실뜨기예요.
화산은 그 지역 사람들의 삶에 큰 영향을 주는 자연환경이에요.
앞에 나온 '산봉우리 3개'처럼 그 지역의 특성이 반영된 실뜨기입니다.

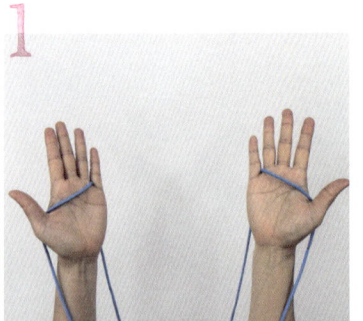

기본 자세를 만들어주세요(18쪽 참조).

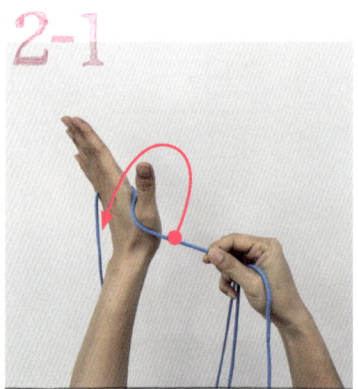

오른손으로 왼손 엄지손가락 앞실을 잡아서 왼손 엄지손가락에 1바퀴 돌려 걸어주세요.

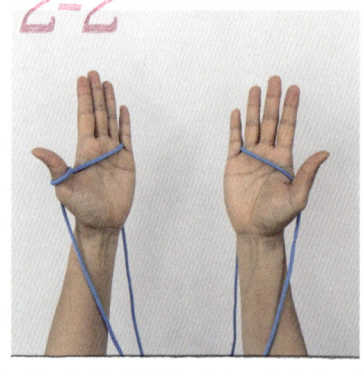

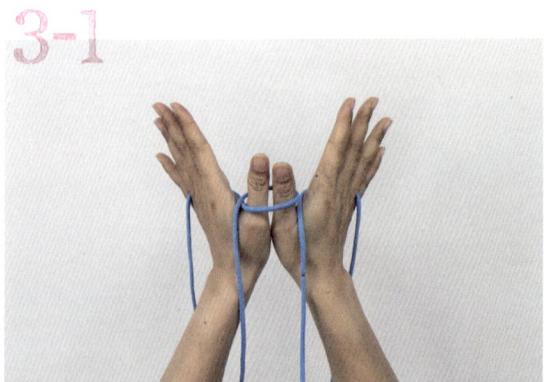

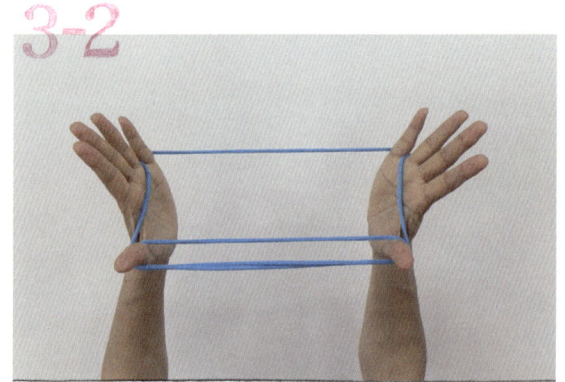

오른손 엄지손가락으로 왼손 엄지손가락 고리에 아래에서 넣은 후 양손을 좌우로 벌려주세요.

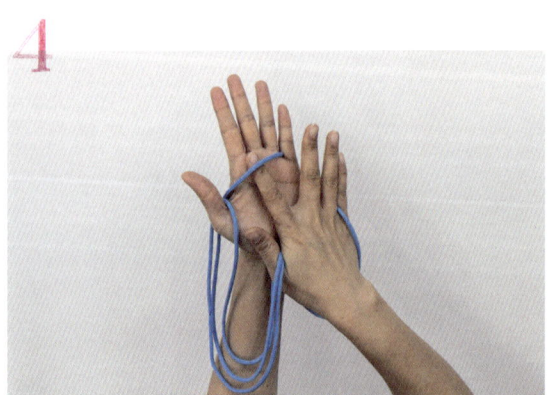

오른손 집게손가락으로 왼 손바닥에 있는 실을 떠 오세요.

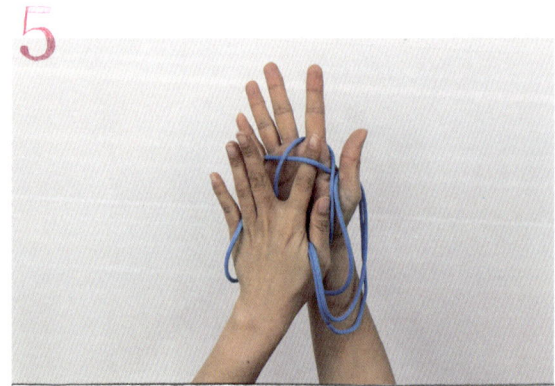

오른손 집게손가락으로 왼 손바닥에 있는 실을 왼손 집게손가락에 걸려 있는 실 2가닥 사이로 떠 오세요. 집게손가락 기본을 만드는 방법과 같아요.

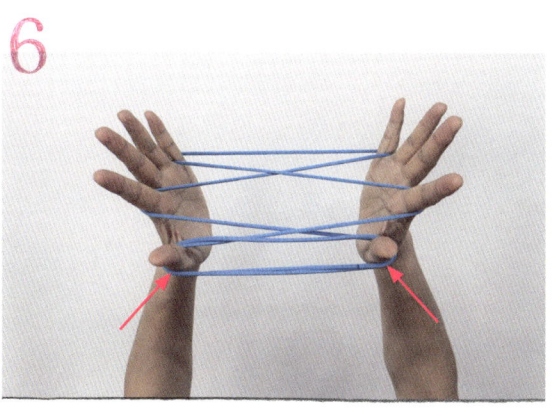

집게손가락 기본과 거의 같은 모양인데 양손 엄지손가락에 고리가 2개 걸렸어요.

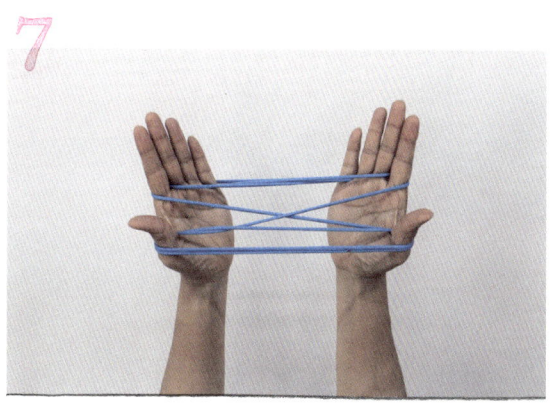

양 손바닥이 하늘을 보도록 돌려주세요.

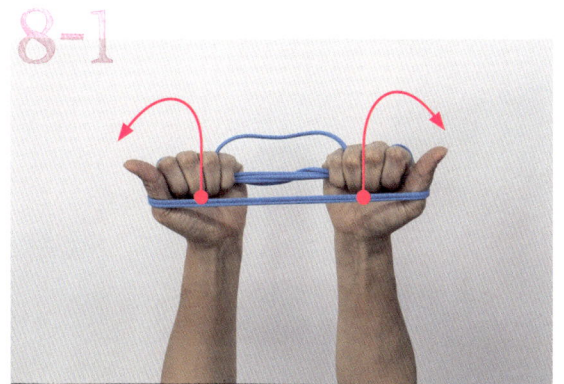

양손 집게손가락, 가운뎃손가락, 약손가락, 새끼손가락으로 엄지손가락 앞실 2가닥을 빼고 나머지 실을 다 잡은 후, 엄지손가락 앞실 2가닥을 다섯 손가락 뒤로 완전히 넘겨주세요. 이때 넘긴 실 2가닥이 새끼손가락 아래쪽으로 내려오도록 해주세요.

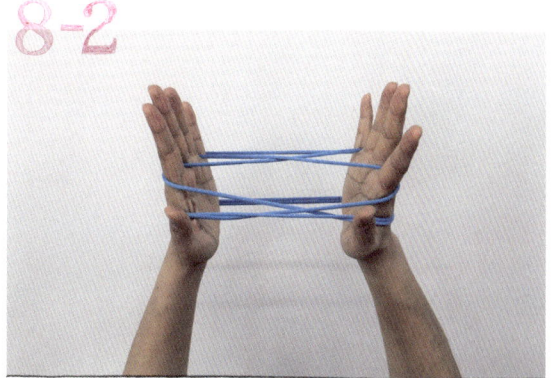

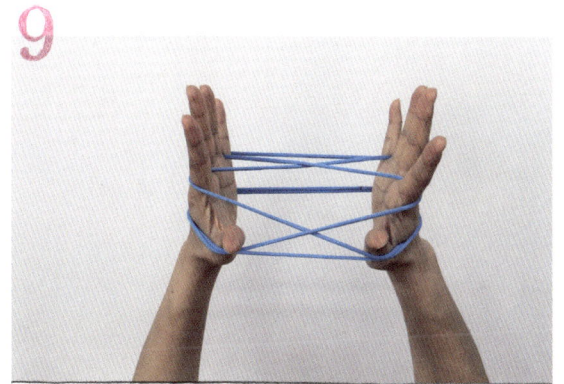

양손 엄지손가락이 실 아래로 내려가 양손 집게손가락 앞에 × 모양으로 걸린 실 사이로 뒤에서 앞으로 넣습니다.

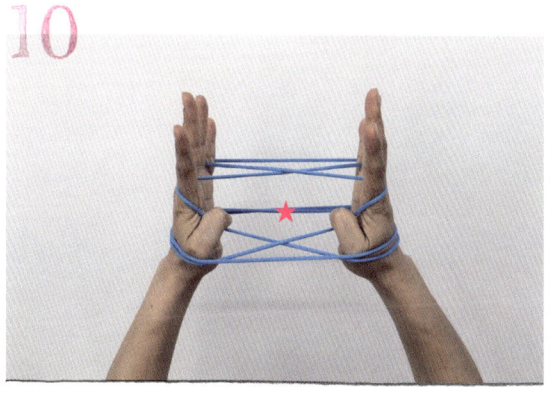

양손 엄지손가락으로 집게손가락 앞실을 누르고 새끼손가락 뒷실 중 아래에 겹쳐있는 실 2가닥(★)을 밑에서 뜬 후, 들어갔던 길로 그대로 빠져나오세요.

11

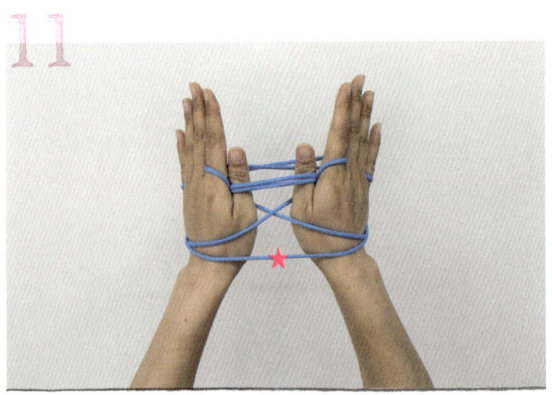

양 손목 앞에 가로로 걸린 실(★)을 양손에서 전체에서 완전히 벗겨주세요. 입을 사용해서 넘길 수도 있어요.

12

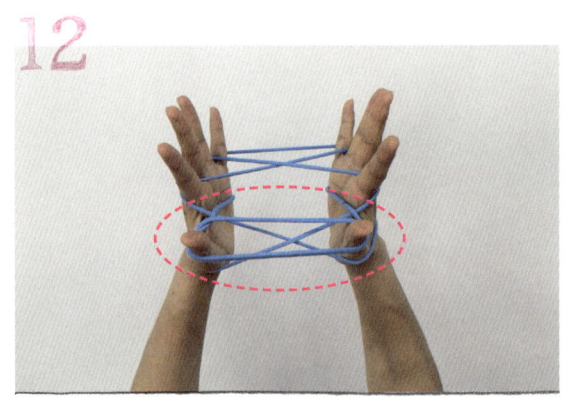

엄지손가락 고리에 나머지 네 손가락을 위에서 넣고 엄지손가락 앞실을 제외한 나머지 실을 잡아주세요.

13

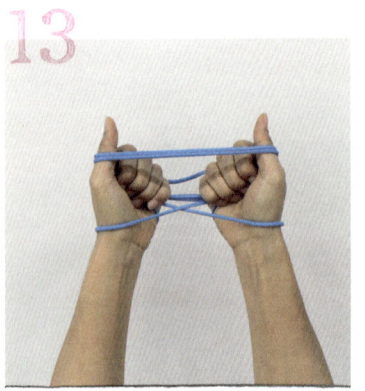

양손 엄지손가락 앞실 2가닥을 손 뒤로 넘겨주세요.

14-1

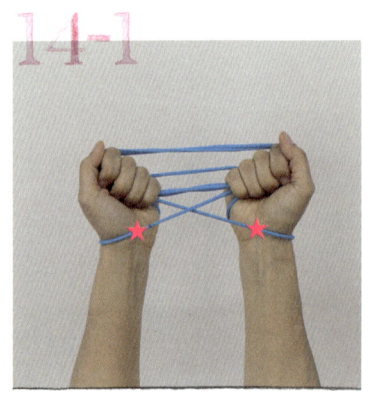

14-2

집게손가락, 가운뎃손가락, 약손가락, 새끼손가락 네 손가락으로 손목 앞실(★)을 뜬 후 네 손가락을 세우면서 양 손목 앞실을 손 뒤로 넘겨주세요. 이때 엄지손가락에 걸리지 않도록 조심하세요.

15

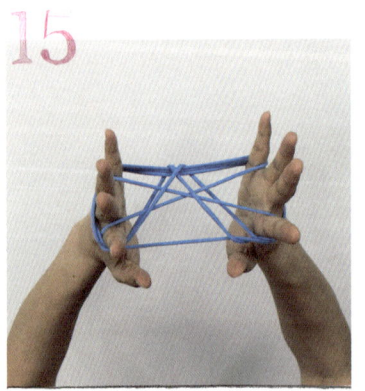

양손 집게손가락 고리에 양손 엄지손가락을 각각 아래에서 넣어주세요.

16-1

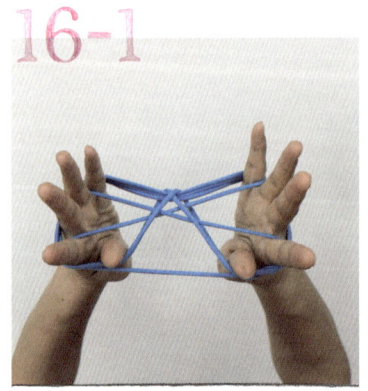

16-2

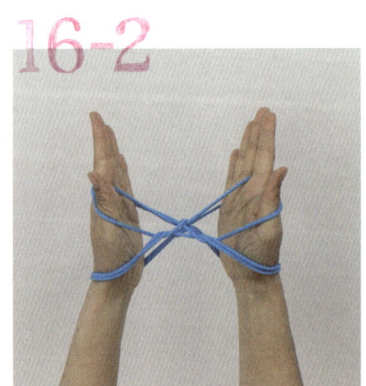

양 손등에 있는 고리 2개를 손목으로 내려주세요.

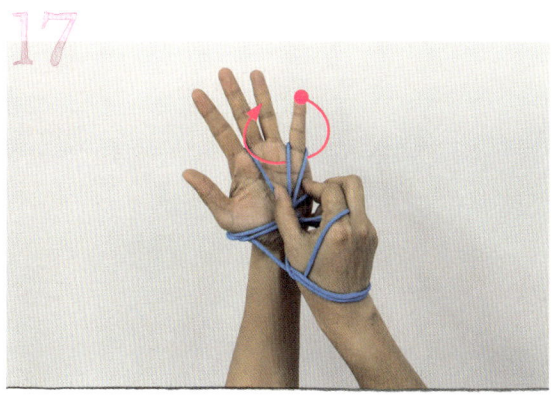

오른손으로 왼손 새끼손가락 고리를 잡고 왼손 새끼손가락을 뒤로 3~4바퀴 돌려주세요.

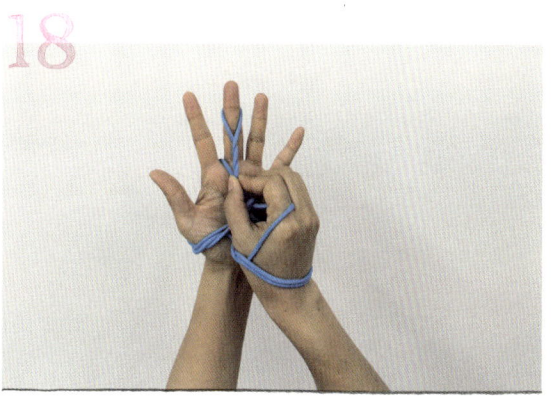

방금 꼰 왼손 새끼손가락 고리를 가운뎃손가락에 옮겨 걸어주세요.

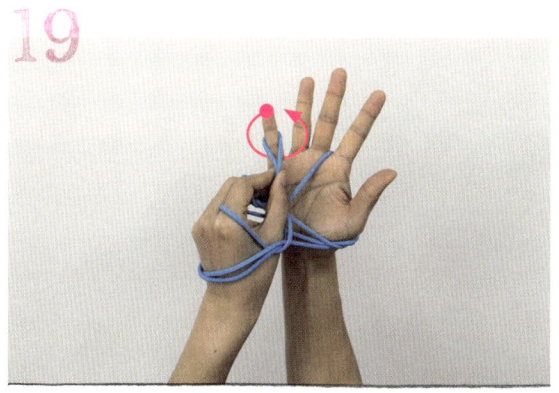

왼손으로 오른손 새끼손가락 고리를 잡고 오른손 새끼손가락을 뒤로 3~4바퀴 돌려주세요.

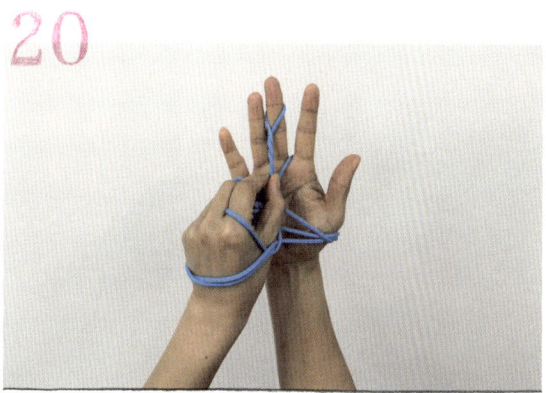

방금 꼰 오른손 새끼손가락 고리를 가운뎃손가락에 옮겨 걸어주세요.

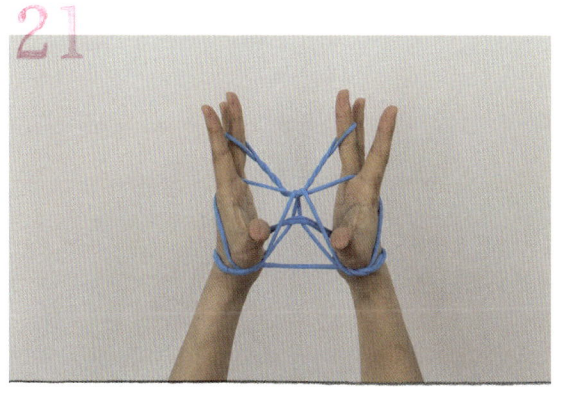

양손 집게손가락과 엄지손가락에 걸려 있는 고리를 엄지손가락과 집게손가락에서 벗겨주세요.

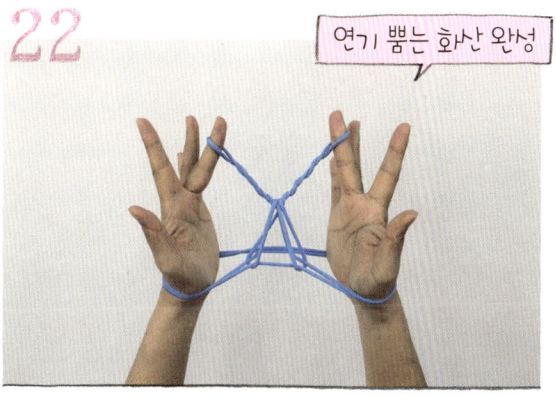

연기 뿜는 화산 완성

연기를 뿜고 있는 화산 완성입니다.

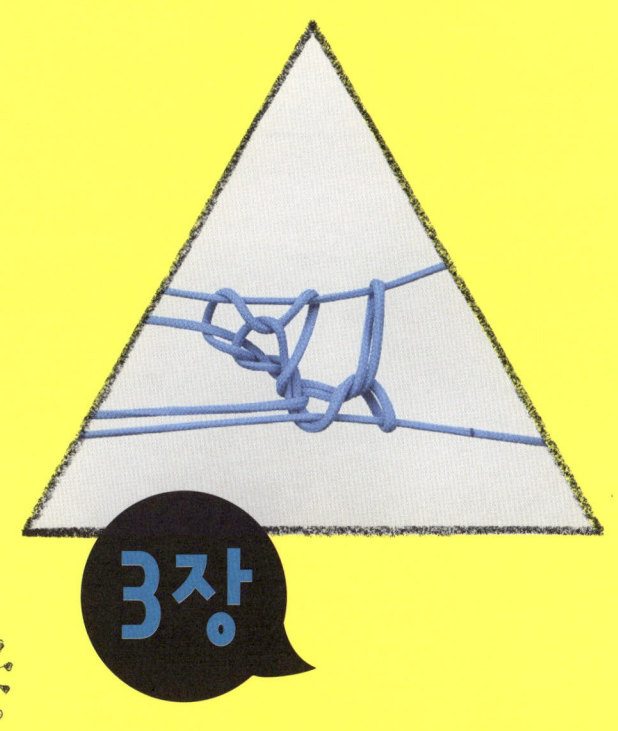

3장

멋짐 뿜뿜 고급 스킬! 실뜨기 3단계

나무를 오르는 호저

실의 길이 : 기본 실   난이도 : ★★★☆☆

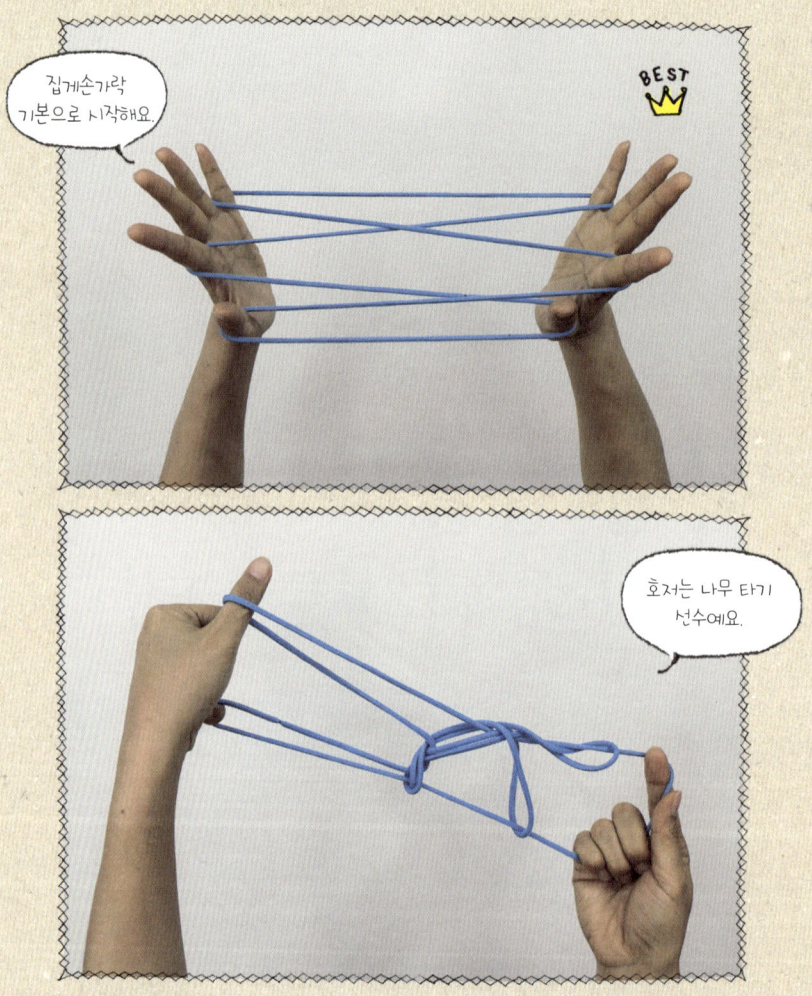

1906년경에 클라마스 원주민으로부터 수집된 실뜨기예요. 에스키모인은 '늑대'라고 불렀다고 합니다.
자기가 사는 지역의 동물이나 식물을 만드는 경우는 매우 흔합니다.
우리나라에는 호저(Porcupine)가 살지 않아 동물원에서만 볼 수 있어요.

1

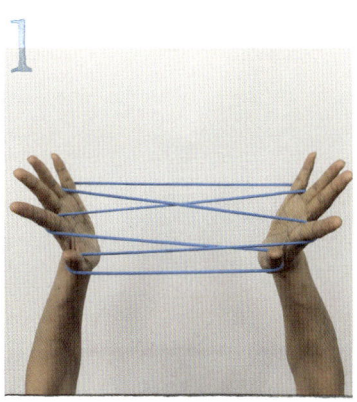

집게손가락 기본을 만들어주세요(19쪽 참조).

2-1

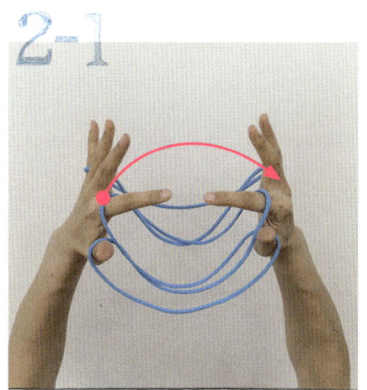

2-2

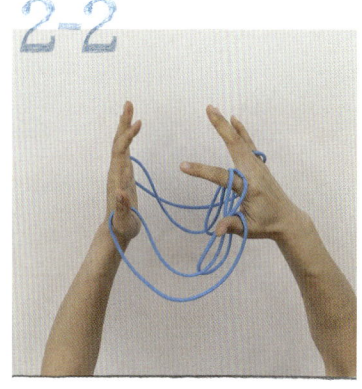

왼손 집게손가락 고리를 오른손 집게손가락에 걸어 주고 오른손 집게손가락 고리를 왼손 집게손가락으로 옮겨 주세요. 이때 오른손 집게손가락 고리보다 아래로 걸어주세요.

3

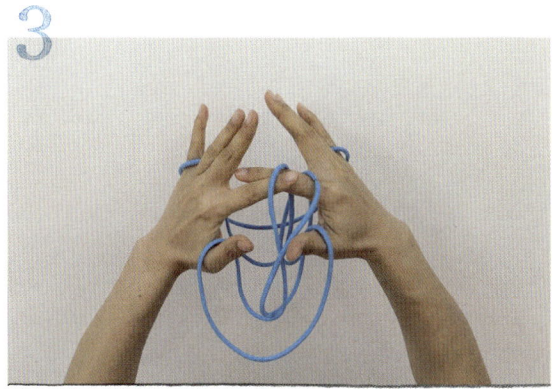

왼손 집게손가락으로 원래 있던 오른손 집게손가락 고리에 위로 들어가 왼손 집게손가락으로 고리를 옮기세요.

4

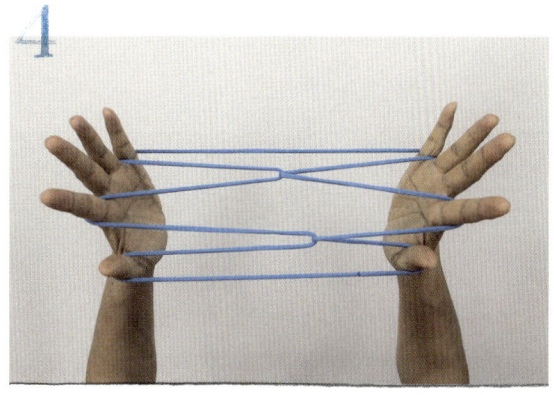

집게손가락기본과 비슷하고 가운데 부분만 달라졌어요. 왼손만 엄지손가락으로 집게손가락 앞실을 떠 오세요.

5

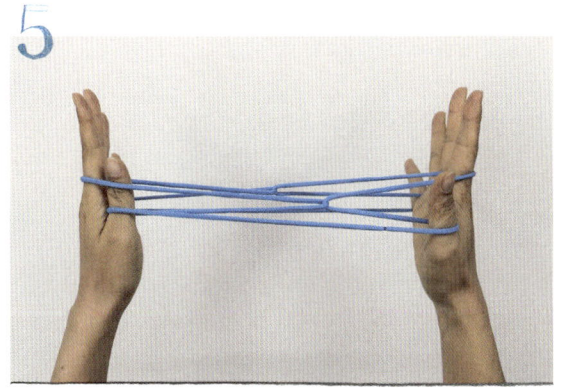

오른손은 그대로 있고 왼손 집게손가락 고리만 벗겨주세요.

6

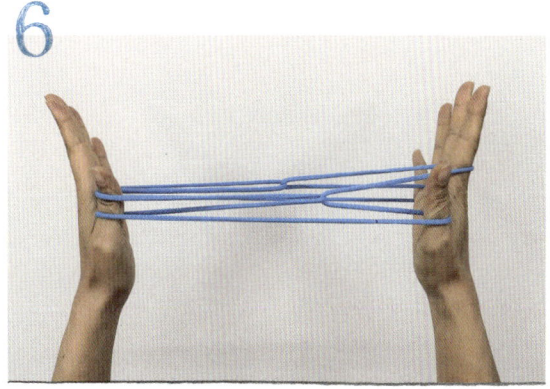

왼손 엄지손가락에 고리가 2개 생겼어요. 새로 생긴 고리가 위에, 원래 있던 엄지손가락 고리가 아래에 있도록 해주세요. 왼손 엄지손가락으로 새끼손가락 앞실을 떠 오세요.

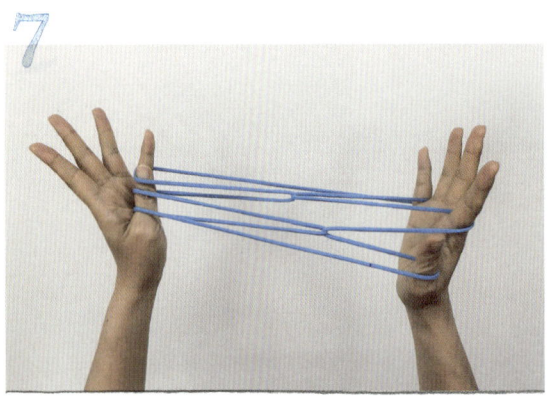

왼손 새끼손가락 고리만 벗겨주세요. 오른손은 아무것도 하지 않아요.

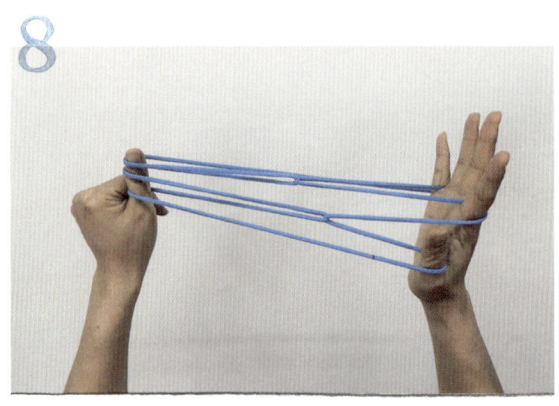

왼손 엄지손가락에 고리 3개가 순서대로 걸리도록 해주세요. 그다음 왼손 새끼손가락으로 엄지손가락 고리에 밑에서 들어가 아랫 고리 뒷실 2개만 뒤로 밀어주세요.

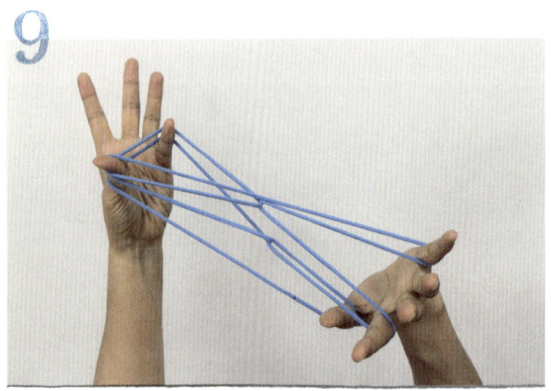

왼손 새끼손가락으로 왼손 엄지손가락 제일 윗고리의 뒷실을 눌러주세요.

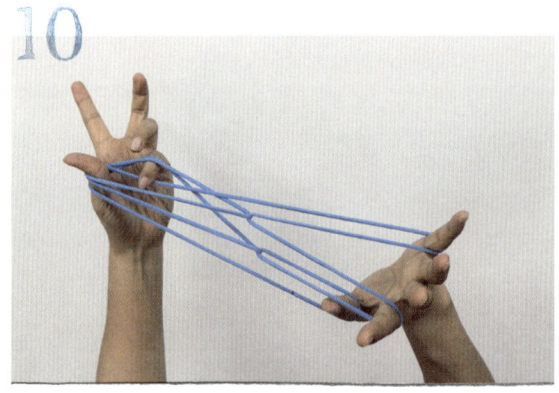

왼손 집게손가락과 가운뎃손가락을 엄지손가락 고리에 위에서 집어넣은 후 왼손 엄지손가락 제일 아랫고리의 앞실을 집게처럼 집어주세요.

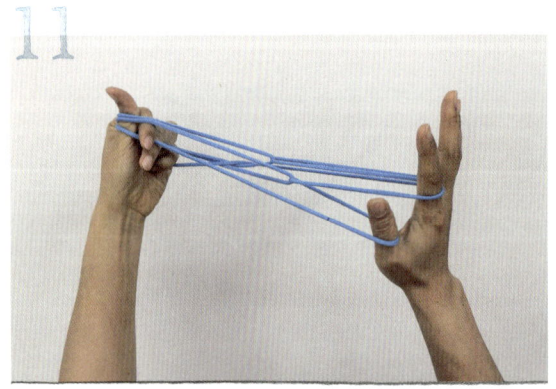

왼손 집게손가락과 가운뎃손가락으로 집은 실을 엄지손가락 고리에서 빼내야 하는데요. 이때 집게손가락에 실이 걸리도록 집게손가락으로 실을 뒤로 밀면서 빼낸 후 집게손가락을 세워주세요.

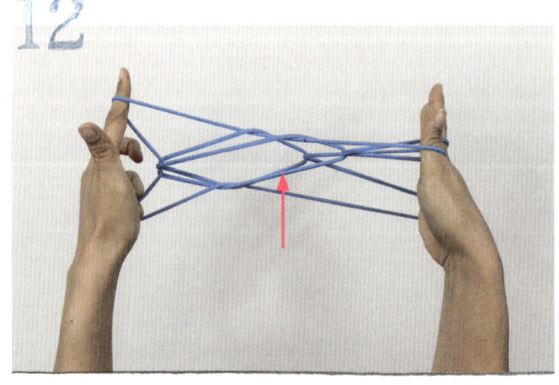

왼손 앞쪽에 네모모양이 만들어졌어요. 왼손 엄지손가락으로 오른손 새끼손가락 고리 쪽에 걸린 실 2가닥(↑)을 모두 아래에서 떠 오세요.

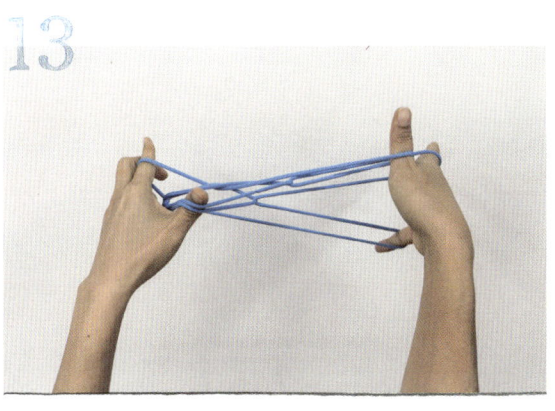

이어서 왼손 엄지손가락으로 집게손가락 앞실을 떠 오세요.

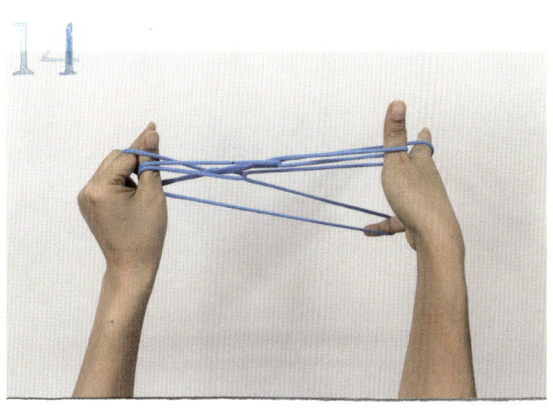

엄지손가락에 3가닥의 실이 걸립니다.

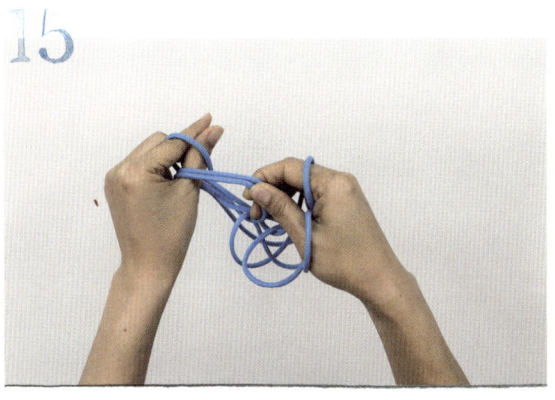

왼손 엄지손가락에 걸린 실 3가닥 중에 아랫실 2가닥만 집어 엄지손가락에서 벗겨주세요.

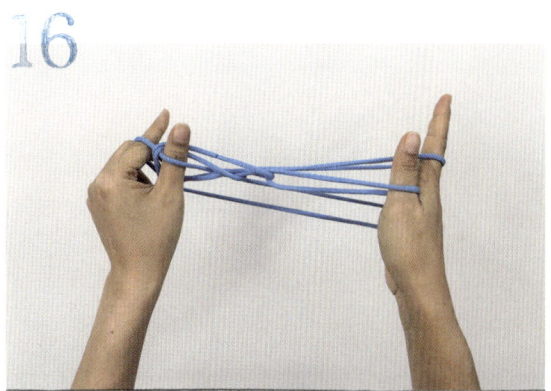

왼손 집게손가락 고리를 벗겨주세요.

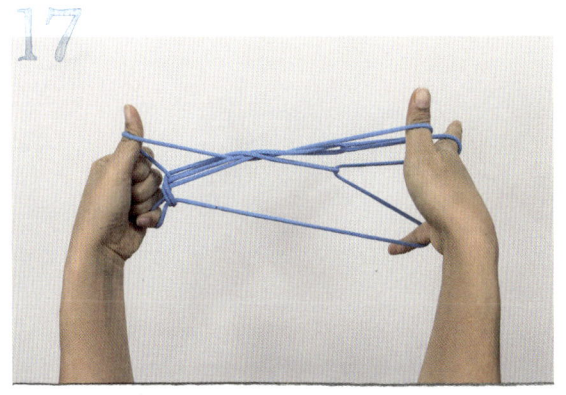

오른손 엄지손가락 고리와 새끼손가락 고리를 벗겨주세요.

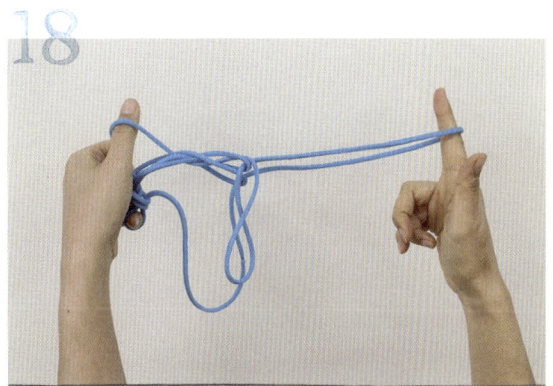

오른손 집게손가락 고리에 가운뎃손가락, 약손가락, 새끼손가락을 다 넣어 넓게 잡아주세요.

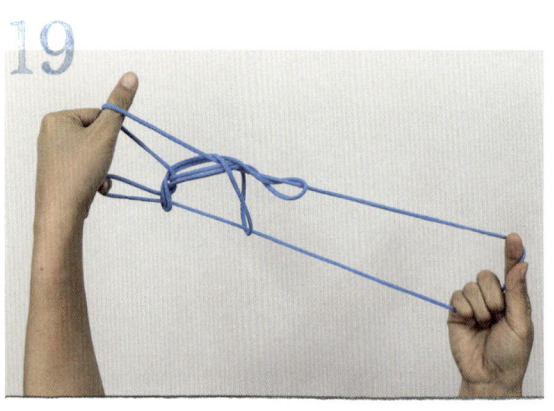

호저 완성입니다. 호저가 나무를 오르는 모양을 만들어보아요.

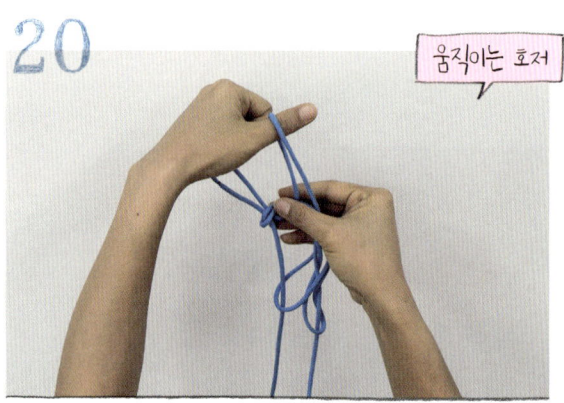

움직이는 호저

오른손에서 실을 다 벗긴 후, 호저의 머리 부분을 잡고 아래로 내려주세요. 그리고 오른손으로 뺐던 실을 다시 잡아주세요.

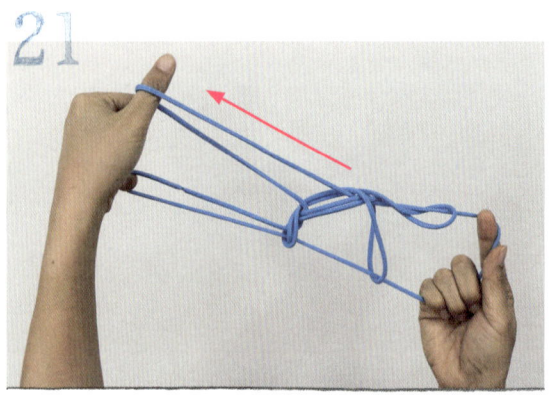

왼손 엄지손가락과 새끼손가락을 번갈아 가면서 살짝 살짝 당겨주세요. 호저가 움직이죠?

둘이 하는 실뜨기 혼자 하기

실의 길이 : 기본 실   난이도 : ★★★★★

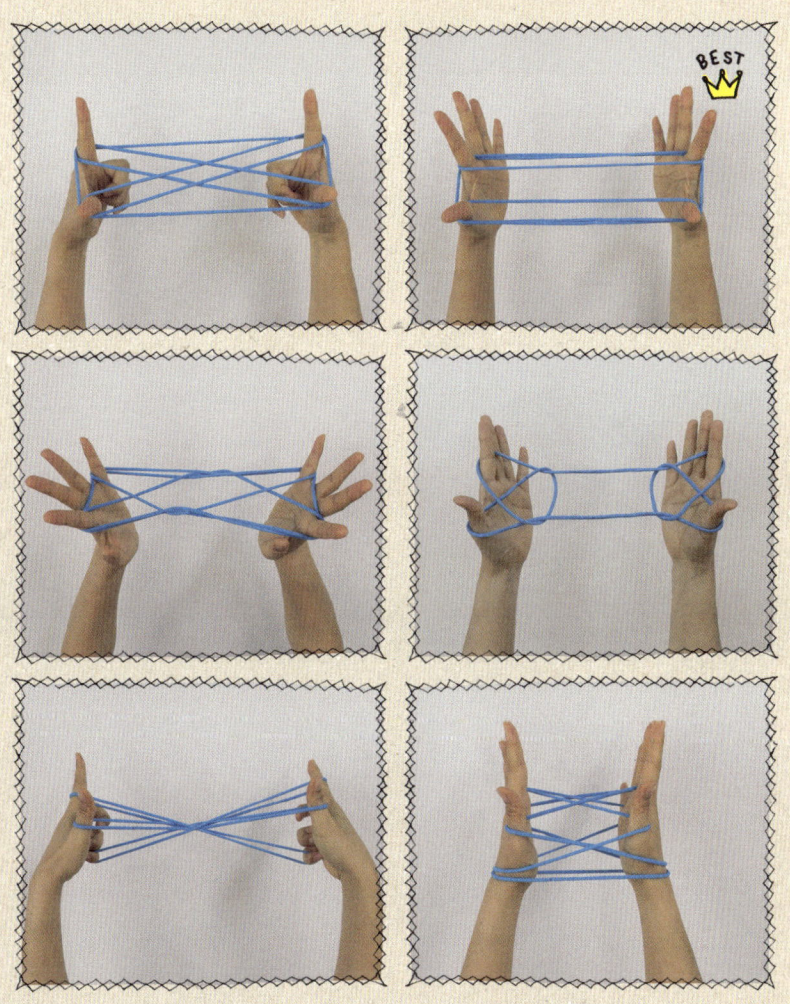

우리나라에는 둘이 하는 실뜨기가 많이 알려져 있지요.
둘이 하는 실뜨기를 혼자 할 수 있습니다.
이렇게 여러 가지 모양을 연속으로 만들 수 있는 실뜨기가 또 있을까요?

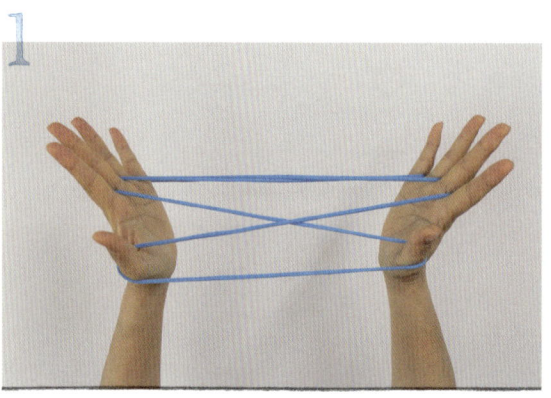

가운뎃손가락 기본을 만들어주세요(20쪽 참조).

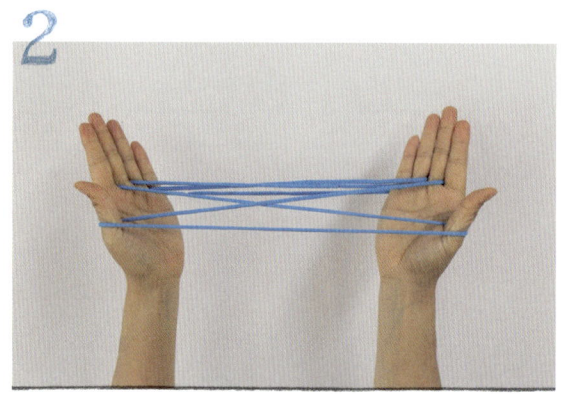

양손바닥이 위를 보도록 돌려주세요.

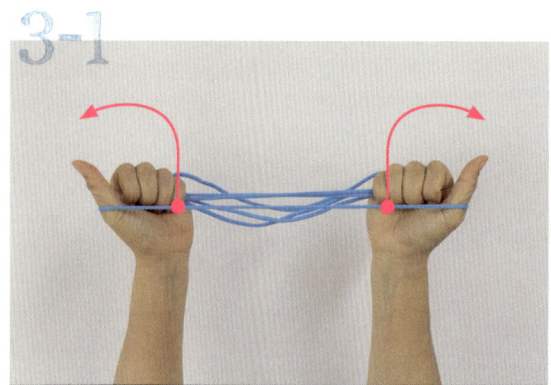

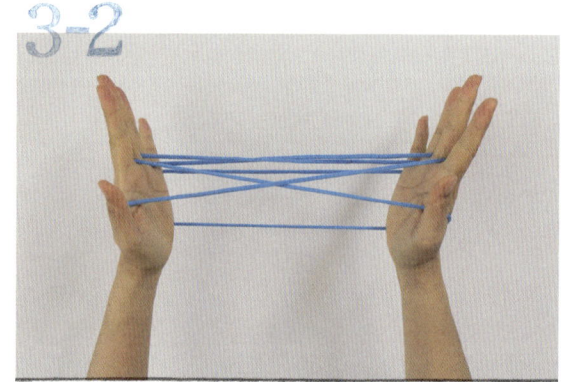

양손 집게손가락, 가운뎃손가락, 약손가락, 새끼손가락으로 엄지손가락 앞실을 제외한 나머지 실을 모두 잡습니다. 그리고 엄지손가락 앞실을 다섯 손가락 뒤로 다 넘겨주세요. 입을 사용해도 됩니다.

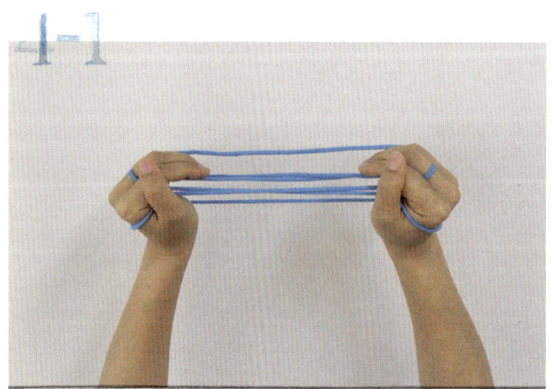

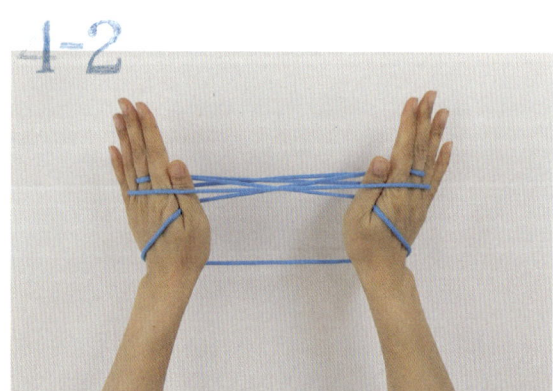

양손 다섯 손가락을 모두 새끼손가락 고리에 위에서부터 넣어주세요.

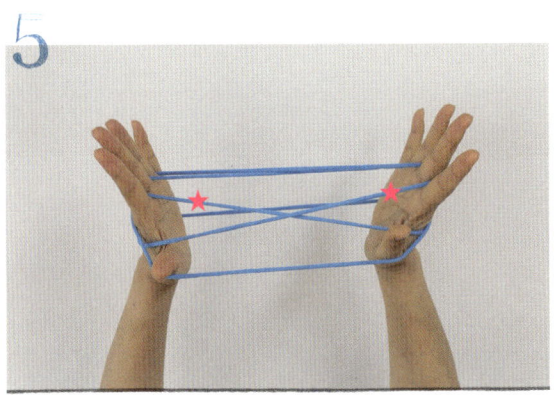

양손 엄지손가락으로 집게손가락 앞실 위를 지나 가운뎃손가락 앞실(★)을 떠 옵니다.

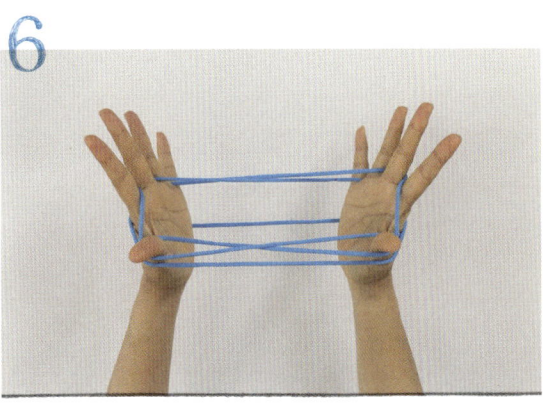

양손 가운뎃손가락, 약손가락, 새끼손가락 고리를 모두 벗겨주세요. 엄지손가락과 집게손가락에만 고리가 남게 됩니다. 손가락을 뺄 때 '새끼손가락→약손가락→가운뎃손가락' 순으로 빼는 것이 좋아요.

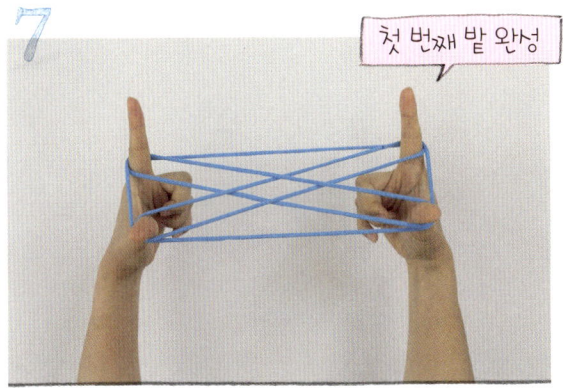

첫 번째 밭 완성이에요.

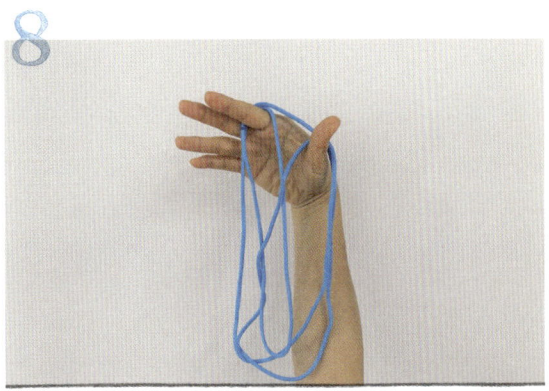

오른손을 위로 올리고 왼손 엄지손가락과 집게손가락을 모두 빼주세요.

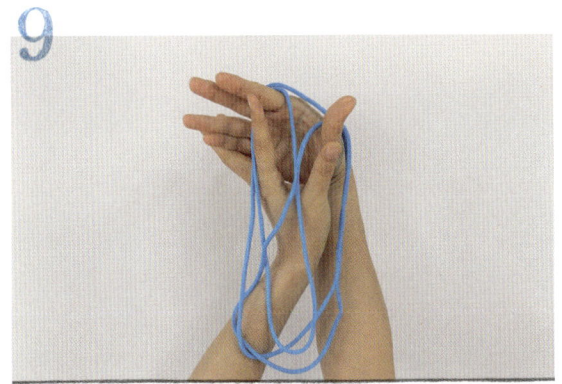

왼손 엄지손가락과 집게손가락을 오른손 엄지손가락과 집게손가락 고리에 밑에서 각각 넣은 후 손을 좌우로 벌려주세요.

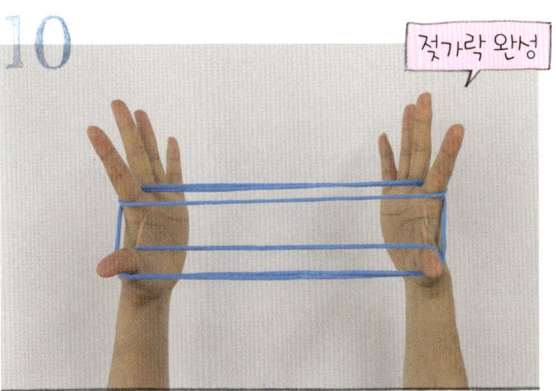

젓가락 완성입니다.

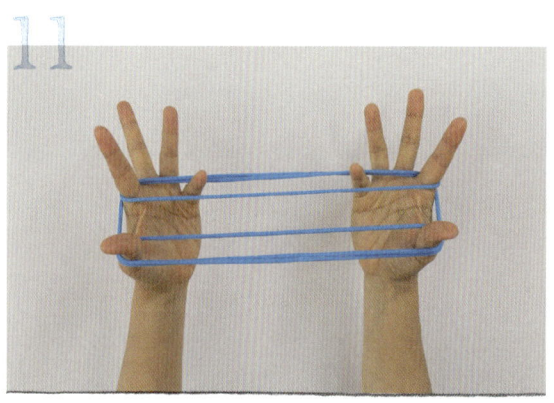

양손 새끼손가락을 집게손가락 고리에 아래에서 넣어주세요.

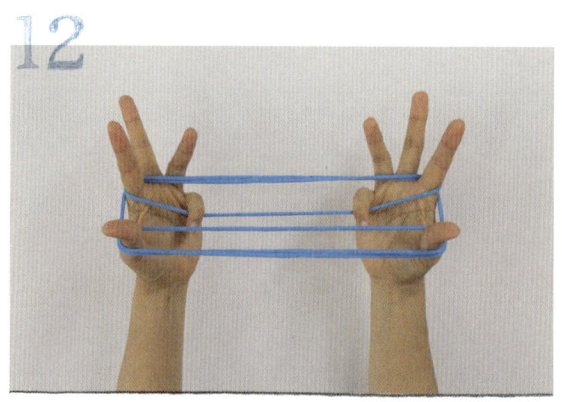

양손 새끼손가락으로 집게손가락 앞실을 누르고 엄지손가락 뒷실을 뜬 후 제자리로 돌아옵니다.

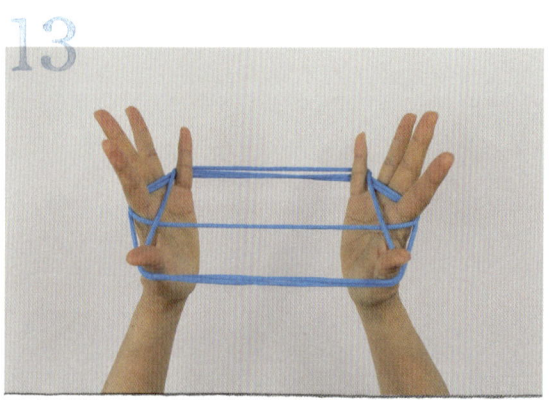

양손 엄지손가락 고리를 벗겨주세요.

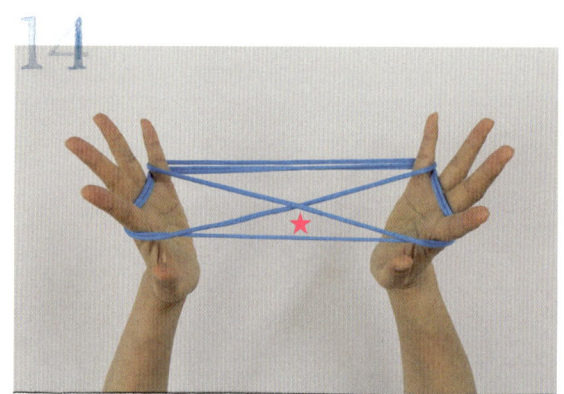

양손 엄지손가락을 몸 앞쪽 세모 모양(★)에 아래에서 위로 넣어주세요.

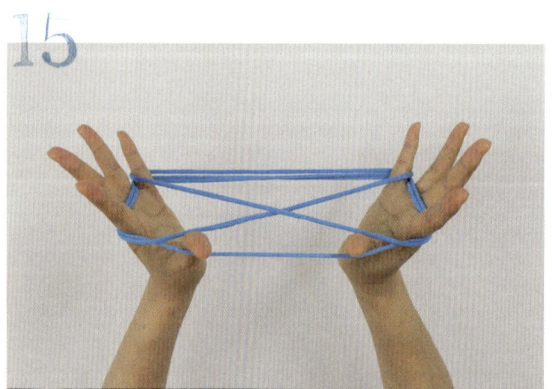

양손 엄지손가락으로 집게손가락 앞실을 눌러주세요.

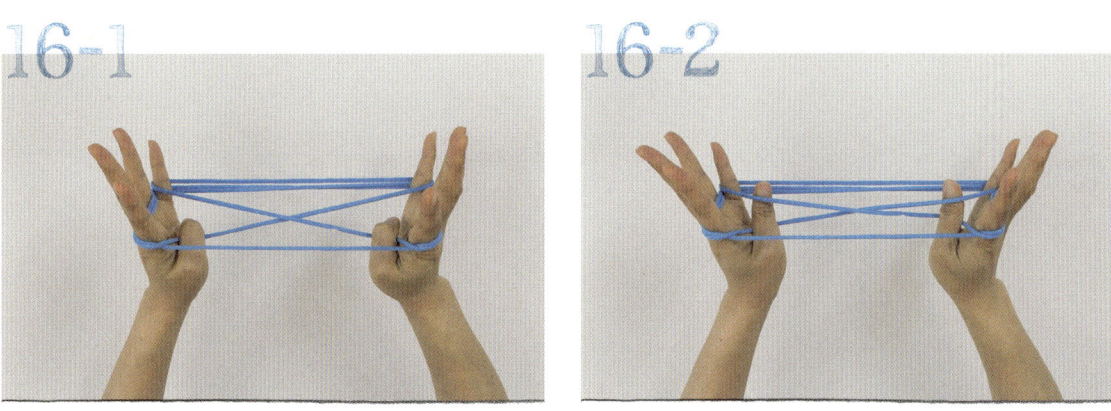

양손 엄지손가락으로 집게손가락 앞실을 위로 지나 새끼손가락 앞실을 뜬 후 제자리로 돌아옵니다.

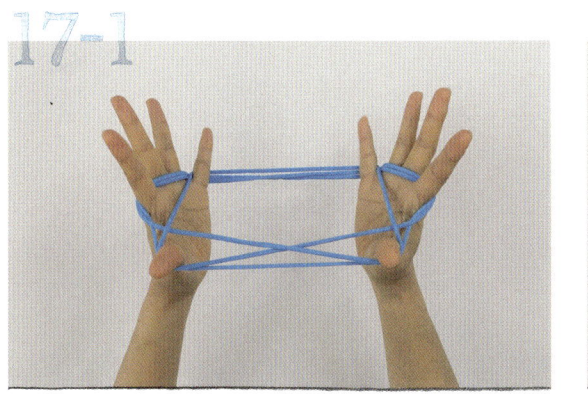

양손 새끼손가락 고리를 모두 벗겨주세요.

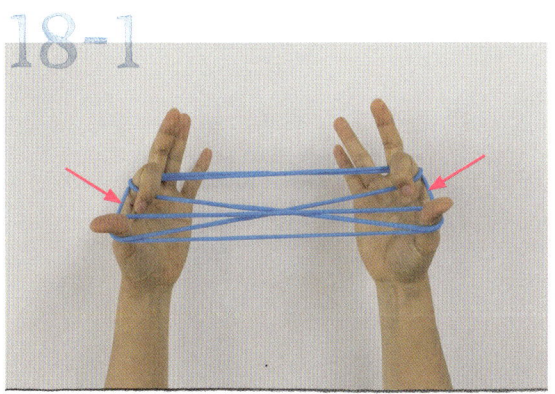
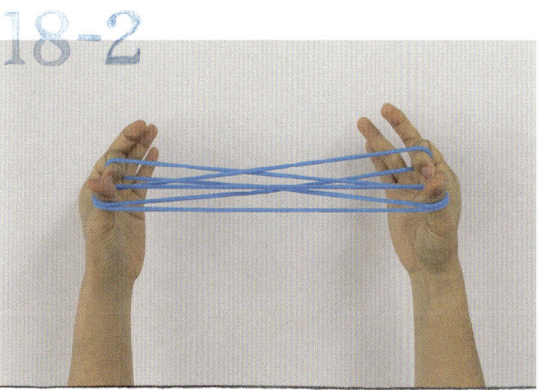

양손 집게손가락에는 2가닥의 실이 걸려 있습니다. 양손 집게손가락을 구부려 집게손가락 앞실을 잡고 집게손가락에 걸려 있는 나머지 실(↑)을 집게손가락에서 벗겨주세요.

19
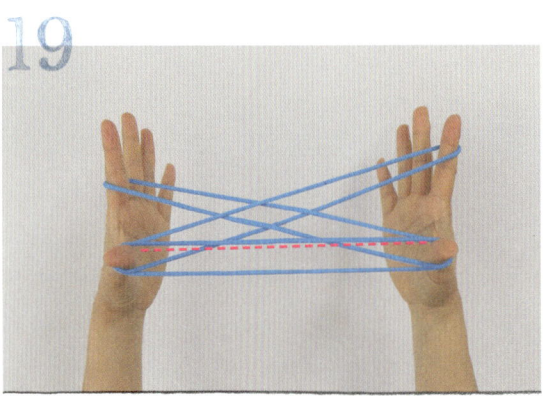
양손 집게손가락을 세워줍니다.

20
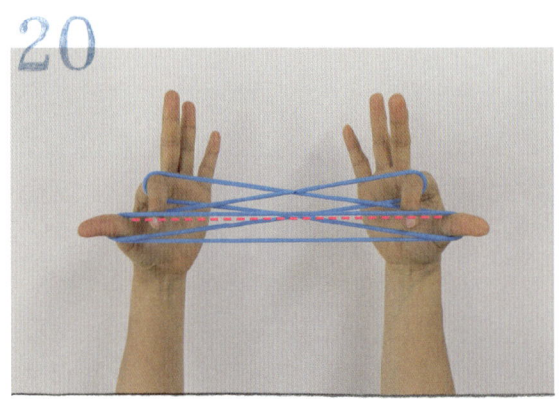
엄지손가락에 2개의 고리가 걸려 있어요. 양손 엄지손가락에 수평으로 나란히 걸려 있는 실 중에서 엄지손가락 뒷실(…)을 양손 집게손가락으로 떠 오세요.

21
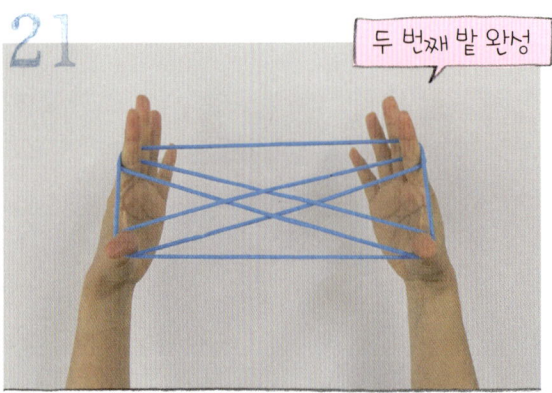
두 번째 밭 완성입니다.

두 번째 밭 완성

22
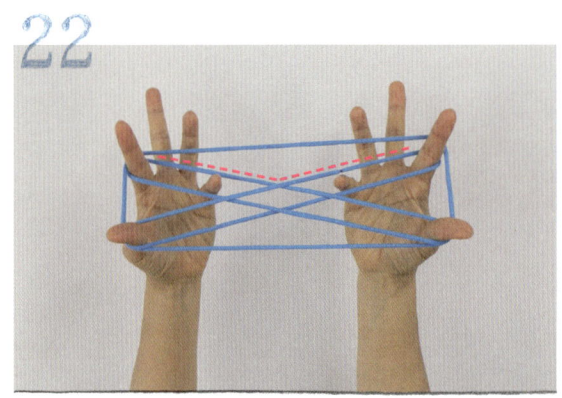
양손 새끼손가락을 집게손가락에서 엄지손가락으로 이어진 집게손가락에 걸린 실 사이에 밑에서 위로 넣어주세요.

23-1
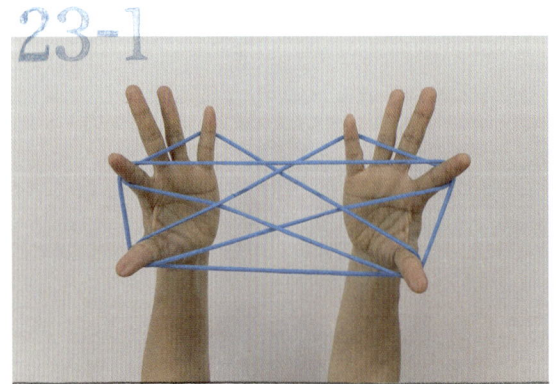
양손 새끼손가락으로 집게손가락 뒷실 2가닥 중에서 집게손가락에서 엄지손가락으로 이어진 실(…)을 뒤로 밀어내세요. 밀어낼 때 집게손가락과 집게손가락을 잇고 있는 집게손가락 뒷실을 건드리지 않으면서 아래로 지나갑니다.

23-2
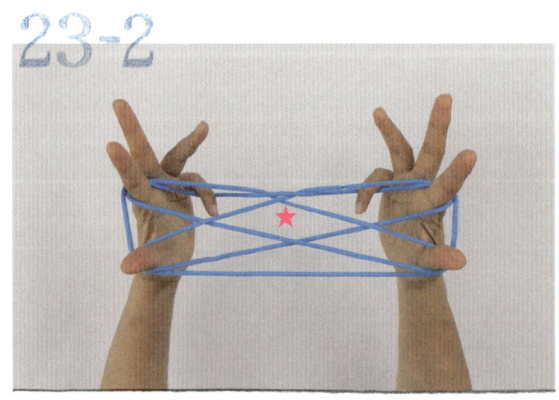
양손 새끼손가락으로 집게손가락 뒷실을 누른 다음, 밭 한가운데 다이아몬드 모양(★)에 새끼손가락을 밑에서 위로 넣어주세요.

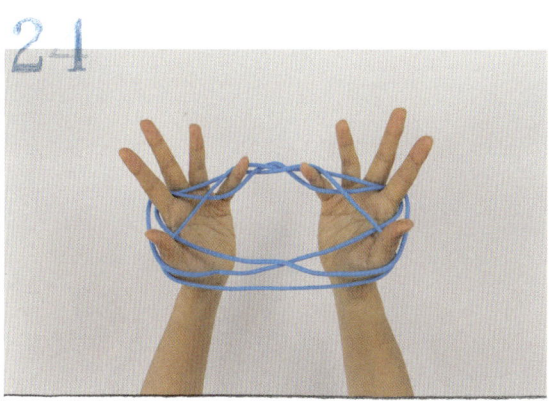

양 손바닥이 마주 보도록 해주세요.

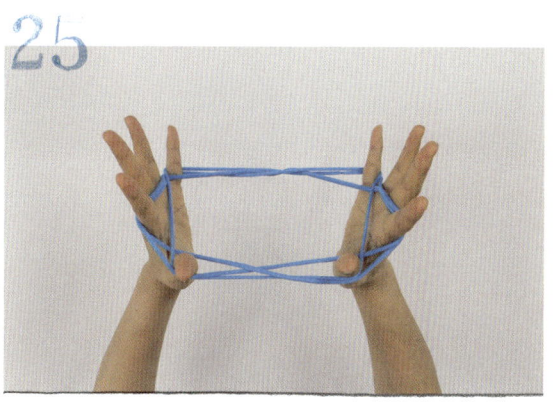

양손 엄지손가락 고리를 벗겨주세요.

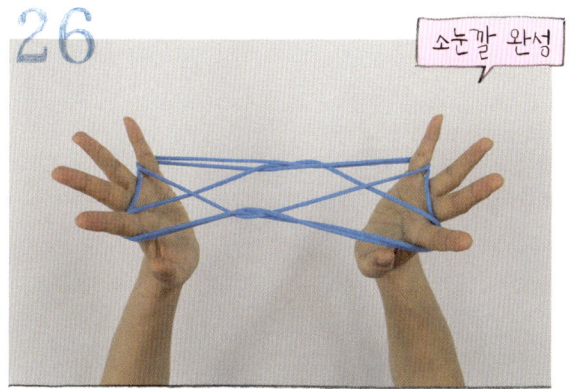

소눈깔 완성입니다.

소눈깔 완성

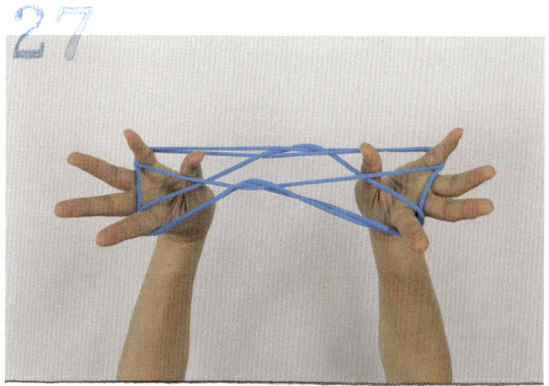

양손 엄지손가락을 새끼손가락 고리에 새끼손가락과 같은 방향으로 넣은 후 엄지손가락과 집게손가락을 붙여주세요.

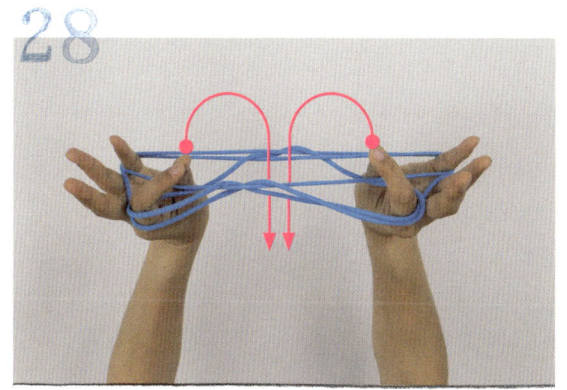

붙인 엄지손가락과 집게손가락을 가운데 다이아몬드 모양에 넣은 후 손을 바로 세웁니다.

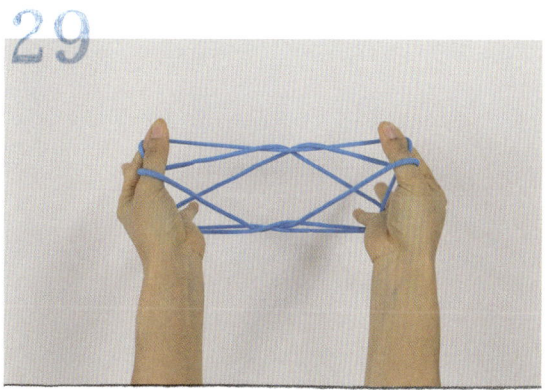

붙이고 있었던 양손 엄지손가락과 집게손가락은 떼고 새끼손가락 고리를 벗긴 후 양손을 좌우로 벌려주세요.

30

2개의 왕관 완성

2개의 왕관 완성입니다. '개뼈다귀'라고 부르기도 해요.

31

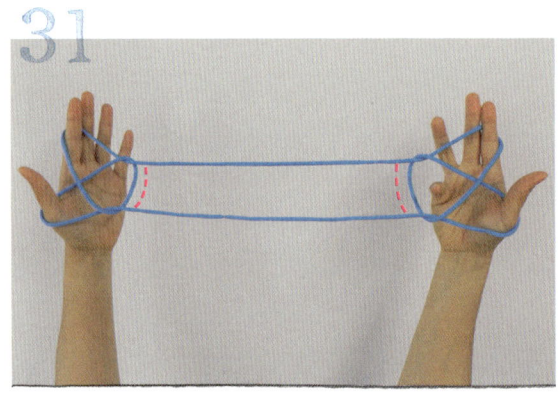

오른손 새끼손가락을 오른 손바닥에 생긴 세모 모양에 뒤에서 앞으로 넣어주세요. 양 손바닥에 생긴 세모 모양이 매우 중요합니다. 특히 빨간 선(…)으로 표시한 부분을 기억하세요.

32

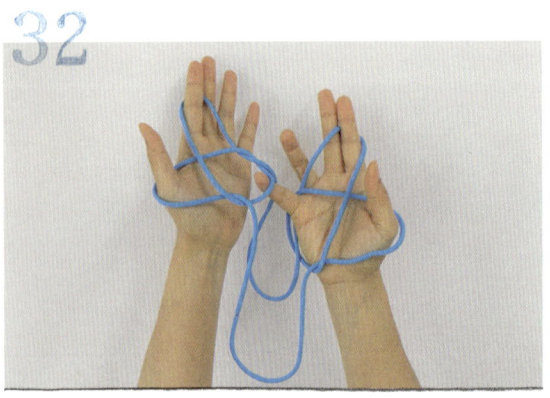

오른손 새끼손가락으로 왼 손바닥에 생긴 세모 모양의 밑변(과정 31의 빨간색 선)을 밑에서 떠 오세요.

33

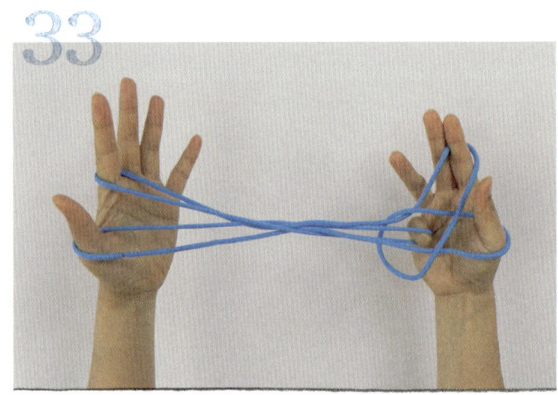

오른손 새끼손가락은 들어갔던 길을 그대로 다시 되돌아 오른 손바닥 세모 모양을 빠져나옵니다.

34

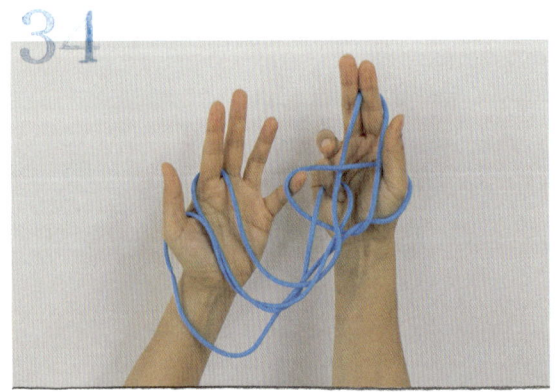

왼손 새끼손가락으로 오른 손바닥에 있던 세모 모양의 밑변(과정 31의 빨간색 선)을 뒤에서 걸어 당겨 제자리로 돌아옵니다. 이때 다른 실을 건드리지 말아야 합니다.

35

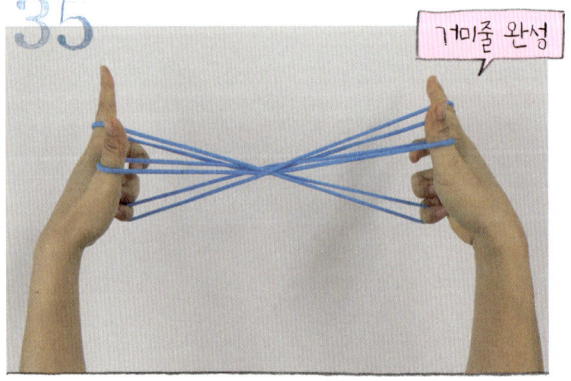

거미줄 완성

거미줄 완성입니다.

36

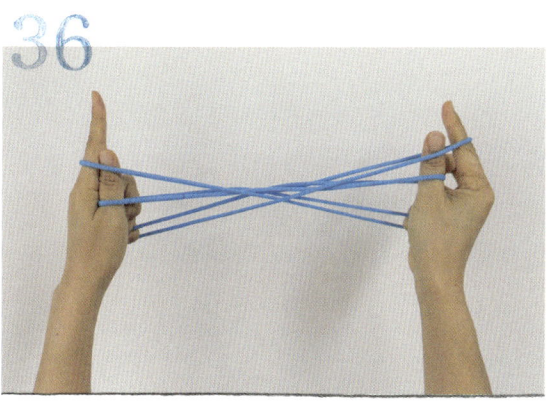

양손 엄지손가락을 양손 집게손가락 고리에 각각 밑에서 넣어주고, 집게손가락 고리는 벗겨주세요.

37

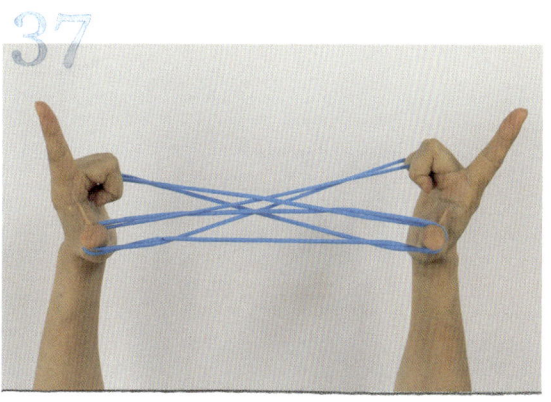

양손 집게손가락으로 엄지손가락 뒷실 2가닥을 각각 뜹니다.

38

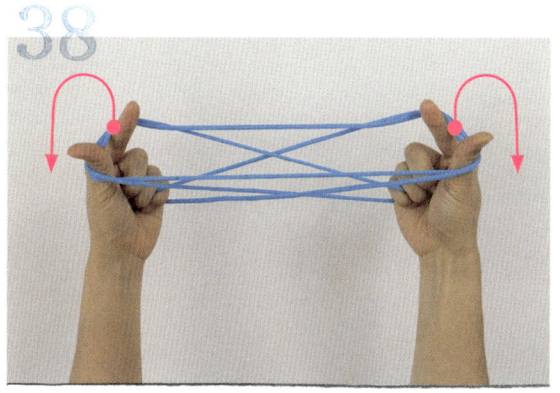

양손 엄지손가락과 집게손가락에 걸려 있는 실 2가닥을 손목으로 내리고 새끼손가락을 바로 세워주세요.

39

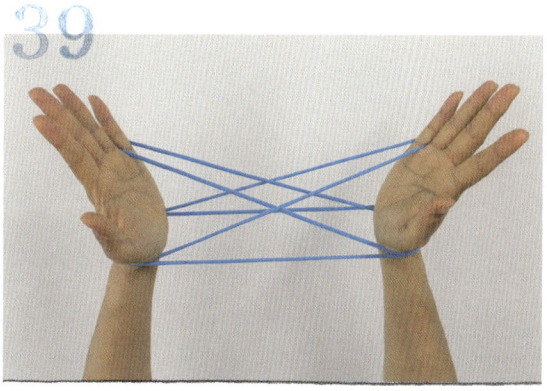

오른손 엄지손가락으로 오른손 새끼손가락 앞실을, 왼손 엄지손가락으로 왼손 새끼손가락 앞실을 떠 오세요.

40

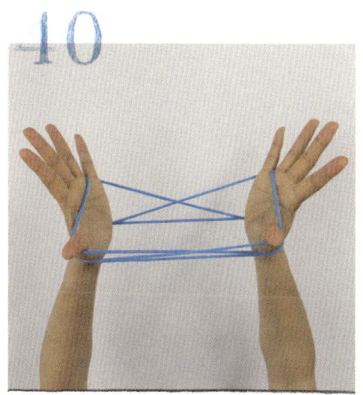

양 손바닥을 보면 손바닥을 가로지르는 실이 보입니다.

41-1, 41-2

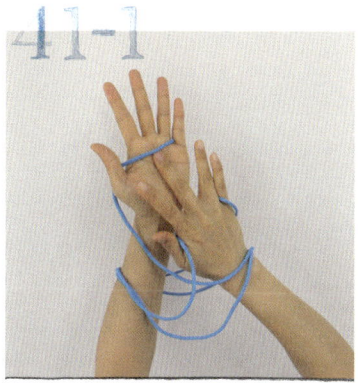

양손 가운뎃손가락으로 가운뎃손가락 기본 하는 것과 같은 방법으로 손바닥에 있는 실을 각각 떠 옵니다.

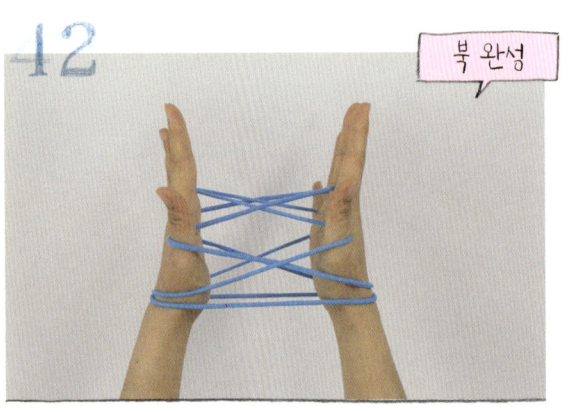

북 완성

북 완성입니다.

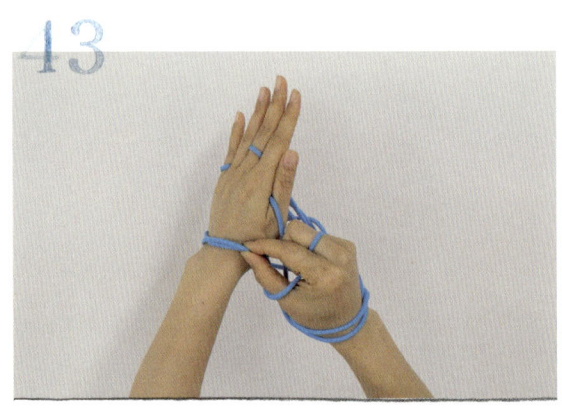

오른손 엄지손가락과 집게손가락을 사용해서 왼 손목 고리 2가닥을 왼손에서 벗겨주세요.

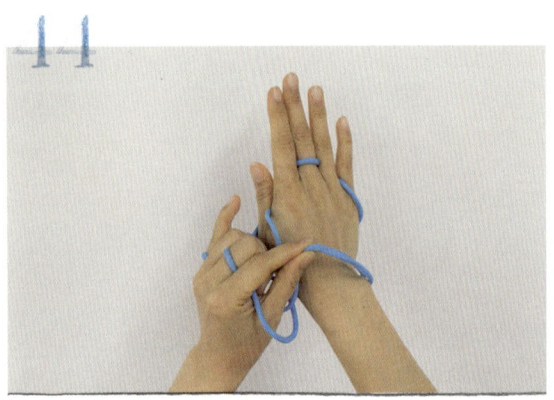

왼손 엄지손가락과 집게손가락을 사용해서 오른 손목 고리 2가닥을 오른손에서 벗겨주세요.

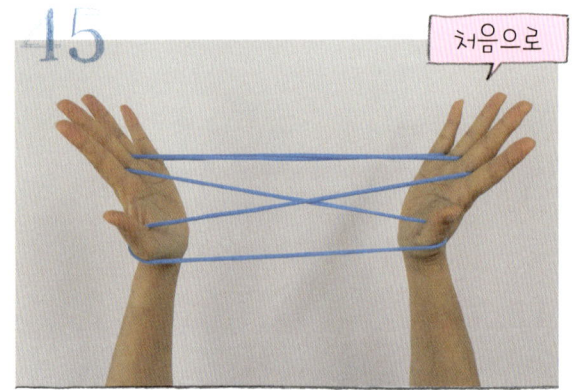

처음으로

제일 처음으로 돌아왔어요. 이제 다시 과정 1부터 도전해보세요.

에스키모 그물

실의 길이 : 기본 실 난이도 : ★★★★★

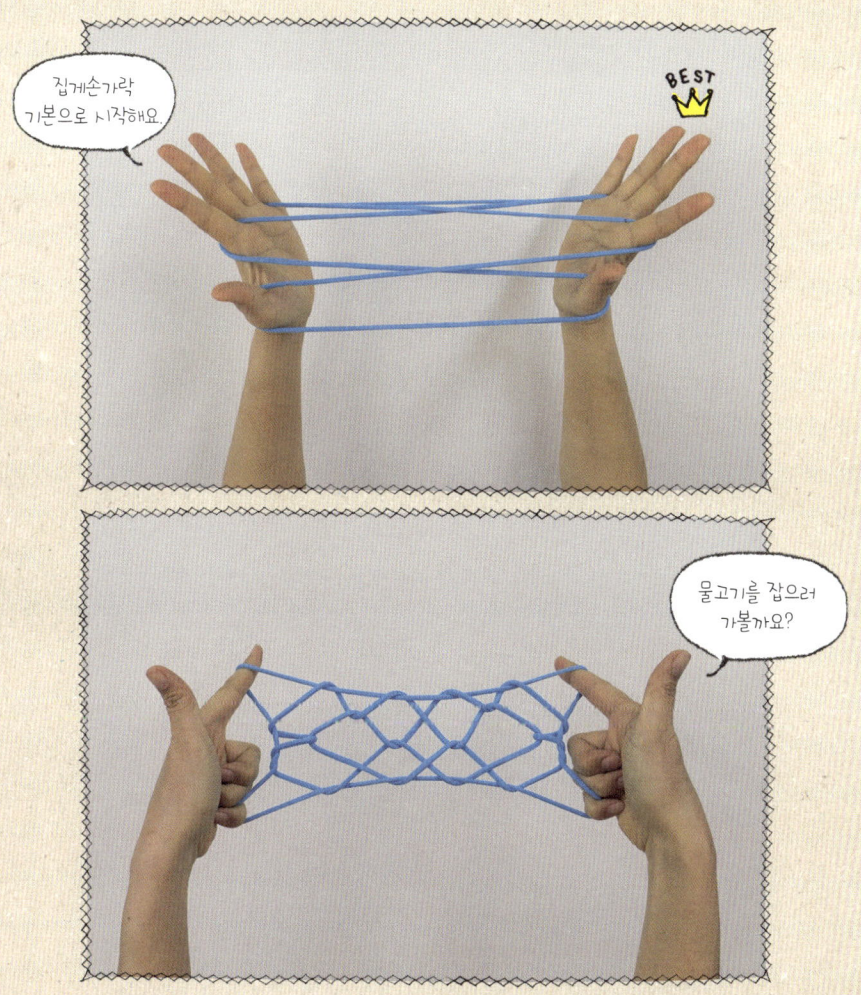

북아메리카 서부 해안가 지역에서 그물 모양을 완성하는 실뜨기가 여럿 발견되었습니다.
바닷가에 사는 사람들에게 그물은 친숙한 도구였겠지요. 에스키모인은 거미줄이라고도 불렀어요.
에스키모 그물은 난이도 높은 편이에요.

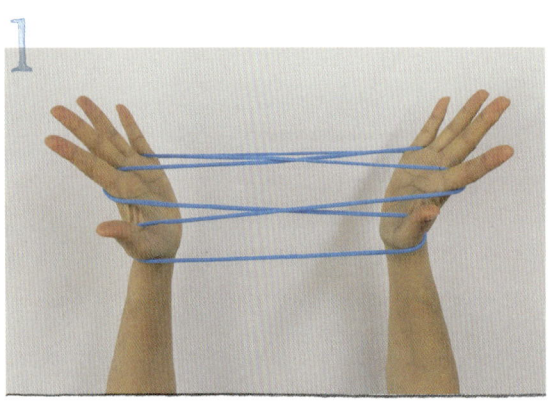

집게손가락 기본을 만들어주세요(19쪽 참조).

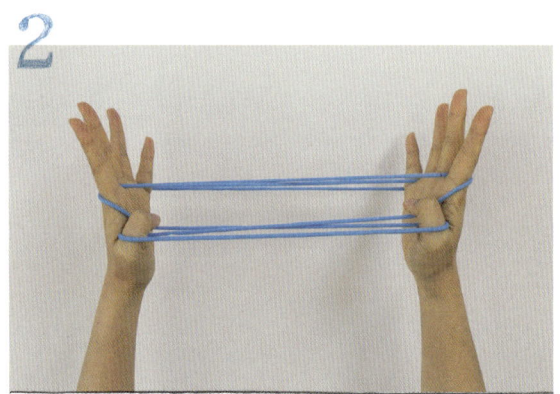

양손 엄지손가락으로 집게손가락 앞실을 누른 후, 손등이 보이도록 손을 뒤로 돌려주세요.

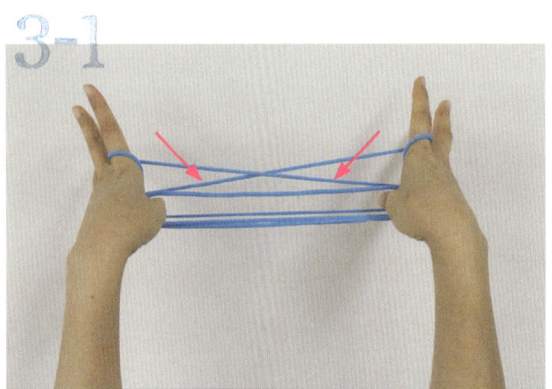

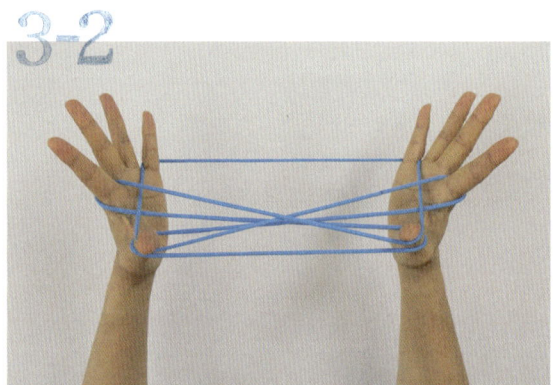

양손 엄지손가락으로 새끼손가락 앞실(↑)을 뒤에서 앞으로 뜬 후, 집게손가락 뒷실 아래로 빠져나오세요.

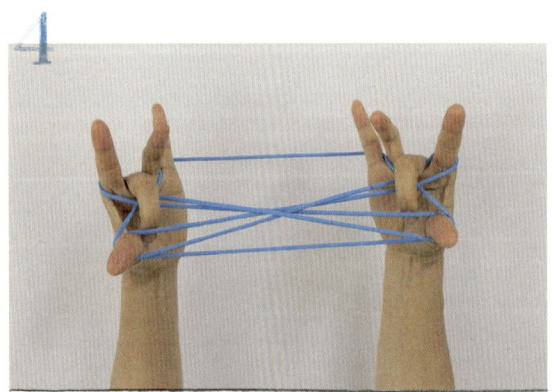

양손 가운뎃손가락으로 엄지손가락 뒷실을 떠 오세요.

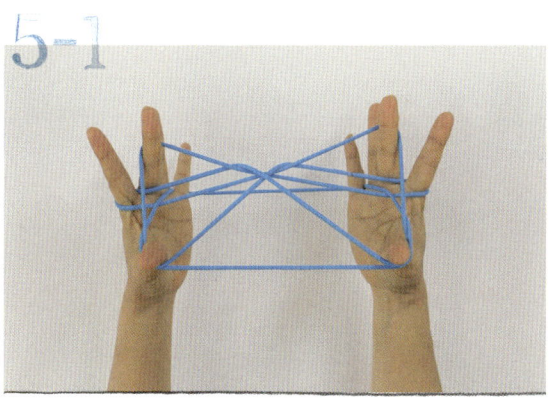

양손 엄지손가락 고리를 벗겨주세요.

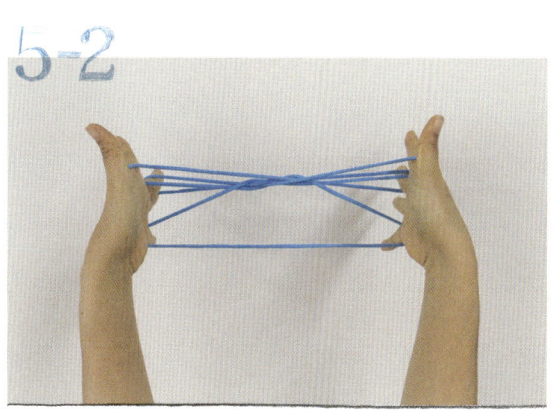

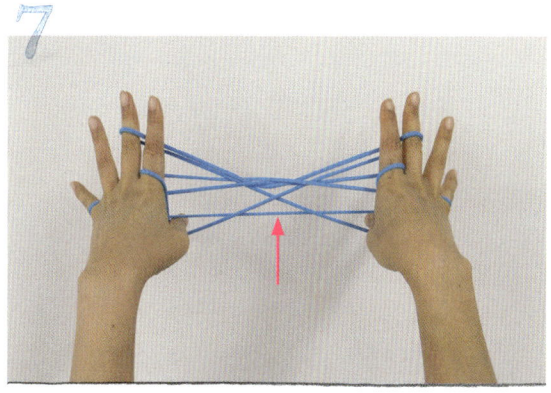

양손 엄지손가락으로 집게손가락 앞실을 누르고 손등이 보이도록 손을 뒤로 돌려주세요.

맨 아래 가로로 있는 실(↑)이 보이는데 이 실이 새끼손가락 뒷실입니다. 양손 엄지손가락으로 새끼손가락 뒷실을 떠 오세요.

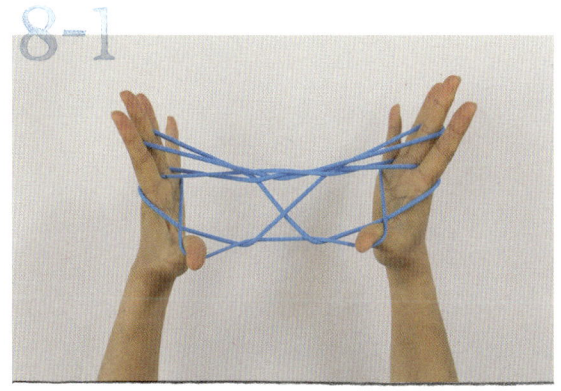

양손 집게손가락 고리를 벗겨주세요.

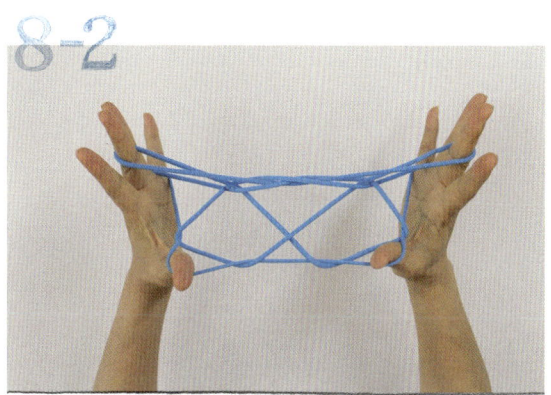

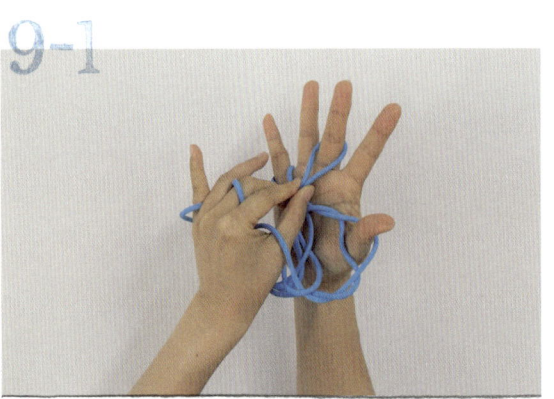 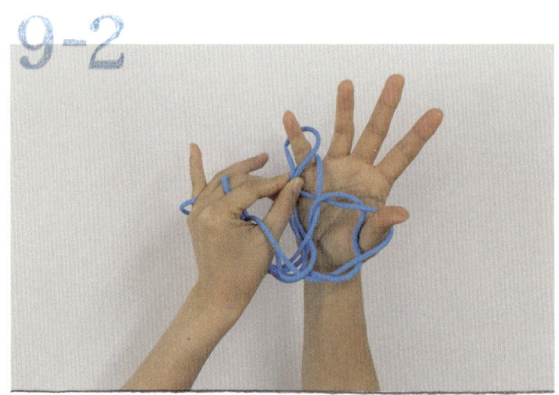

왼손 엄지손가락과 집게손가락을 사용하여 오른손 가운뎃손가락 고리를 빼서 새끼손가락에 걸어주세요.

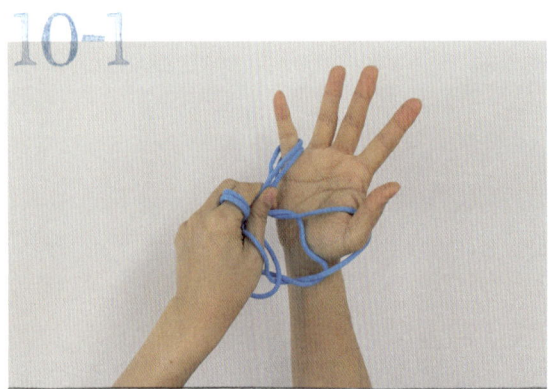 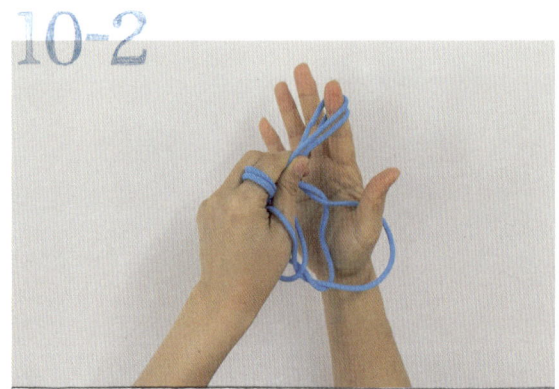

오른손 새끼손가락에 걸린 고리 2개를 빼서 오른손 집게손가락에 그대로 걸어주세요.

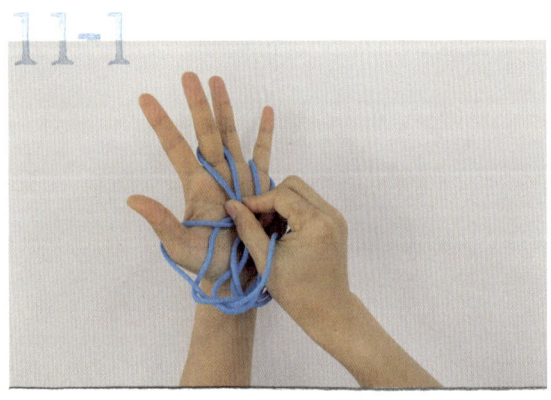 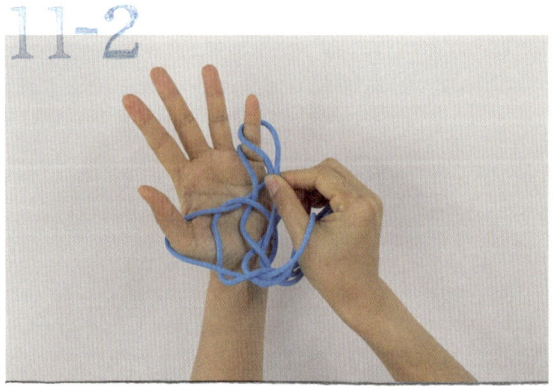

오른손 엄지손가락과 집게손가락을 사용하여 왼손 가운뎃손가락 고리를 빼서 새끼손가락에 걸어주세요.

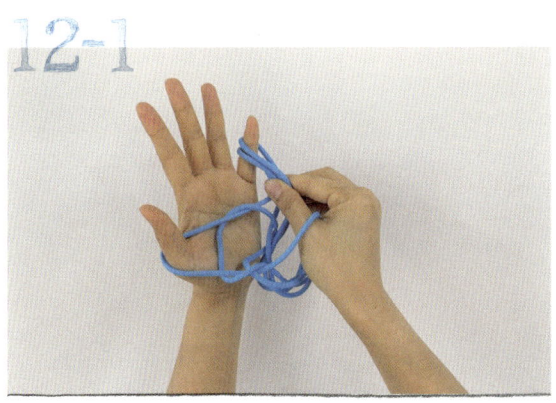
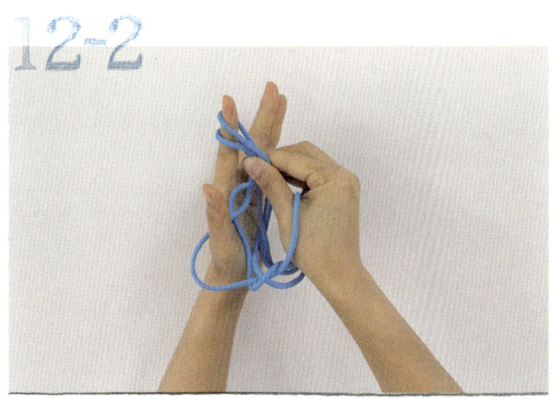

왼손 새끼손가락에 걸린 고리 2개를 빼서 왼손 집게손가락에 그대로 걸어주세요.

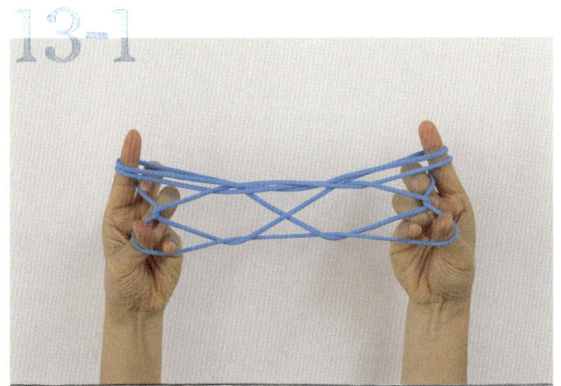
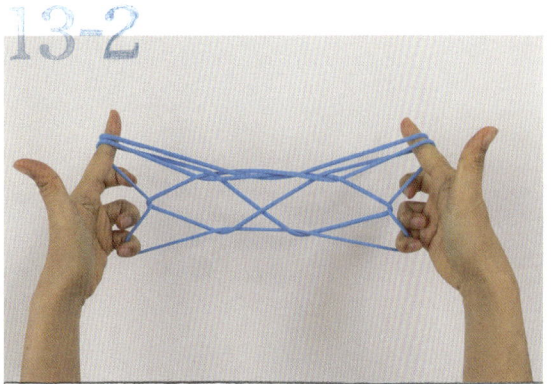

양손 새끼손가락을 엄지손가락 고리에 뒤에서 앞으로 넣고 양손 엄지손가락 고리를 벗겨주세요. 엄지손가락에 걸려 있던 고리가 새끼손가락에 걸립니다.

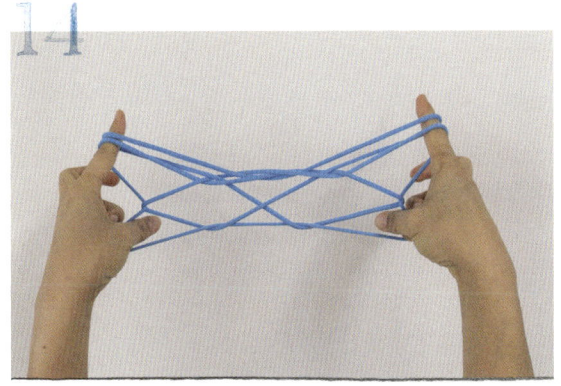
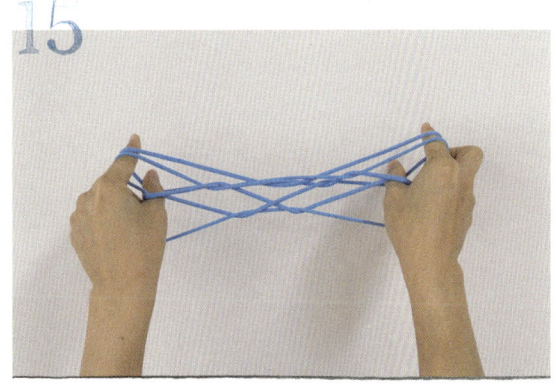

양손 엄지손가락을 새끼손가락 고리에 앞에서 넣어주세요.

양손 엄지손가락을 집게손가락 고리에 넣은 후, 집게손가락 뒷실을 누르면서 걸어 당겨 엄지손가락이 들어갔던 고리로 다시 빠져나오세요.

16
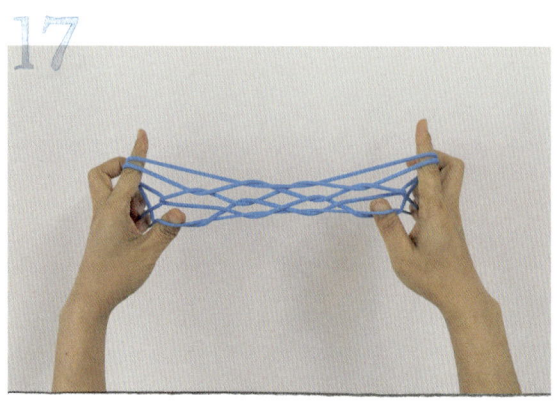
양손 엄지손가락으로 새끼손가락 고리 뒷실(↑)을 뒤에서 앞으로 떠 옵니다. 원래 엄지손가락이 누르고 있던 실을 자연스럽게 엄지손가락에서 벗겨집니다.

17
양손 새끼손가락 고리를 놓아주세요.

18
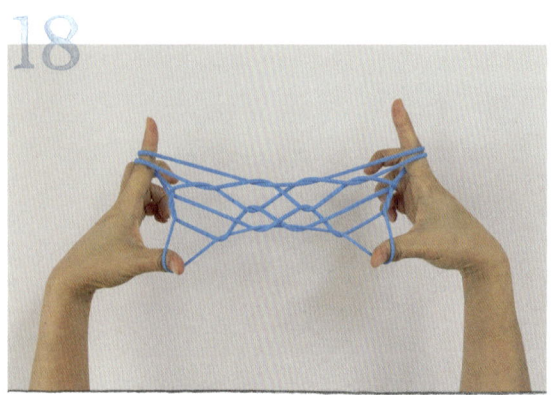
양손 새끼손가락으로 엄지손가락 고리에 뒤에서 앞으로 넣어주세요.

19
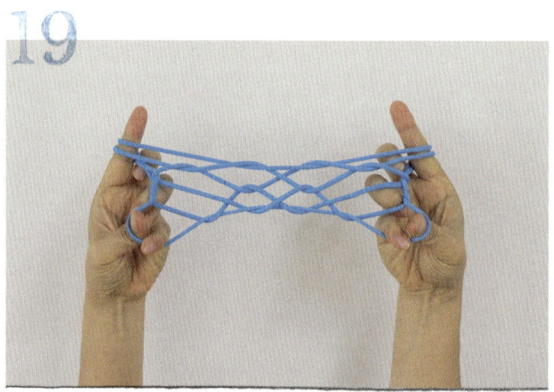
양손 엄지손가락 고리를 벗겨주세요. 과정 12에서 했던 것과 같은 방법이에요.

20
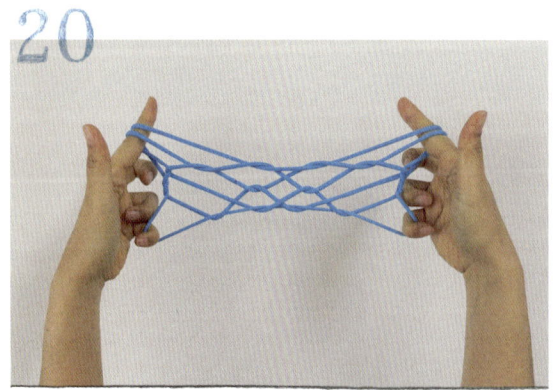
양손 엄지손가락을 집게손가락 고리 2개에 아래에서 넣어주세요.

21
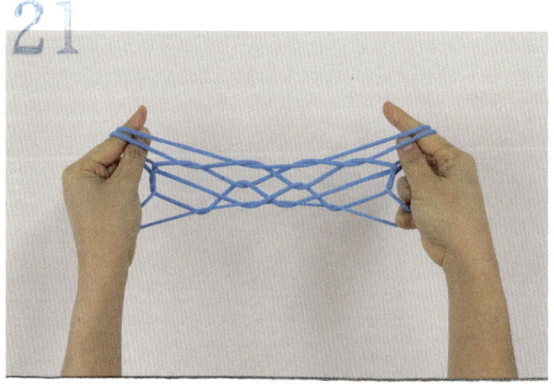
집게손가락만 고리에서 빼주세요. 집게손가락에 걸려 있던 고리 2개가 엄지손가락으로 옮겨졌어요.

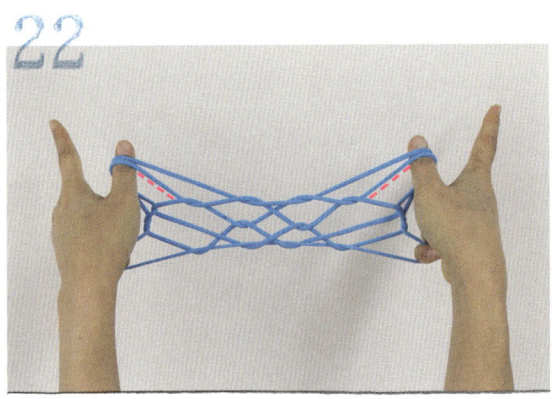

양손 엄지손가락에 고리가 2개 걸려 있어요. 이 2개의 고리에 집게손가락을 위에서 넣어주세요.

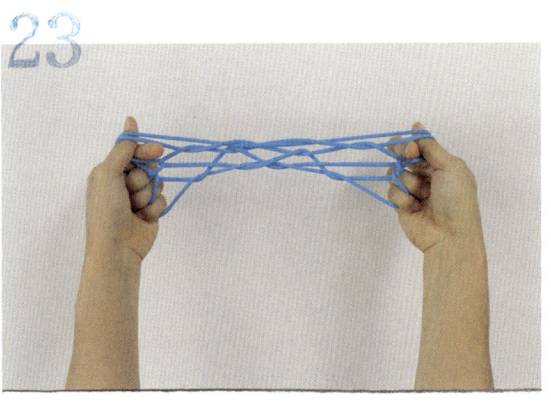

양손 집게손가락으로 엄지손가락 앞실 2가닥 중에서 아래에 있는 실(…)만 앞에서 뒤로 밀어주세요. 이 때 엄지손가락 윗실은 건드리지 않아요.

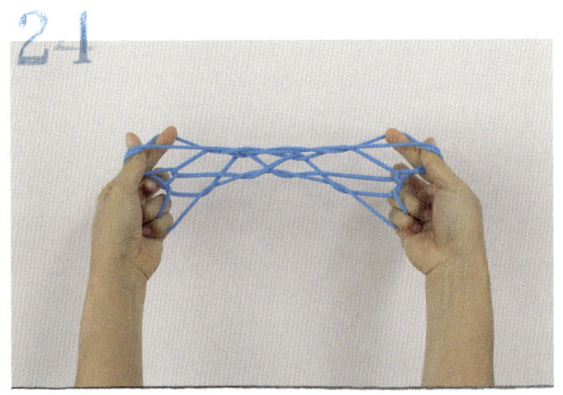

양손 가운뎃손가락을 집게손가락 고리에 넣고 집게손가락과 가운뎃손가락을 집게처럼 사용해서 엄지손가락 윗실을 집어주세요.

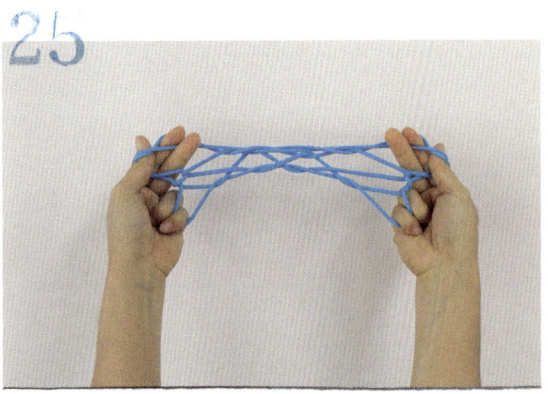

양손 집게손가락과 가운뎃손가락으로 집은 엄지손가락 윗실을 뒤로 빼내야 해요. 집게처럼 집은 그대로 집게손가락으로 실을 누르듯이 아래로 돌려 빼낸 후 집게손가락을 세워주세요.

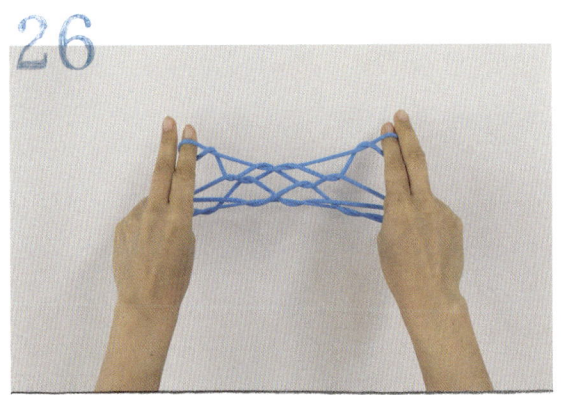

엄지손가락에 걸린 실을 다 놓아줍니다.

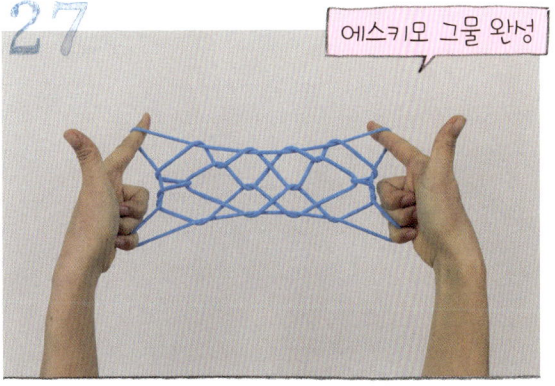

에스키모 그물 완성

에스키모 그물 완성입니다.

하트와 말하는 입

실의 길이 : 기본 실   난이도 : ★★★★★

예쁜 하트 만들기에 도전해보아요.
실을 잘 구분해서 움직여야 예쁜 하트를 만들 수 있어요.
예쁜 하트를 만들고 예쁜 입으로 사랑한다고 말해주세요.

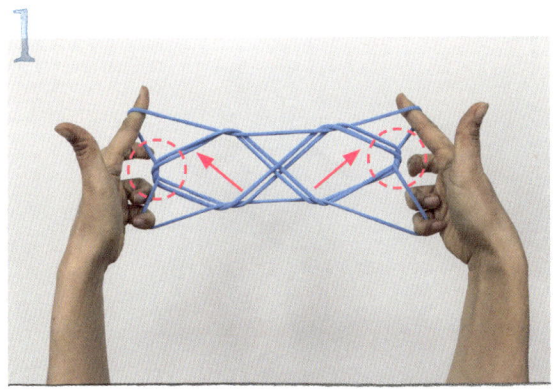

가면(84쪽 참조)을 만든 다음 집게손가락에 겹쳐 있는 실(↑) 중에 1가닥을 양손 엄지손가락으로 떠 옵니다. ○부분을 보면, 실 2가닥 중에 1가닥은 꼬여 있고 1가닥은 꼬여 있지 않아요. 다른 실과 꼬여 있지 않은 실을 골라서 떠 와야 해요.

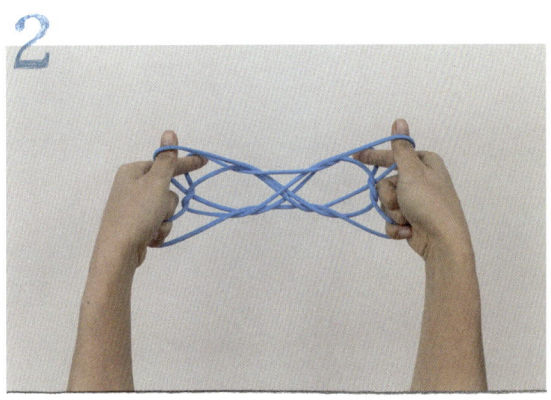

꼬여 있지 않은 실을 골라 엄지손가락으로 뜬 후 두 실을 양손 엄지손가락에 같이 포개어 걸립니다.

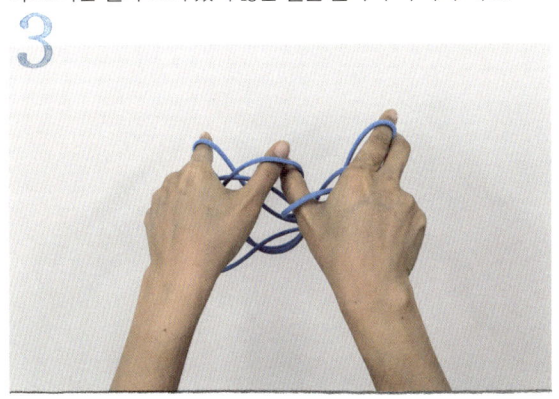

먼저 오른손 엄지손가락을 왼손 엄지손가락 고리에 밑에서 넣고 왼손 엄지손가락은 빼내어주세요. 오른손 엄지손가락에 고리가 2개 걸립니다.

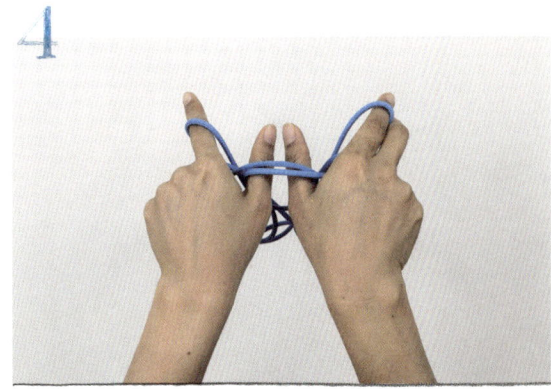

왼손 엄지손가락을 오른손 엄지손가락 고리 2개에다 밑에서 넣고 양손을 좌우로 벌려주세요. 양손 엄지손가락에 동시에 2개이 고리가 걸립니다.

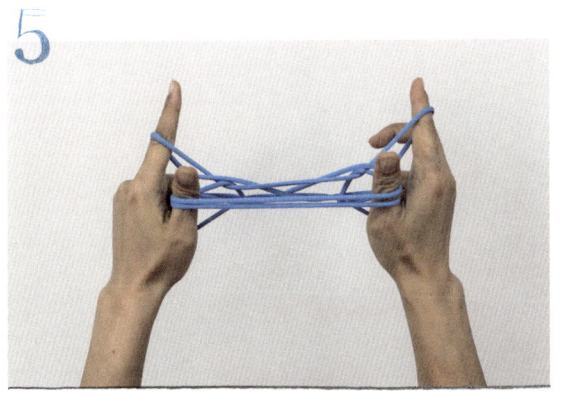

양손 엄지손가락 고리로 집게손가락 앞실을 떠 오세요. 엄지손가락 고리가 3개가 되었어요.

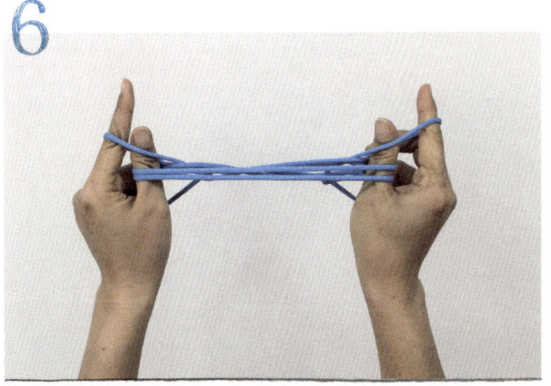

양손 엄지손가락 고리 3개 중에 제일 아래에서부터 2개의 아랫고리를 양손 엄지손가락에서 벗겨주세요.

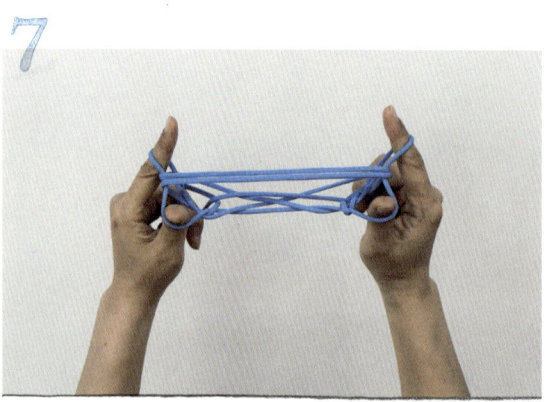

양손 집게손가락 고리를 놓아주세요.

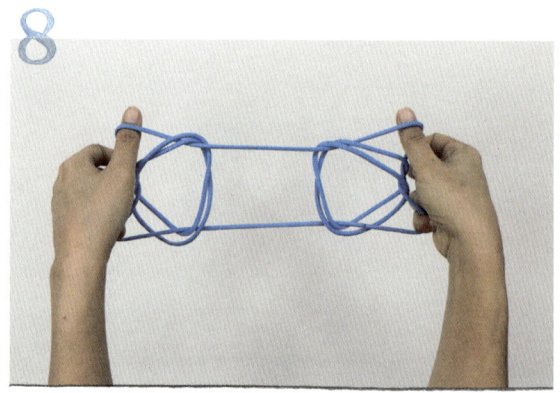

2겹으로 된 세모 모양이 2개 생겼어요. 양손 엄지손가락 고리에 집게손가락을 앞에서 뒤로 넣고 엄지손가락은 빼주세요. 이 모양이 나오지 않는다면 과정 2에서 틀린 거예요.

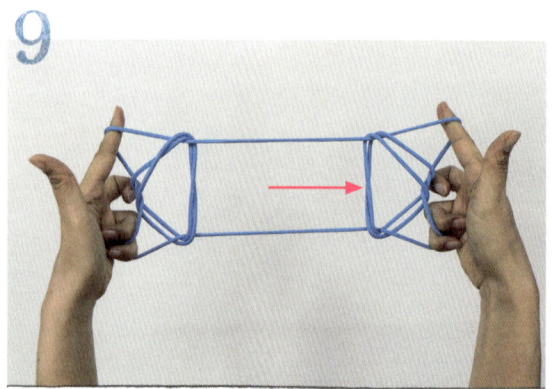

오른손 엄지손가락으로 오른손 앞에 생긴 세모 모양 중에서 세로실(↑)을 뒤에서 앞으로 떠 오세요.

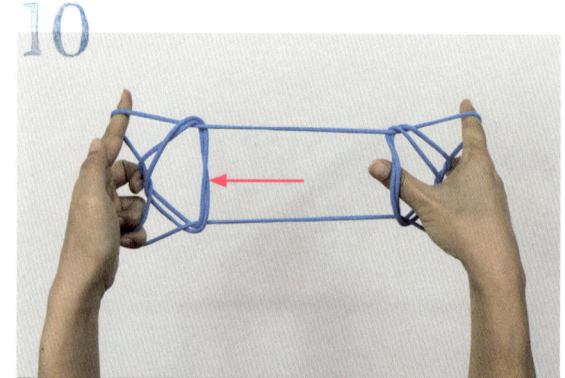

오른손 엄지손가락으로 왼손 앞에 생긴 세모 모양에서 세로실(↑)을 앞에서 걸어 당겨주세요.

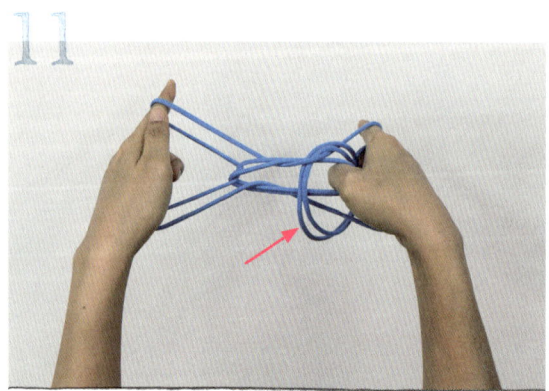

왼손 엄지손가락으로 오른손 앞에 있던 세모 모양의 세로실을 앞에서 걸어 당겨주세요.

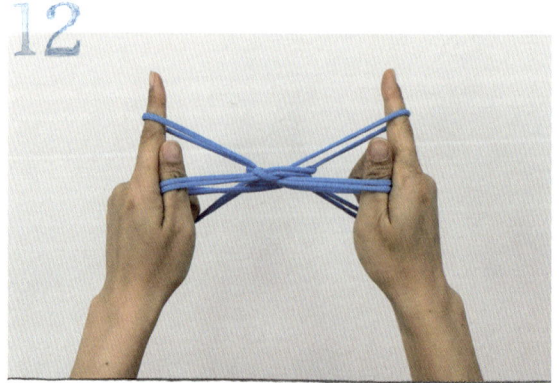

과정 6~7을 반복해주세요. 양손 엄지손가락으로 양손 집게손가락 앞실을 각각 떠 오세요.

양손 엄지손가락에 고리가 3개 걸려 있어요. 그중 제일 아래에 있는 아랫고리 2가닥만 엄지손가락에서 벗겨주세요.

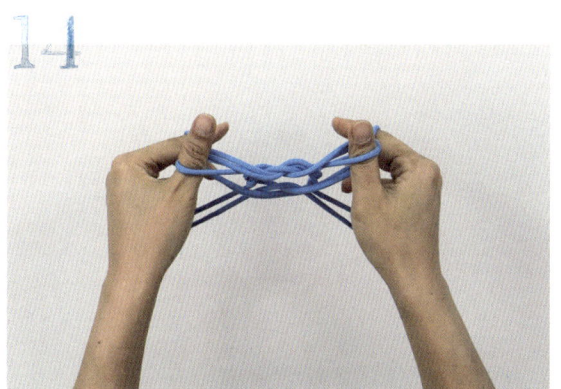

양손 집게손가락 고리를 놓으세요.

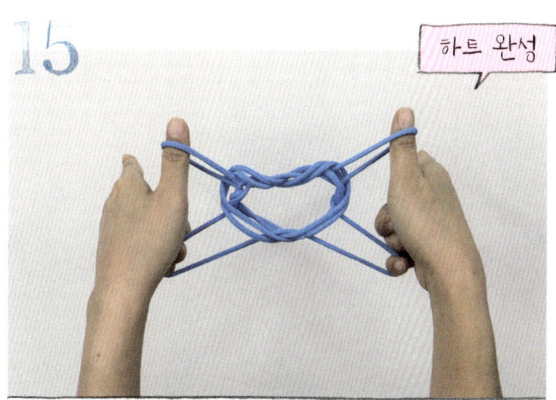

두근두근 하트 완성입니다.

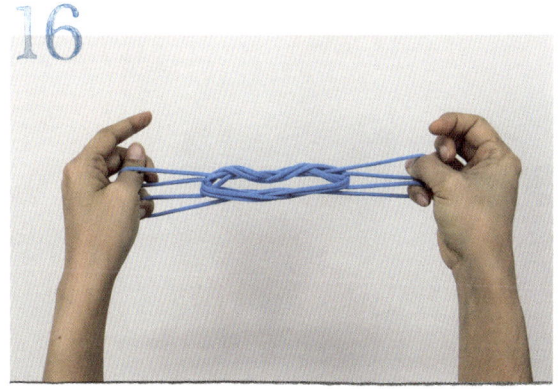

양손을 좌우로 당겨 보세요. 입술을 다물고 있는 입 모양이 됩니다.

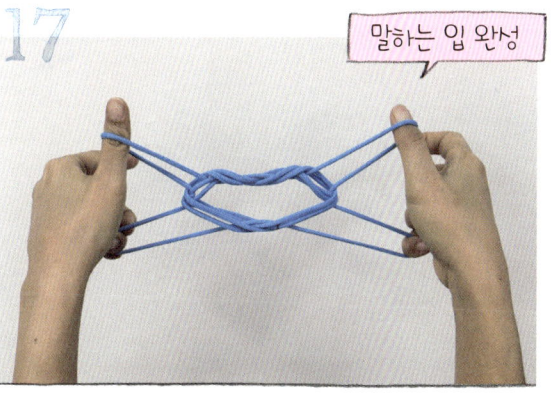

엄지손가락과 새끼손가락을 붙였다 뗐다를 반복해보세요. 말하고 있는 입술이 돼요.

달리는 강아지

실의 길이 : 기본 실   난이도 : ★★★★★

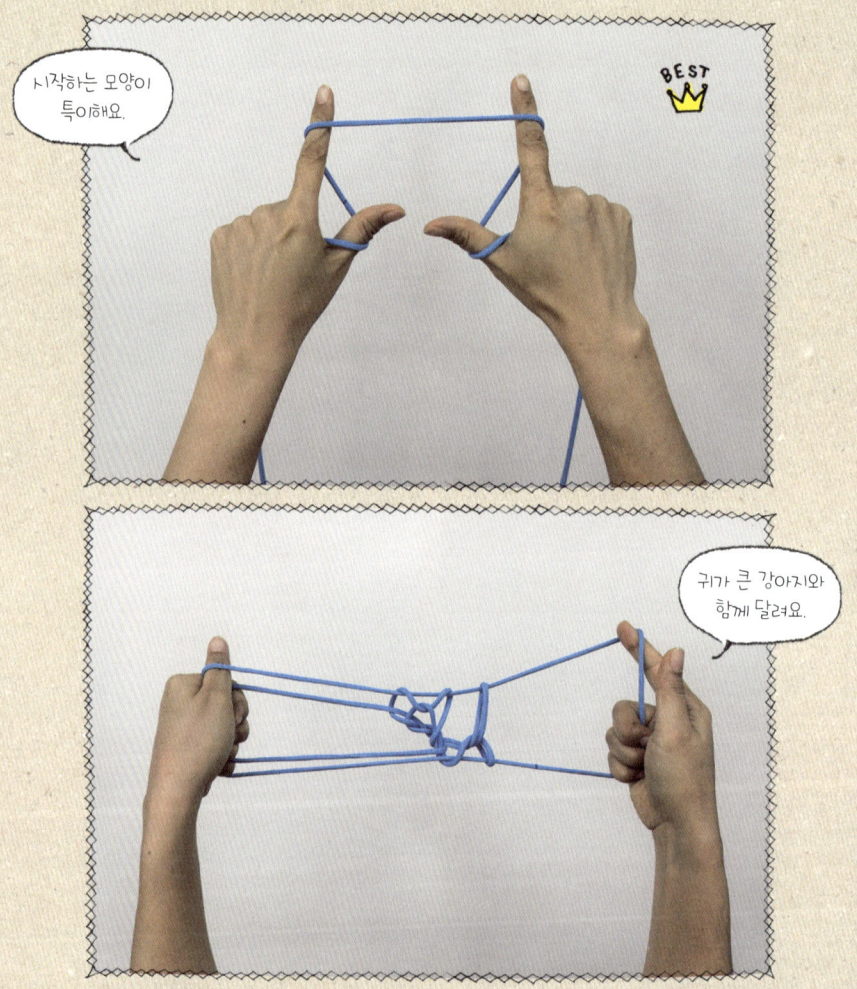

누구나 좋아할 만한 실뜨기입니다. '귀가 큰 강아지'라고도 하는데 시작부터 진행방식이 매우 독특해요.
모양이 간단한 실뜨기일수록 규칙적인 움직임이 많고, 모양이 다양한 실뜨기일수록
불규칙적인 움직임이 많아요. 에스키모로부터 수집되었어요.

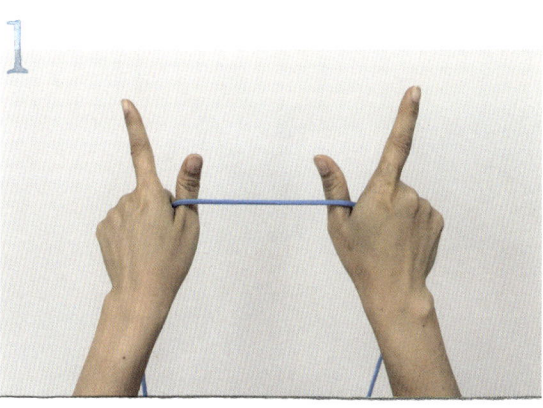

1. 양손 엄지손가락에 실이 걸리도록 걸고 나머지 네 손가락으로 실을 잡아주세요.

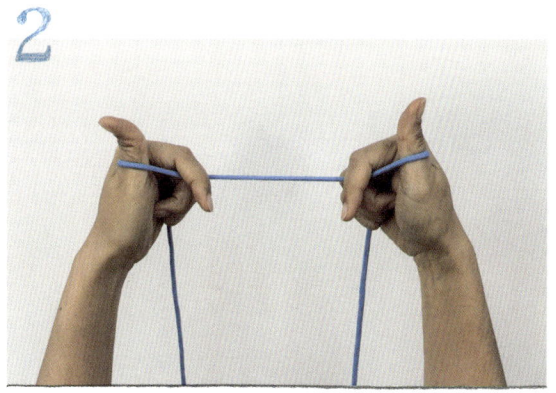

2. 양손 집게손가락을 몸 앞으로 돌려 엄지손가락 앞실을 걸고, 집게손가락을 뒤로 돌려 세워주세요.

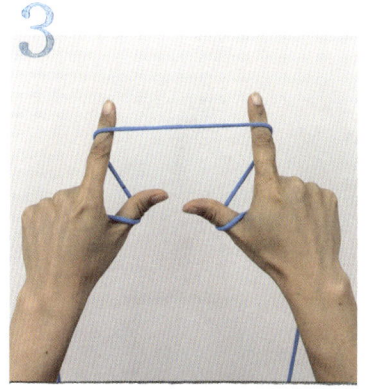

3. 왼손 엄지손가락으로 오른손 집게손가락 뒷실을 뒤에서 앞으로 떠 오세요.

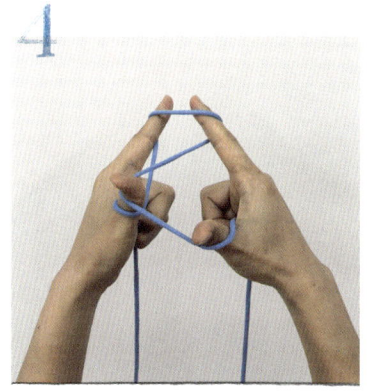

4. 오른손 엄지손가락으로 왼손 집게손가락 뒷실을 뒤에서 앞으로 떠 오세요.

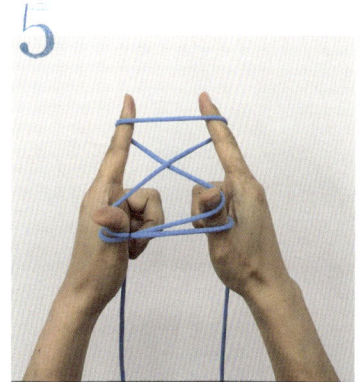

5. 양손을 좌우로 벌려주세요.

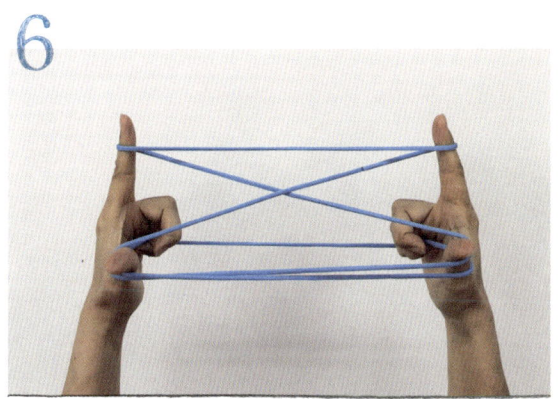

6. 양손 가운뎃손가락, 약손가락, 새끼손가락으로 잡고 있던 실을 놓아주세요. 이 실을 다시 새끼손가락으로 떠 올 것이므로 당기지 마세요.

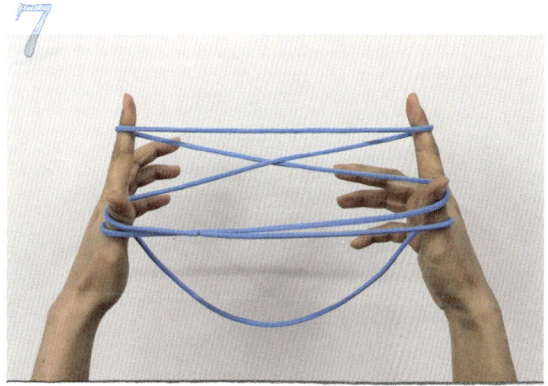

7. 양손 새끼손가락으로 늘어져 있는 엄지손가락 뒷실을 아래로 가서 떠 오세요.

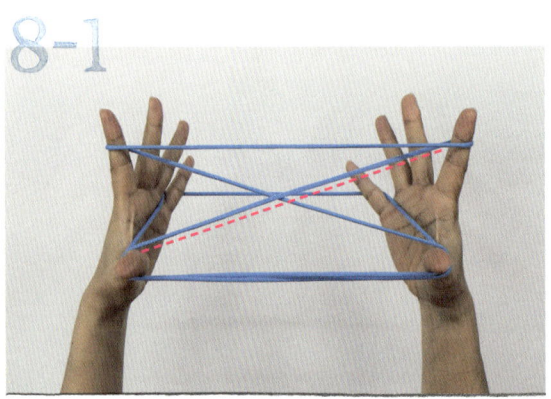
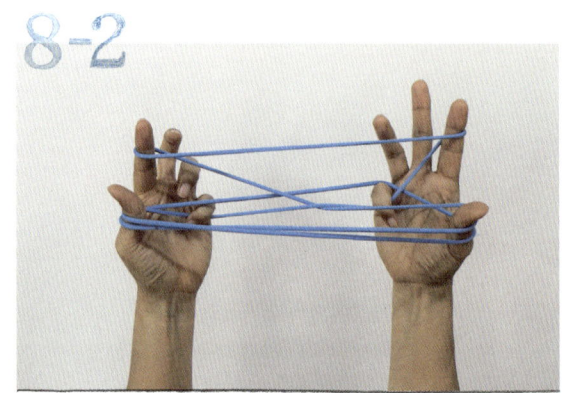

양손 새끼손가락으로 오른손 집게손가락에서 왼손 엄지손가락으로 이어지는 실(…)을 눌러주세요.

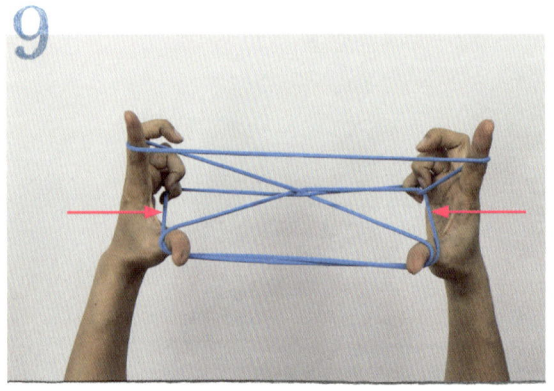
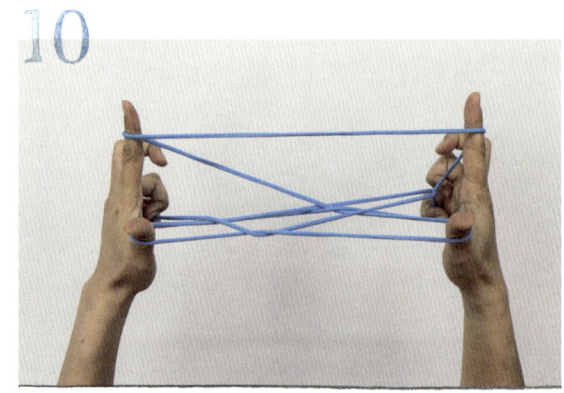

양손 엄지손가락에 걸린 고리 2개 중에서 새끼손가락과 이어져 있는 실(↑)만 엄지손가락에서 벗겨주세요.

양손 엄지손가락으로 집게손가락 앞실을 떠 오세요.

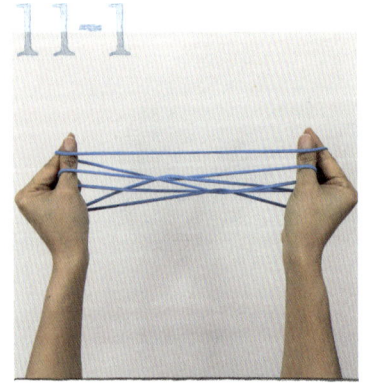
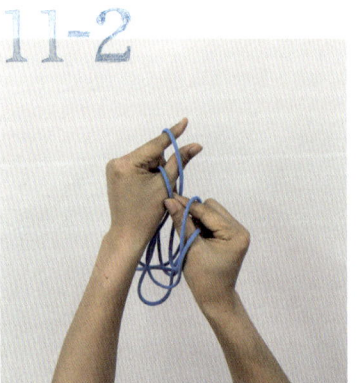

양손 엄지손가락에 있는 아랫고리만 엄지손가락에서 각각 벗겨주세요.

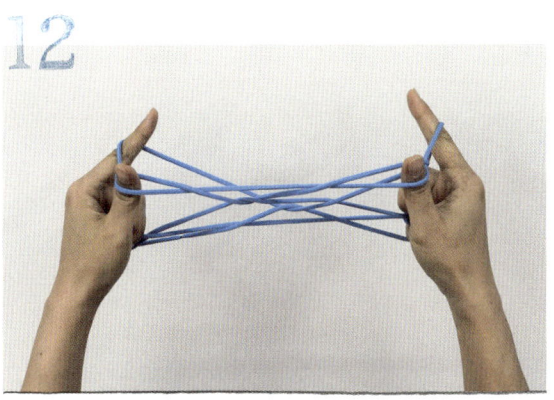

양손 집게손가락 고리를 벗겨주세요. 엄지손가락과 새끼손가락에만 고리가 걸립니다.

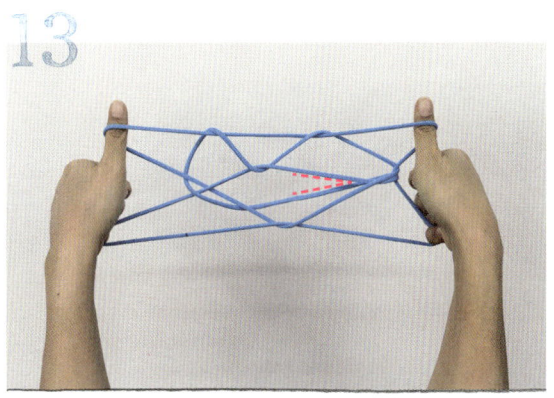

여기서부터 조금 복잡하니 잘 보세요. 오른손 집게손가락으로 빨간색 표시한 실 2가닥을 모두 뒤로 걸어 당기세요.

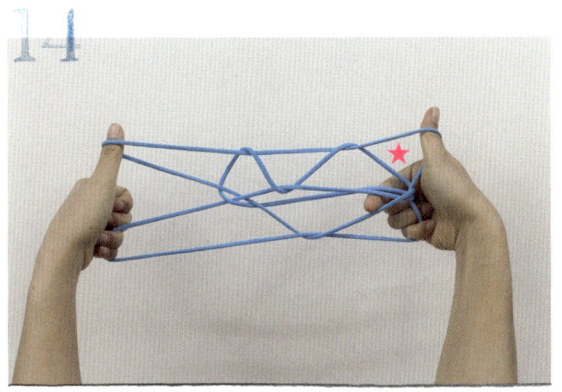

실을 걸어 당긴 집게손가락을 오른손 엄지손가락 고리(★)에 뒤에서 앞으로 넣어주세요.

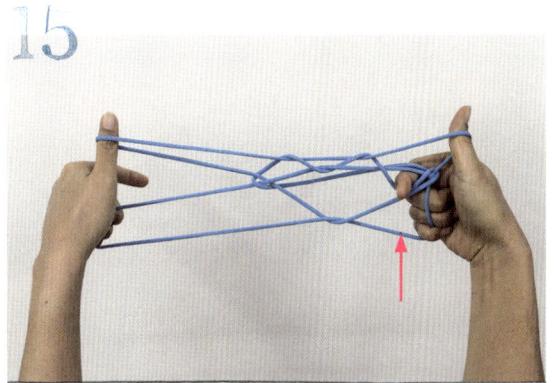

오른손 집게손가락을 오른손 새끼손가락 고리에 앞에서 넣은 후, 새끼손가락 뒷실(↑)을 걸어 당겨주세요.

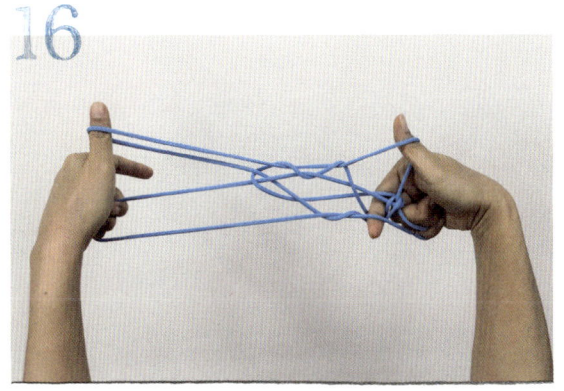

과정 15에서 걸어 당긴 새끼손가락 뒷실을 집게손가락이 들어간 길 그대로 뒤로 빼주세요.

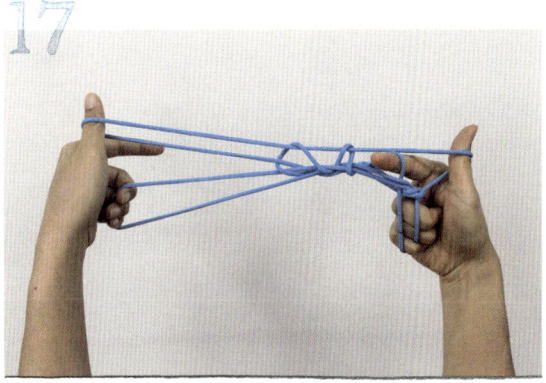

빼낸 집게손가락을 오른손 엄지손가락 고리에 뒤에서 앞으로 넣어주고, 왼손 새끼손가락 고리를 벗겨주세요.

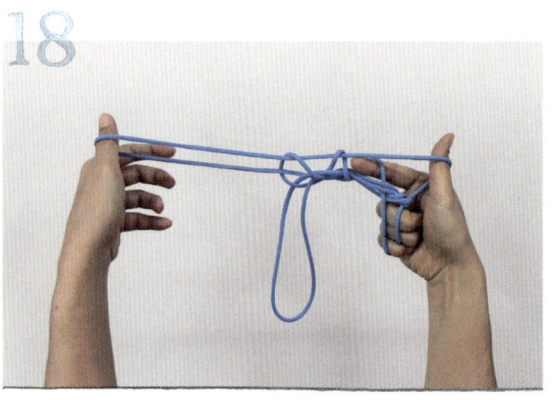

실 앞쪽에서 왼손 새끼손가락으로 오른손 집게손가락 고리를 받아주세요.

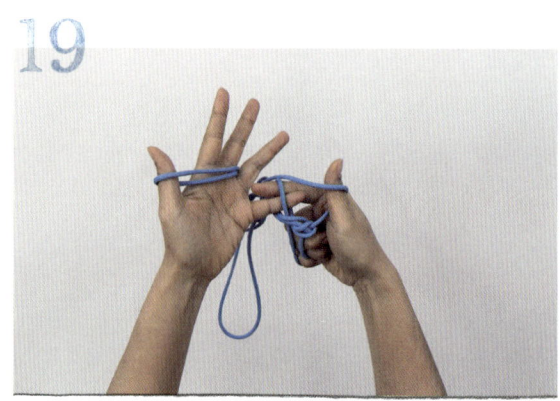

오른손 집게손가락은 오른손 엄지손가락 고리에서 그대로 뒤로 빼주세요.

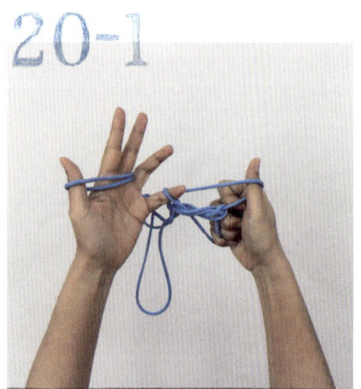

양손 좌우로 벌려주세요. 양손 엄지손가락과 새끼손가락에 고리가 걸립니다.

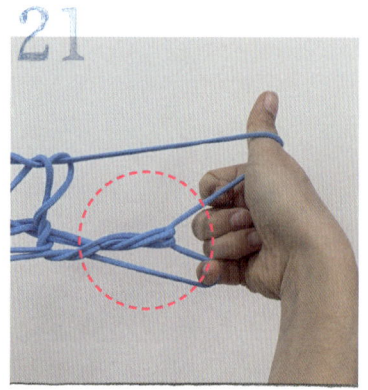

오른손 앞에 실이 꼬여서 걸려 있어요. 꼬인 실 2가닥 사이로 오른손 가운뎃손가락을 뒤에서 앞으로 넣어주세요.

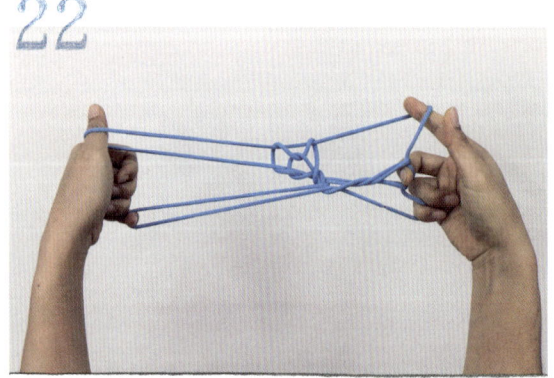

오른손 집게손가락 고리와 새끼손가락 고리를 놓고 가운뎃손가락 고리에 같이 넣어주세요.

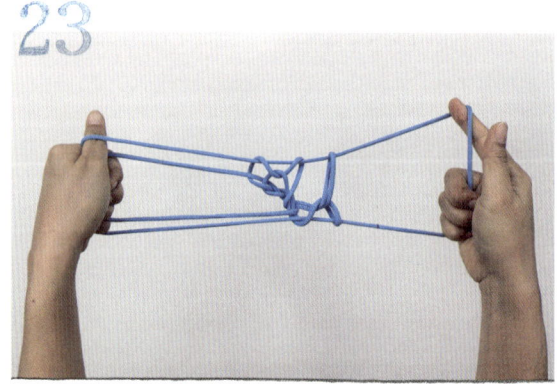

귀가 큰 강아지 완성입니다. 왼손을 엄지손가락 고리와 새끼손가락 고리를 살살 번갈아 당겨주면 강아지가 앞으로 달려갑니다.

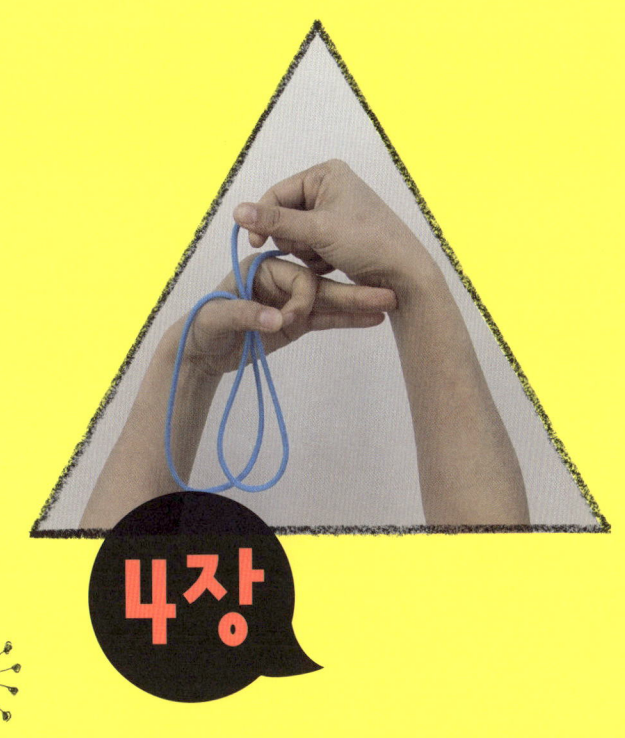

4장

깜짝깜짝 신기방기! 실 마술

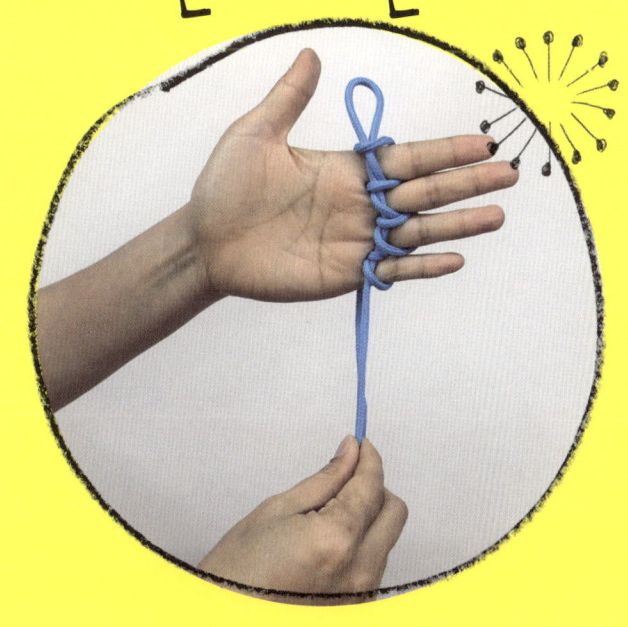

손가락 탈출

실의 길이 : 기본 실   난이도 : ★★★☆☆

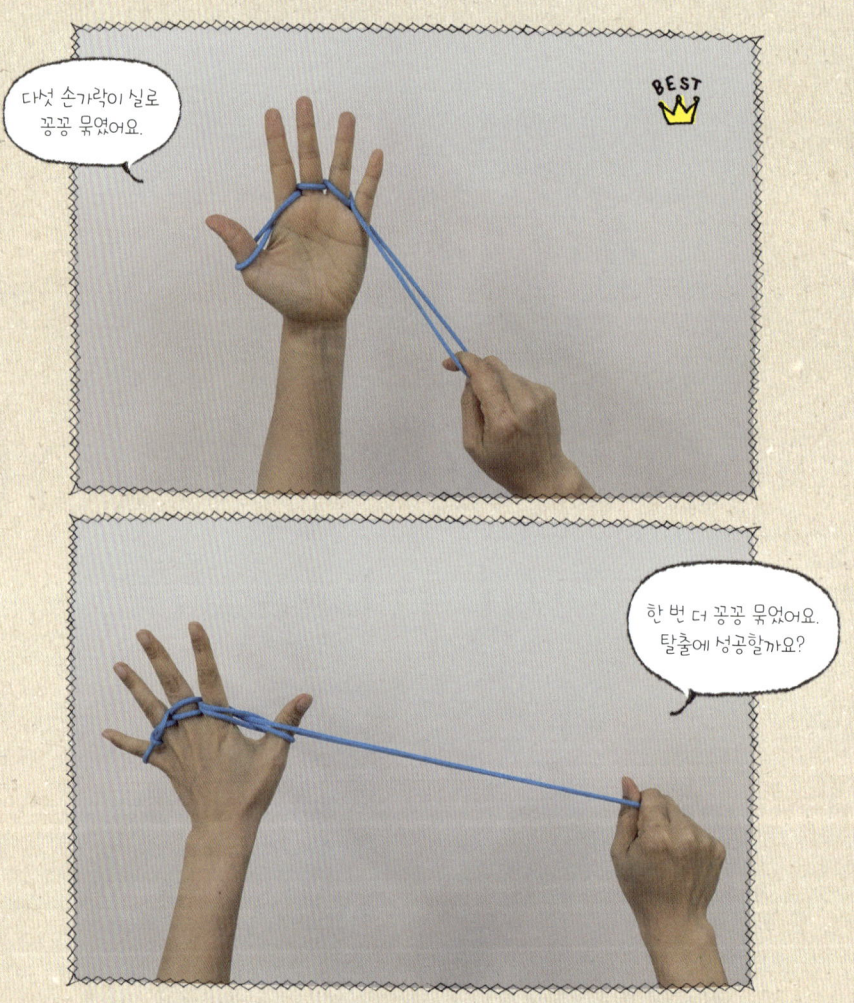

실 마술의 난이도가 점점 높아지고 있어요.
이번에는 다섯 손가락에 다 실을 두 번씩 걸어요.
이렇게 복잡하게 실로 묶었는데도 손가락이 탈출할 수 있을까요?

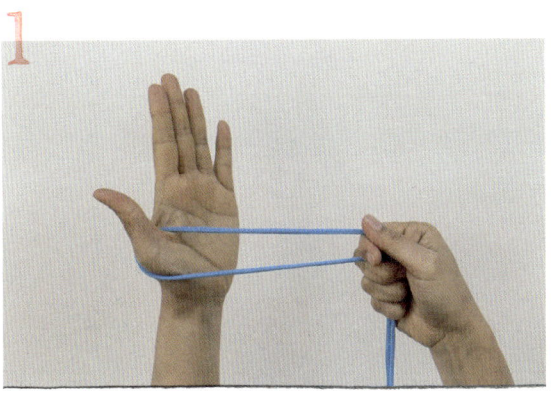

왼손 엄지손가락에 실을 걸고 나머지 실은 오른손으로 잡아주세요. 실을 잡고 있는 오른손을 앞으로 반 바퀴 돌려주세요.

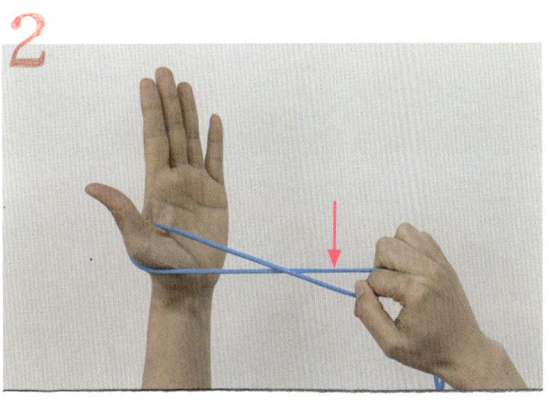

왼손 엄지손가락에 걸린 실 2가닥이 엇갈리게 됩니다. 오른손 집게손가락 뒷실(↑)을 왼손 집게손가락에 걸어주세요.

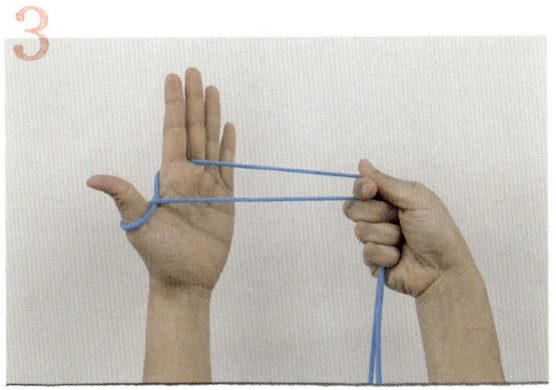

실을 잡고 있는 오른손을 앞으로 반 바퀴 돌려주세요. 오른손 모양을 잘 보세요.

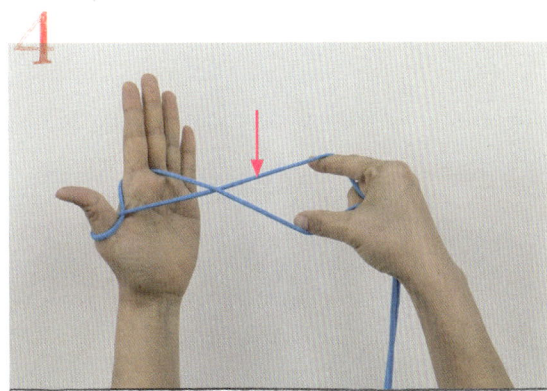

오른손에 잡고 있는 오른손 집게손가락 뒷실(↑)을 왼손 가운뎃손가락에 걸어주세요.

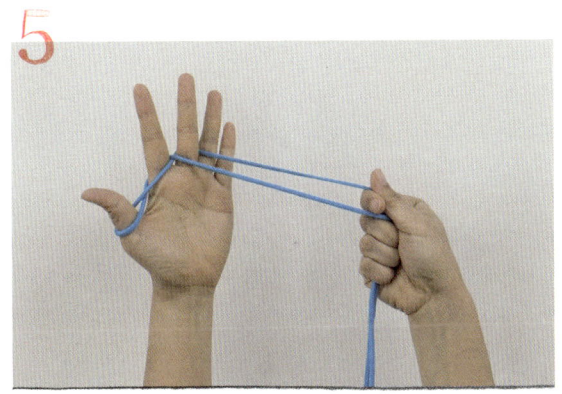

실을 잡고 있는 오른손을 앞으로 반 바퀴 돌려주세요.

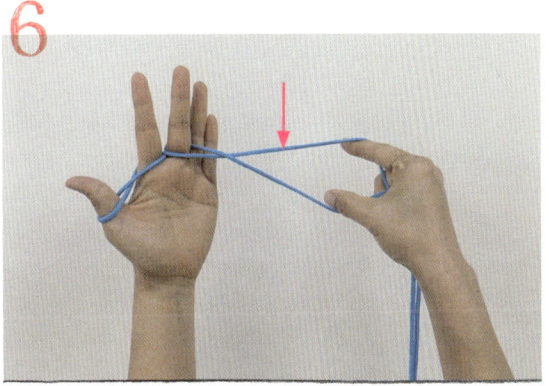

오른손으로 잡고 있는 집게손가락 뒷실(↑)을 왼손 약손가락에 걸어주세요.

7

실을 잡고 있는 오른손을 앞으로 반 바퀴 돌려주세요.

8

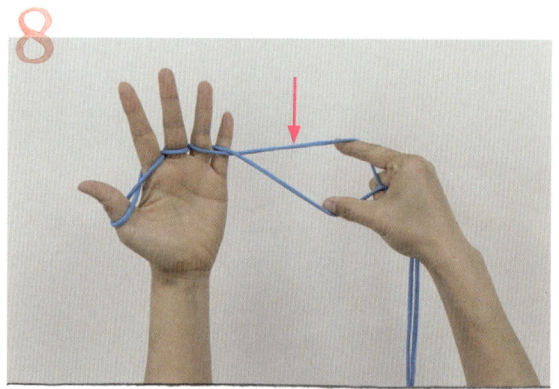

오른손으로 잡고 있는 집게손가락 뒷실(↑)을 왼손 새끼손가락에 걸어주세요.

9

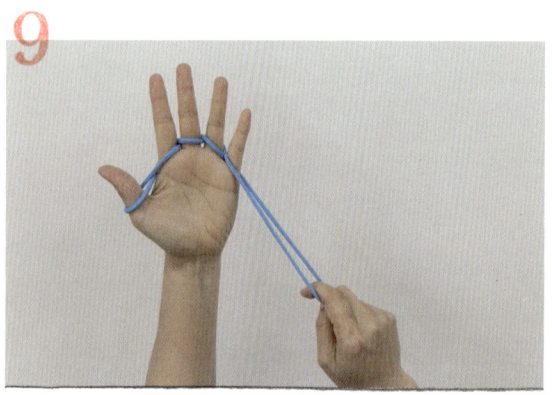

엄지손가락부터 새끼손가락까지 왼손 다섯 손가락 모두에 실을 걸었어요. 이제 반대로 합니다.

10

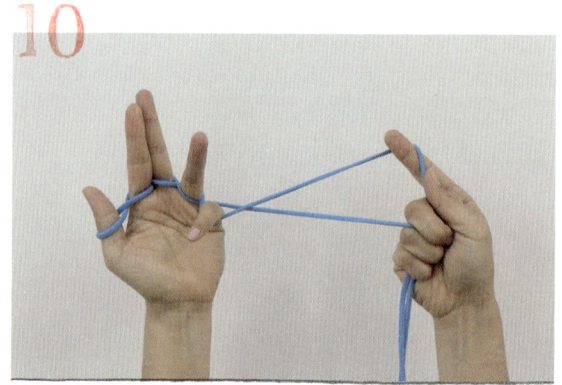

실을 잡고 있는 오른손을 뒤로 반 바퀴 돌려주세요. 과정 1~7까지는 앞으로 돌렸지만 이제부터는 뒤쪽으로 돌려야 합니다.

11

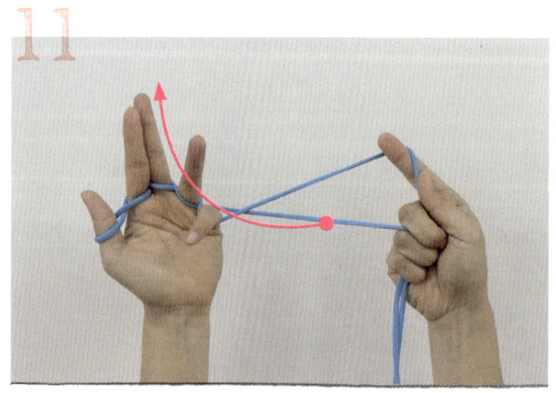

오른손 가운뎃손가락 아래에 있는 실을 왼손 약손가락에 앞에서 뒤로 걸어주세요.

12

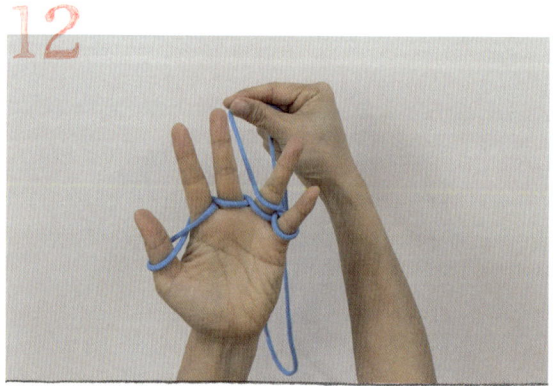

왼손 약손가락에 실을 건 후 오른손은 실을 놓고, 왼손을 돌려 손등이 보이도록 해주세요.

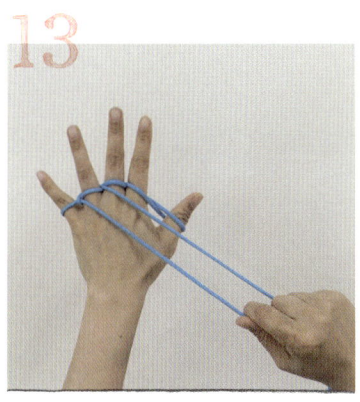
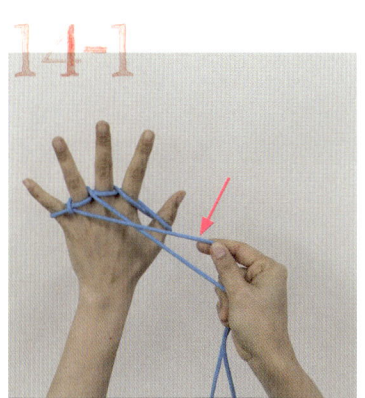
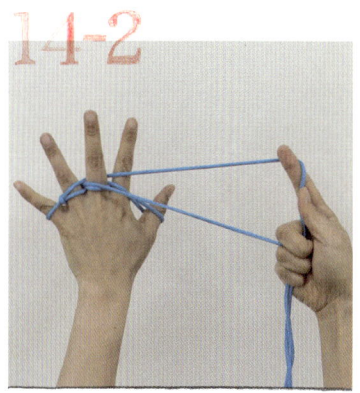

사진과 같이 왼손 약손가락에서 나온 실 2가닥을 집어 뒤로 반 바퀴 돌려주세요.

오른손 엄지손가락과 집게손가락으로 잡고 있는 실(↑)을 왼손 가운뎃손가락에 걸어주세요.

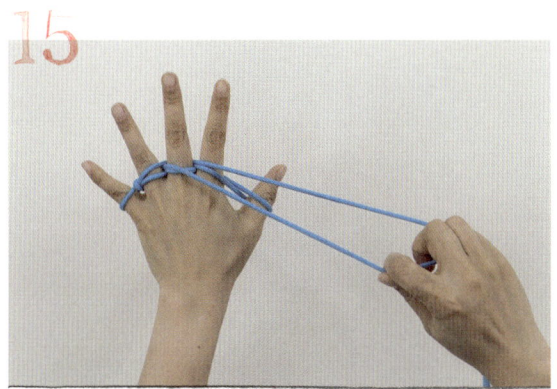

왼손 가운뎃손가락에서 나온 실 2가닥을 잡은 오른손을 뒤로 반 바퀴 돌려주세요.

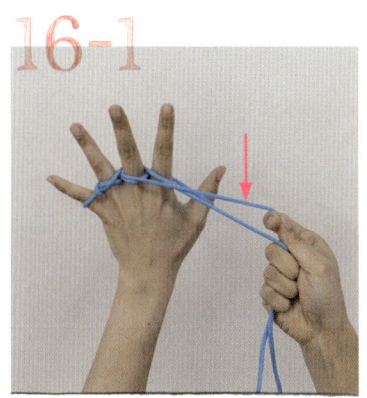
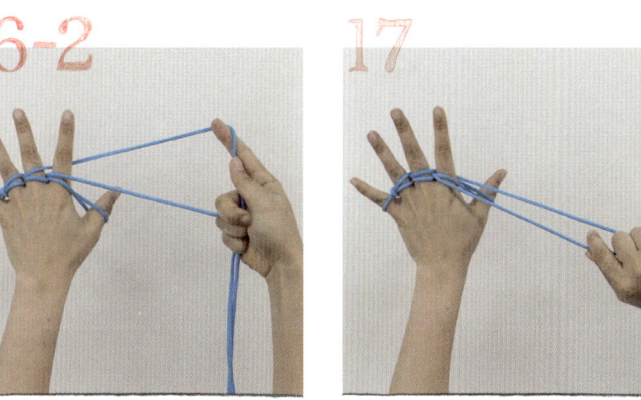

오른손 엄지손가락과 집게손가락으로 잡고 있는 실(↑)을 왼손 집게손가락에 걸어주세요.

왼손 집게손가락에서 나온 실 2가닥을 잡은 오른손을 뒤로 반 바퀴 돌려주세요.

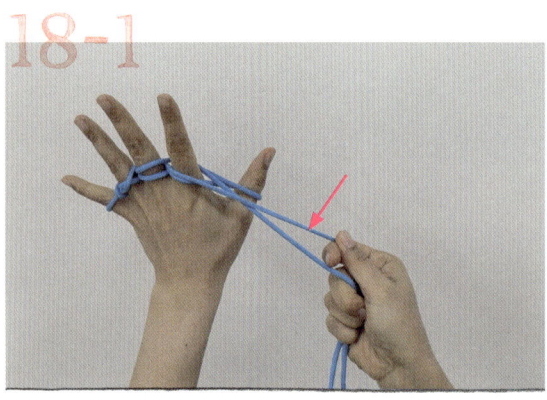

오른손 엄지손가락과 집게손가락으로 잡고 있는 실(↑)을 왼손 집게손가락에 걸어주세요.

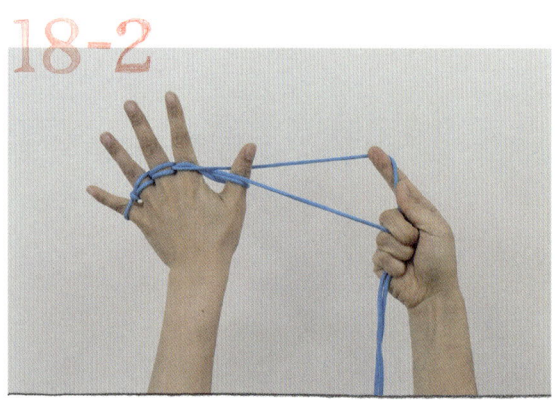

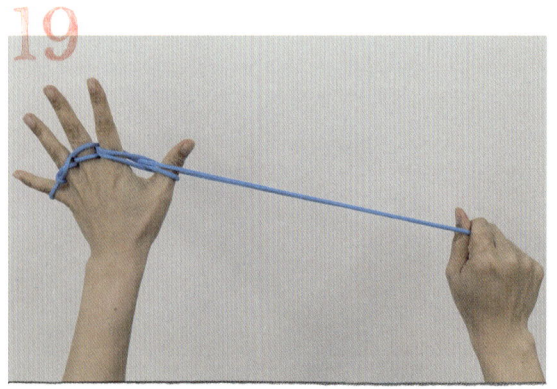

왼손 다섯 손가락에 실을 다 걸었어요. 오른손으로 잡고 있는 실을 당겨보세요. 풀리지 않죠?

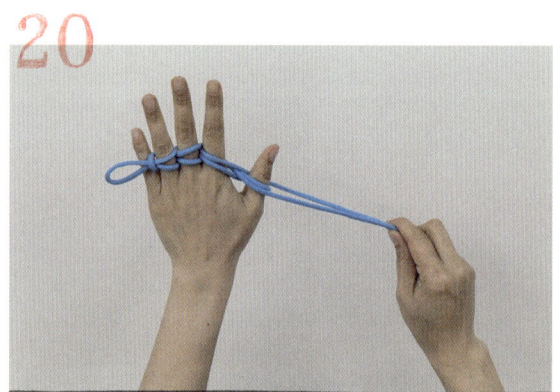

왼손 새끼손가락 고리를 벗긴 후 오른손으로 잡고 있는 실을 살살 당겨주세요.

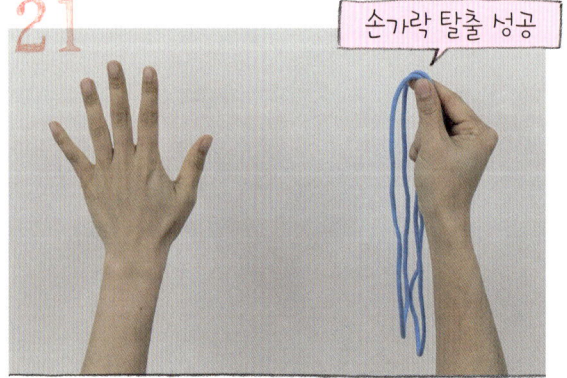

손가락 탈출 성공

다섯 손가락에 걸려 있던 실이 술술 다 풀렸어요. 실 마술 성공입니다.

기차

실의 길이 : 기본 실 　 난이도 : ★★★☆☆

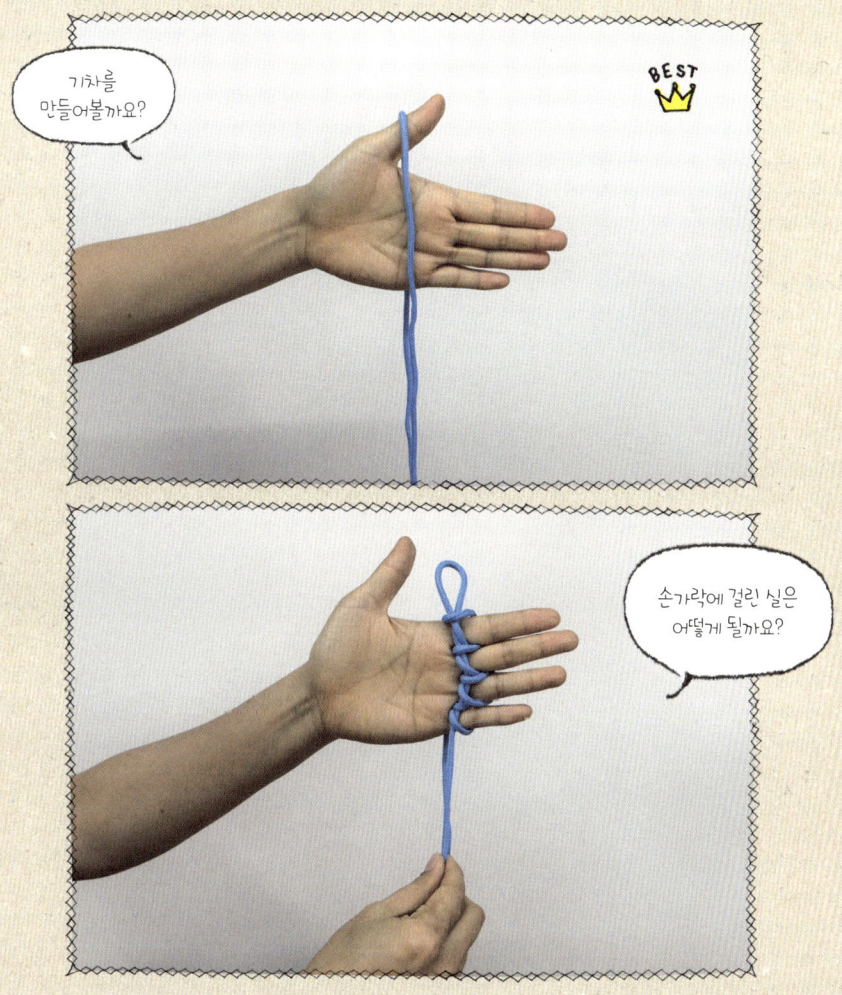

각 손가락에 걸려 있던 실이 하나씩 차례로 풀려나가는 모양이
기차가 지나가는 모양처럼 보인다고 해서 기차라는 이름이 붙었습니다.
여러분은 어떤 모양으로 보이나요? 여러분만의 재미있는 이야기를 붙여보세요.

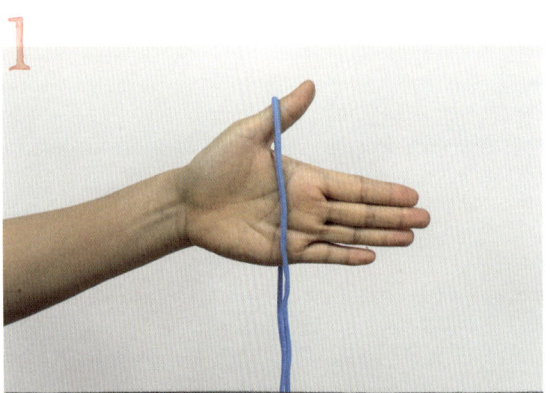

왼손 엄지손가락 위에 실이 있도록 실을 걸어주세요.

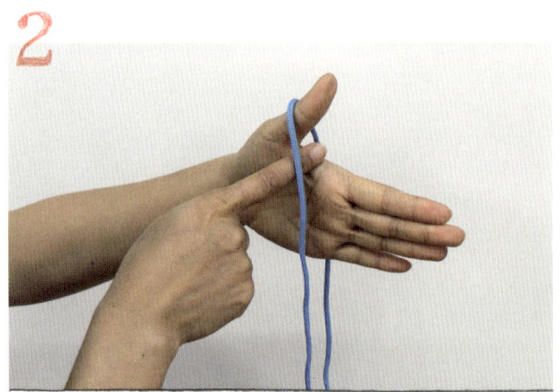

오른손 집게손가락이 왼손 엄지손가락 앞실 아래로 들어간 후 왼손 엄지손가락과 집게손가락 사이로 넣어주세요.

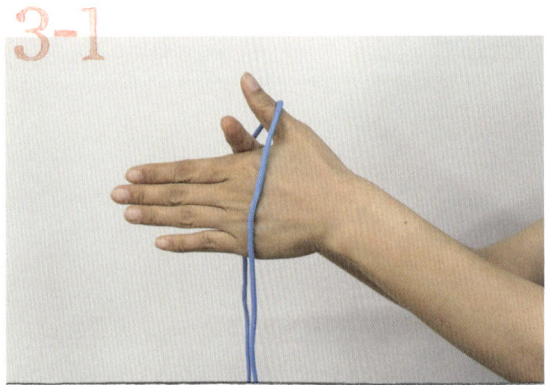

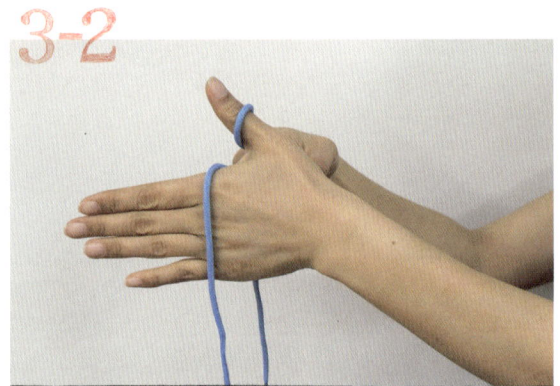

오른손 집게손가락으로 손등 쪽에 있는 엄지손가락 뒷실을 걸어 당겨주세요.

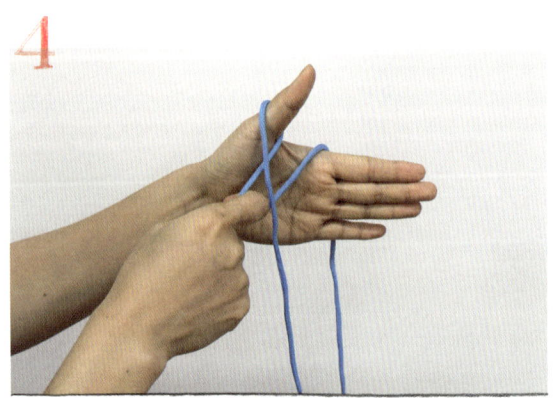

오른손 집게손가락으로 걸어 당긴 실을 왼손 엄지손가락 앞실 아래로 빼낸 다음, 오른쪽으로 반 바퀴 돌려주세요.

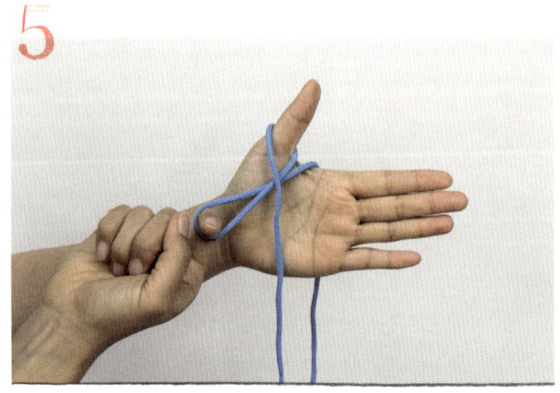

반 바퀴 돌린 오른손 집게손가락 고리를 그대로 왼손 집게손가락에 걸어주세요.

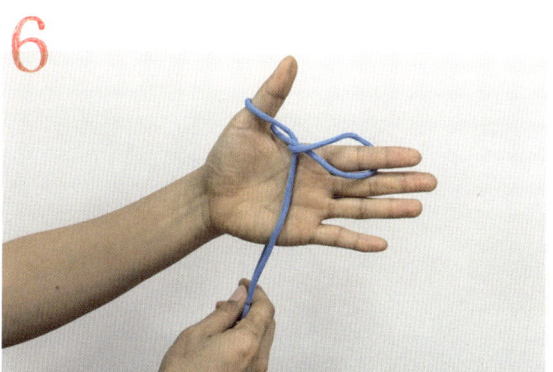

왼손 아래로 늘어진 실을 잡아 당겨서 실을 정리해주세요.

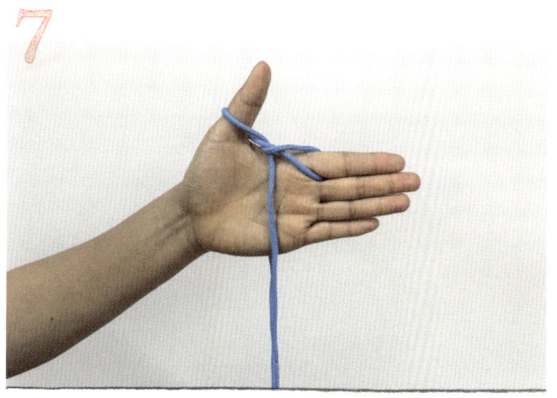

왼손 엄지손가락과 집게손가락에 고리가 걸려 있어요. 지금까지 한 과정 2~6을 앞으로 계속 반복하게 되니 잘 기억하세요.

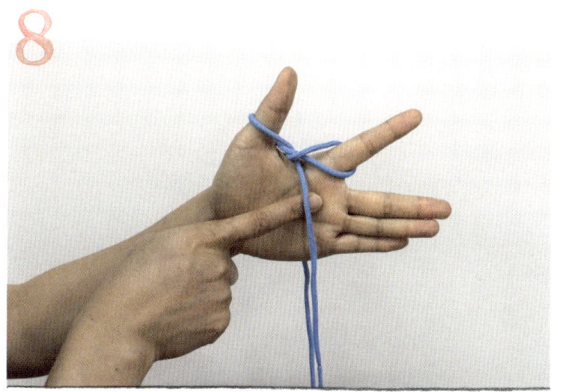

오른손 집게손가락으로 왼손바닥에 있는 실 아래로 들어가 왼손 집게손가락과 가운뎃손가락 사이 넣어주세요.

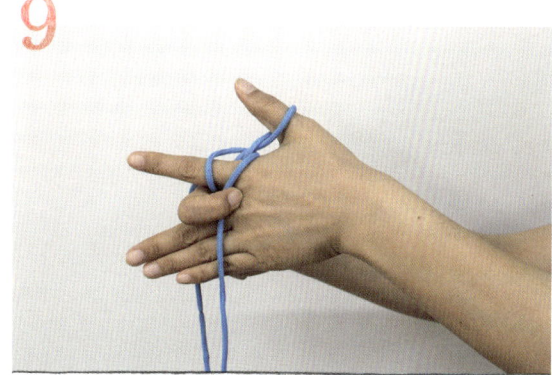

오른손 집게손가락으로 손등 쪽에 있는 집게손가락 뒷실을 걸어 당겨주세요.

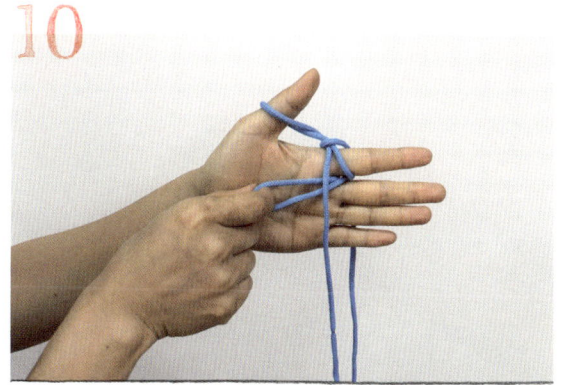

오른손 집게손가락으로 걸어 당긴 실을 왼손바닥 앞실 아래로 완전히 빼낸 다음, 오른쪽으로 반 바퀴 돌려주세요.

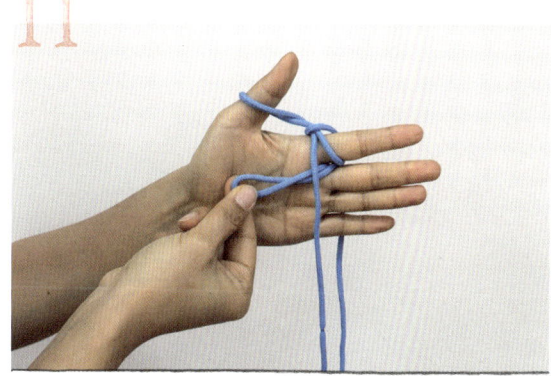

반 바퀴 돌린 오른손 집게손가락 고리를 그대로 왼손 가운뎃손가락에 걸어주세요. 그리고 아래로 늘어진 실 2가닥을 잡고 아래로 당겨주어 고리들을 정리해주세요.

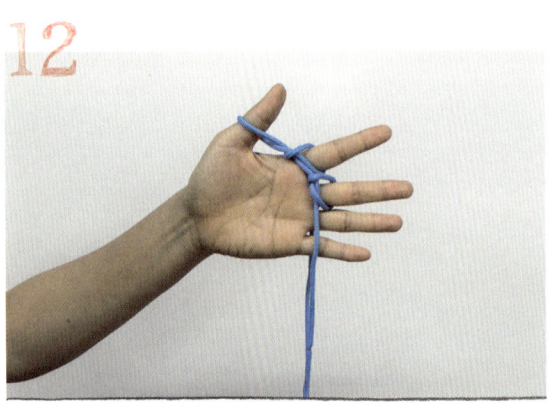

왼손 엄지손가락, 집게손가락, 가운뎃손가락에 고리가 1개씩 걸렸어요.

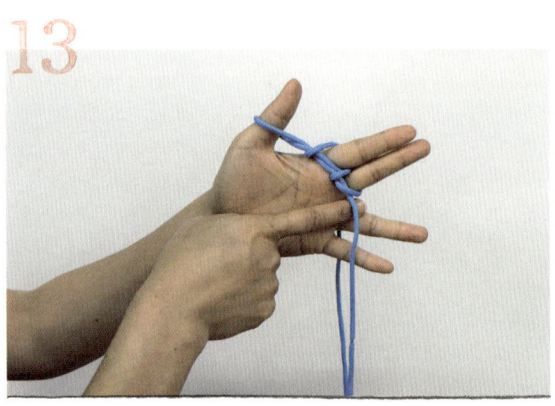

오른손 집게손가락으로 왼손바닥에 있는 실 아래로 들어가 왼손 가운뎃손가락과 약손가락 사이로 넣어주세요.

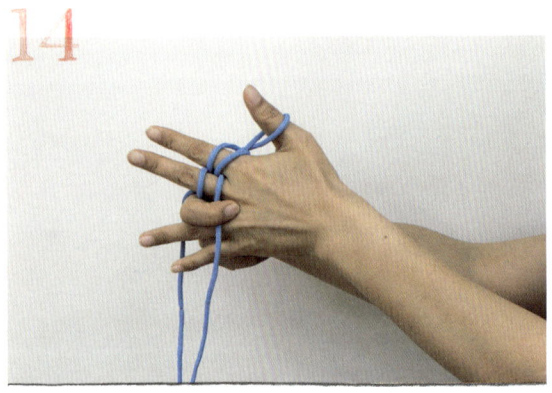

오른손 집게손가락으로 손등 쪽에 있는 가운뎃손가락 뒷실을 걸어 당겨주세요.

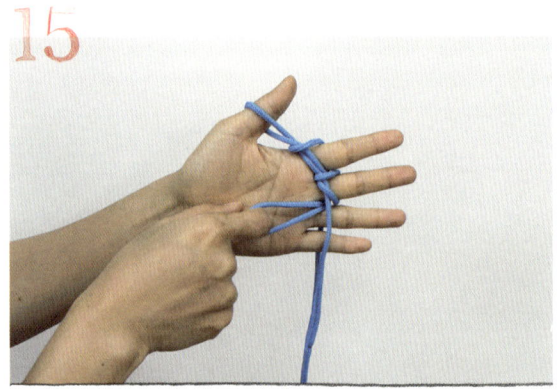

오른손 집게손가락으로 걸어 당긴 실을 왼손바닥에 있는 실 아래로 완전히 빼낸 다음, 오른쪽으로 반 바퀴 돌려주세요.

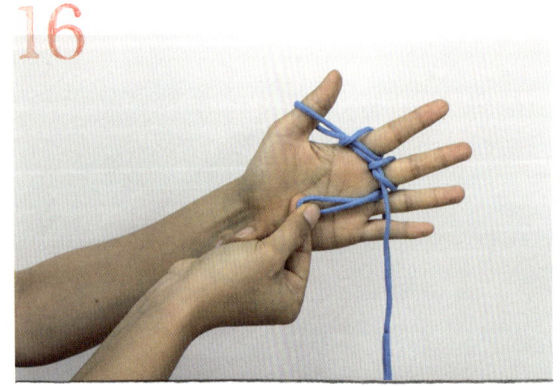

반 바퀴 돌린 오른손 집게손가락 고리를 그대로 왼손 약손가락에 걸어주세요. 그리고 아래로 늘어진 실 2가닥을 잡고 아래로 당겨주어 고리들을 정리해주세요.

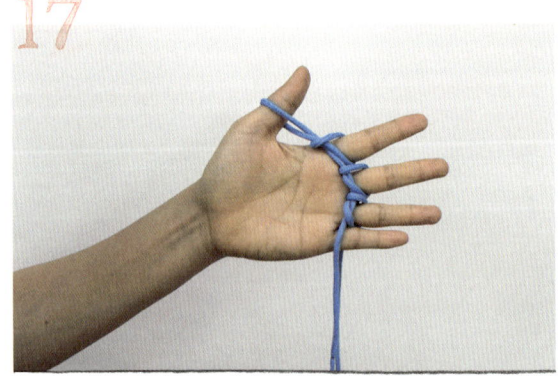

왼손 엄지손가락, 집게손가락, 가운뎃손가락, 약손가락에 고리가 1개씩 걸렸어요.

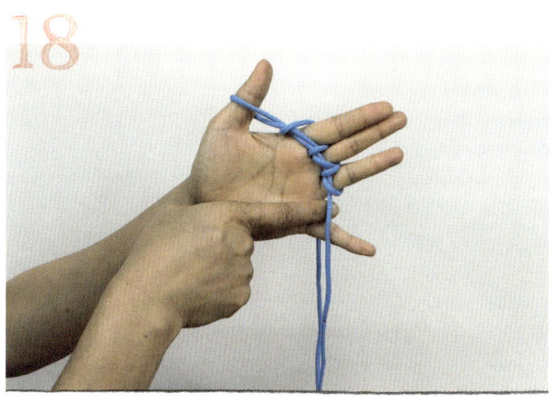

오른손 집게손가락으로 왼손바닥에 있는 실 아래로 들어가 왼손 약손가락과 새끼손가락 사이로 넣어주세요.

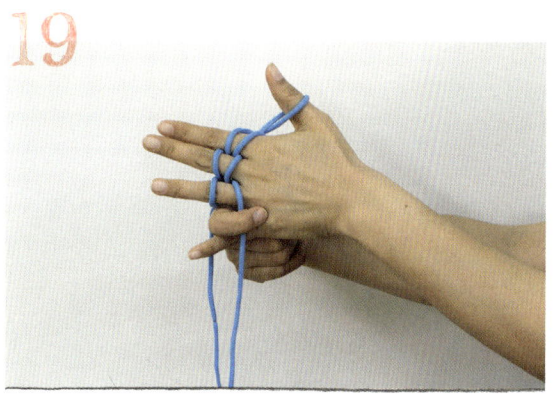

오른손 집게손가락으로 손등 쪽에 있는 약손가락 뒷실을 걸어 당겨주세요.

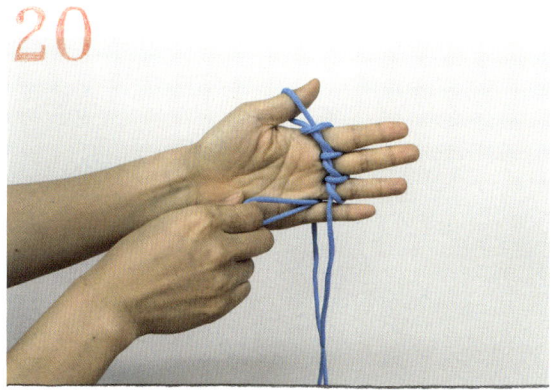

오른손 집게손가락으로 걸어 당긴 실을 왼손바닥 앞실 아래로 빼낸 다음, 오른쪽으로 반 바퀴 돌려주세요.

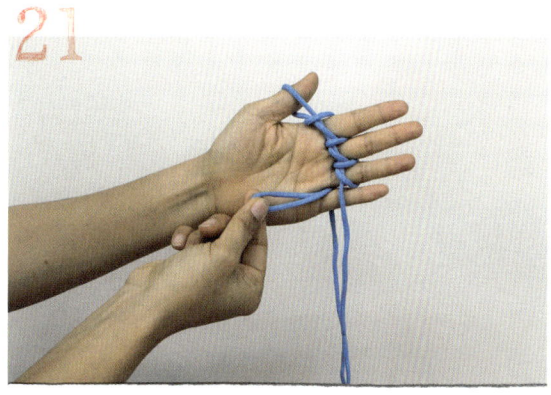

반 바퀴 돌린 오른손 집게손가락 고리를 그대로 왼손 새끼손가락에 걸어주세요. 그리고 아래로 늘어진 실 2가닥을 잡고 아래로 당겨주어 고리들을 정리해주세요.

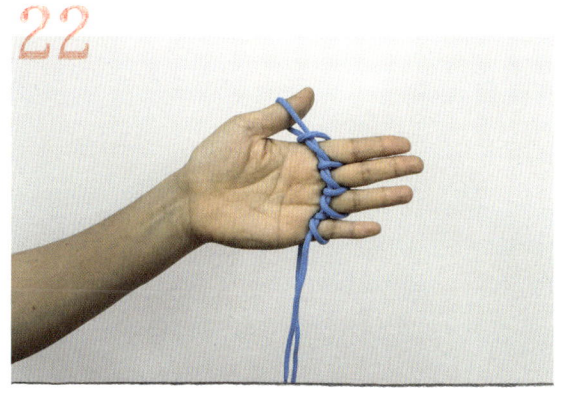

왼손 다섯 손가락에 모두 고리가 하나씩 걸립니다.

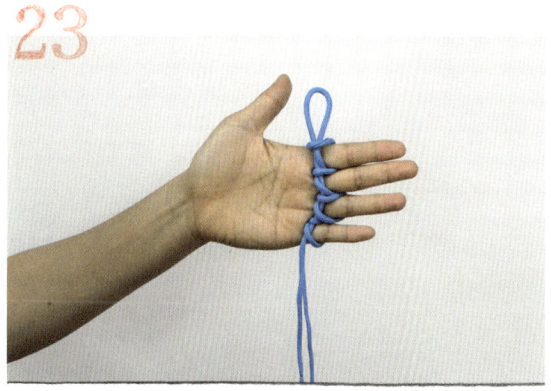

왼손 엄지손가락 고리만 벗겨주세요.

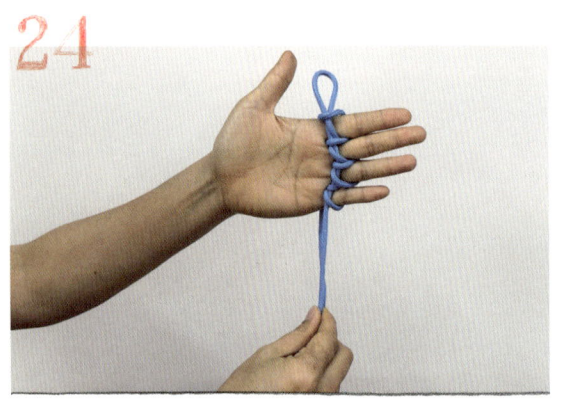

왼손 새끼손가락 아래 늘어져 있는 실 2가닥 중 앞실만 잡고서 아래로 당겨주세요. 고리가 하나씩 하나씩 풀려나갑니다. 터널을 빠져나가는 기차의 모습과 닮았어요.

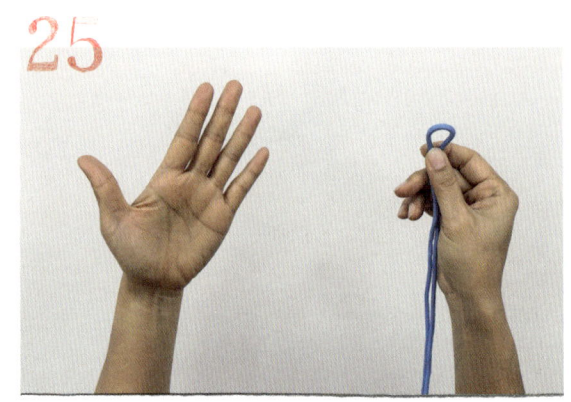

마침내 모든 실이 다 풀렸어요. 실 마술 성공입니다.

Tip 실 마술 '기차' 이야기

'기차'는 이름은 다르지만 세계 여러 나라에서 발견되고 있는 실 마술입니다. 나라마다 다른 이야기가 있지요. 아프리카에서는 농부가 얌yam이라는 농작물을 열심히 키웠더니 도둑이 다 훔쳐가서 아무것도 남지 않았다는 이야기가 있어요. 라이베리아에서는 도둑을 잡는 경찰 이야기가 있고요. 인도에서는 농부가 씨를 뿌리고 물을 주고 거름을 주며 열심히 농사지어 잘 키워서 수확할 때가 되었더니 살찐 쥐가 와서 다 먹어버렸다는 이야기가 있어요. 농사와 관계된 이야기가 많네요. 손가락에 걸렸던 실이 풀려나가는 모습이 열매가 사라지는 것과 비슷하고, 실을 거는 모습은 도둑을 잡는 모습과 비슷해 보입니다.

실 옮기기

실의 길이 : 기본 실   난이도 : ★★★☆☆

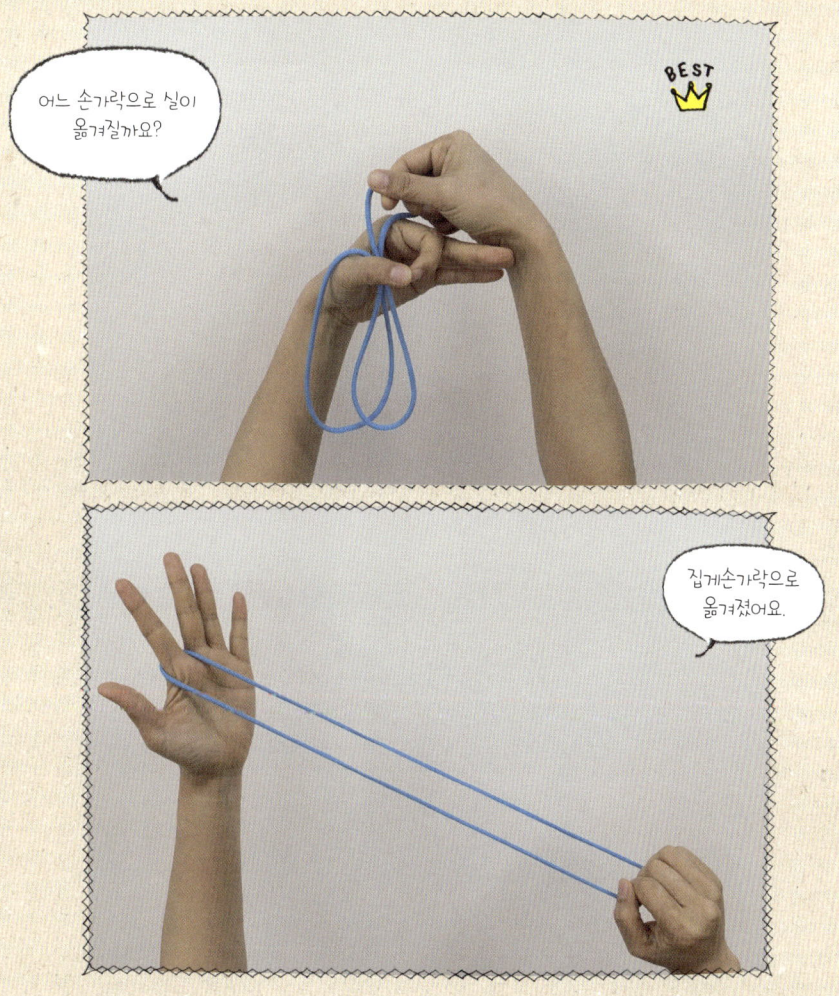

어느 손가락으로 실이 옮겨질까요?

집게손가락으로 옮겨졌어요.

실이 엄지손가락에서 집게손가락으로, 집게손가락에서 가운뎃손가락으로, 가운뎃손가락에서 약손가락으로, 약손가락에서 새끼손가락으로 옮기는 실 마술이에요. 물론 거꾸로도 옮길 수도 있어요. 복잡해 보이지만 옮기는 규칙을 알면 쉬워요.

1

엄지손가락에 실을 걸어주세요.

2

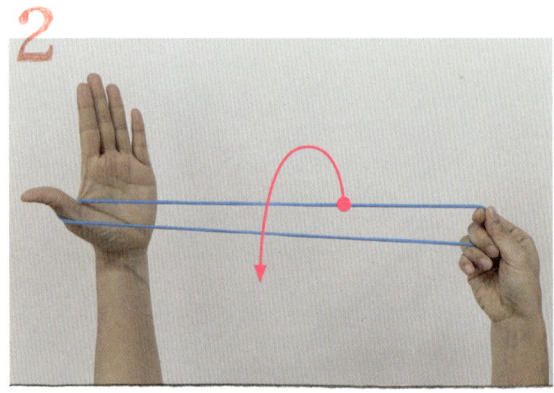

오른손을 앞으로 반 바퀴 돌려주세요. 돌리는 방향이 중요해요. 거꾸로 돌리면 실을 옮길 수 없어요.

3

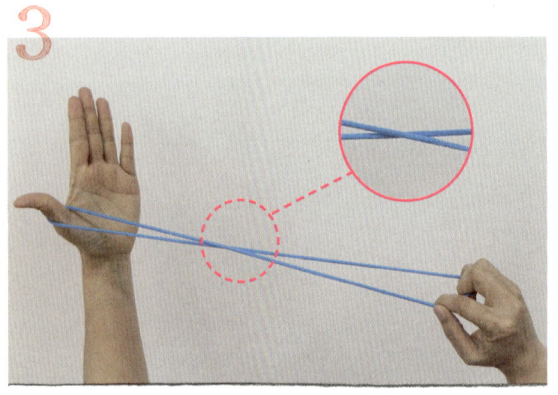

왼손 엄지손가락 앞실이 아래로, 엄지손가락 뒷실이 위로 가도록 포개져야 해요.

4

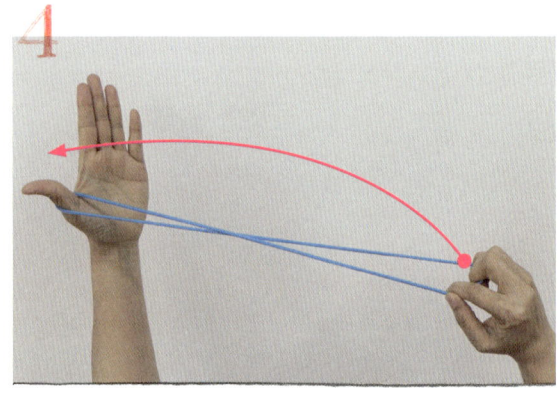

나란히 있던 실이 왼손 엄지손가락 뒷실이 위로 가도록 한번 꼬이게 되었어요. 오른손에 쥔 고리를 그대로 왼손 엄지손가락과 집게손가락 사이로 넘겨주세요.

5

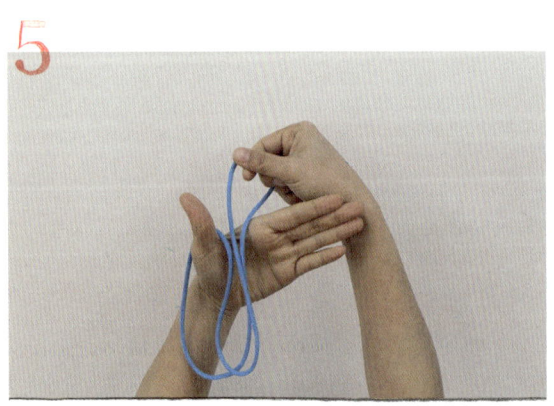

왼손 엄지손가락과 집게손가락 손끝을 붙여주세요.

6

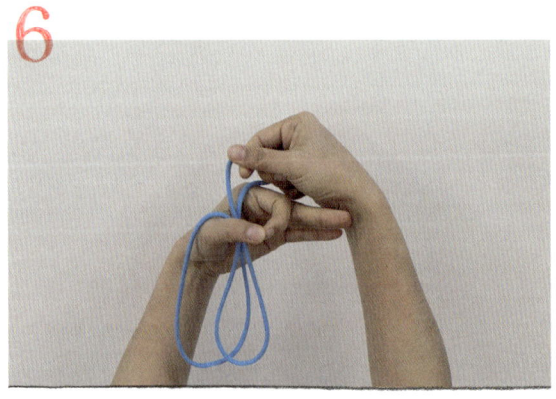

오른손에 쥔 고리를 왼손 엄지손가락과 집게손가락에 다시 걸어주세요.

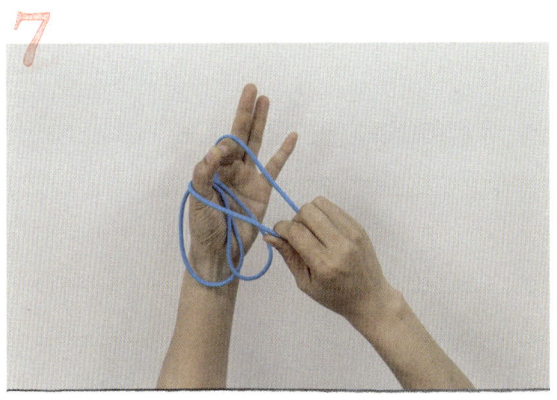

오른손에 쥔 고리를 아래로 당겨주세요.

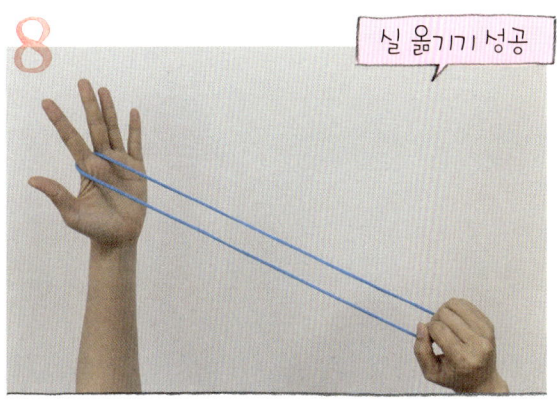

왼손 집게손가락으로 실 옮기기 성공입니다.

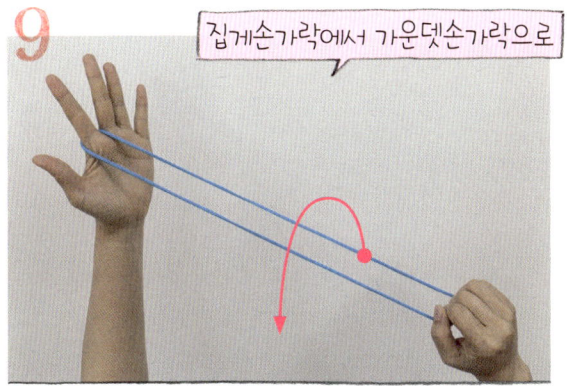

왼손 집게손가락에 실이 걸려 있어요. 실을 쥔 오른손을 앞으로 반 바퀴 돌려주세요.

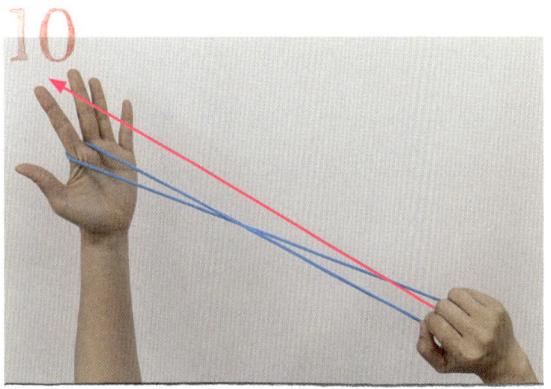

왼손 집게손가락 뒷실이 위로 가게 실이 겹쳐 있는지 확인하세요. 오른손에 쥐고 있는 실을 왼손집게손가락과 가운뎃손가락 사이로 넘겨주세요.

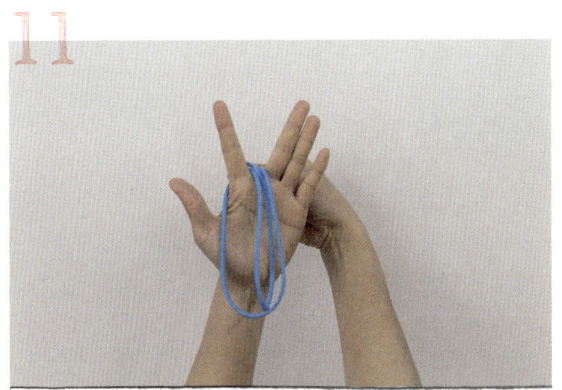

왼손 집게손가락과 가운뎃손가락을 붙여주세요.

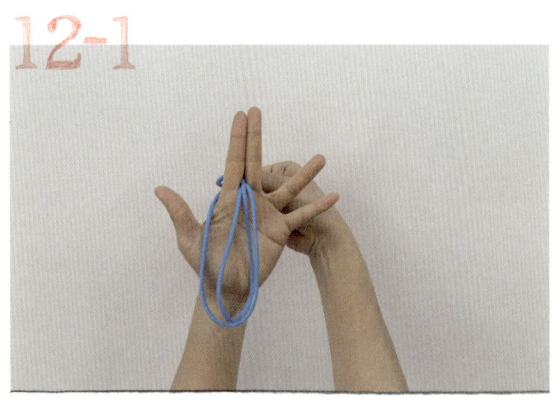

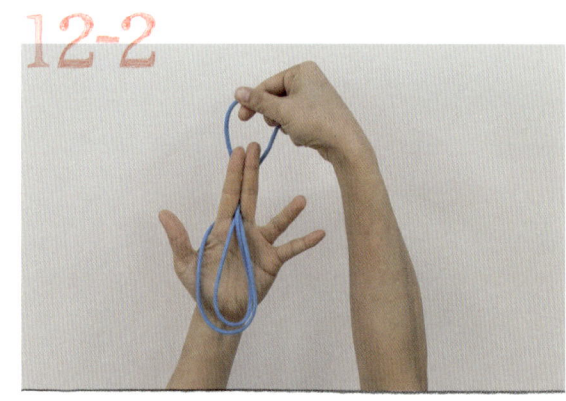

오른손으로 쥐고 있는 고리를 뒤에서 앞으로 왼손 집게손가락과 가운뎃손가락에 걸어주세요.

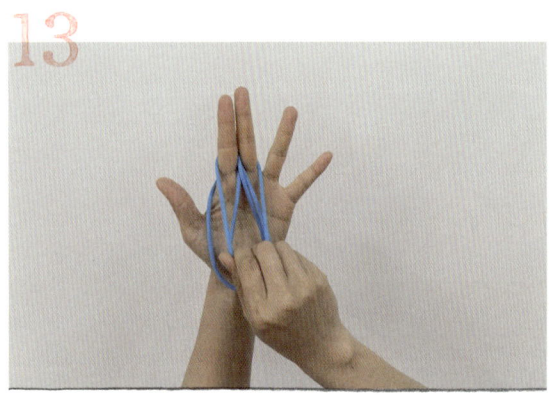

오른손으로 잡고 있는 고리를 아래로 당겨주세요.

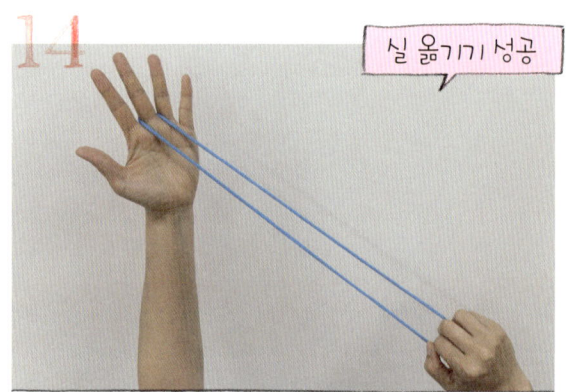

실 옮기기 성공

가운뎃손가락으로 실 옮기기 성공입니다. 같은 방법으로 새끼손가락까지 옮길 수 있어요.

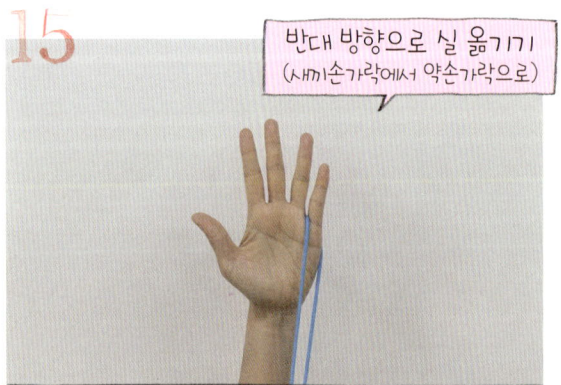

반대 방향으로 실 옮기기
(새끼손가락에서 약손가락으로)

새끼손가락에 걸린 실을 뒤로 반 바퀴 돌려주세요. 돌리는 방향이 중요해요.

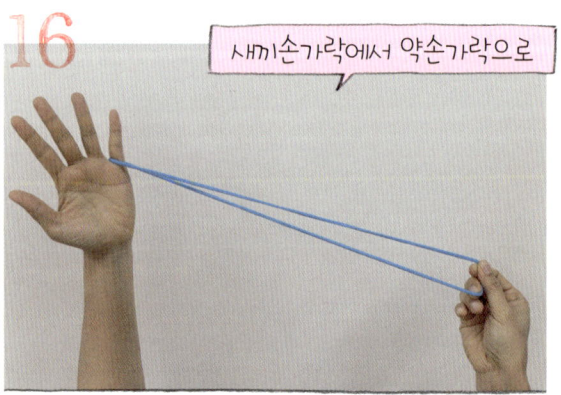

새끼손가락에서 약손가락으로

왼손 새끼손가락 앞실이 위로 가도록 실이 꼬여 있어야 합니다.

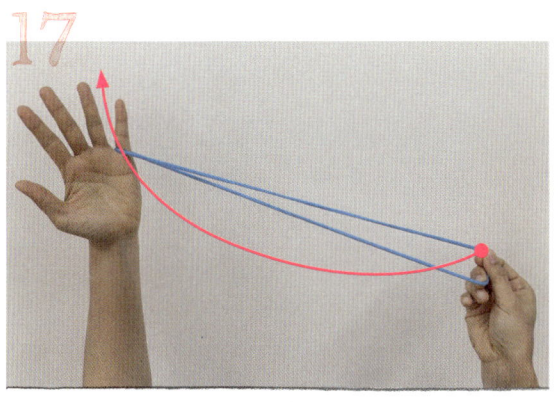

오른손에 잡고 있는 실을 왼손 약손가락과 새끼손가락 사이로 앞에서 뒤로 넘겨주세요.

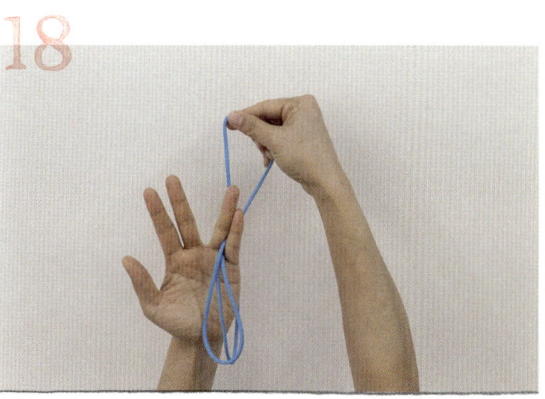

왼손 약손가락과 새끼손가락을 붙인 후, 오른손에 잡고 있는 고리를 왼손 약손가락과 새끼손가락에 걸어주세요.

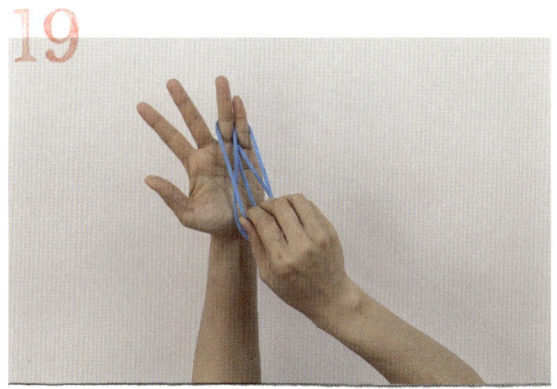

오른손에 잡고 있는 고리를 아래로 당겨주세요.

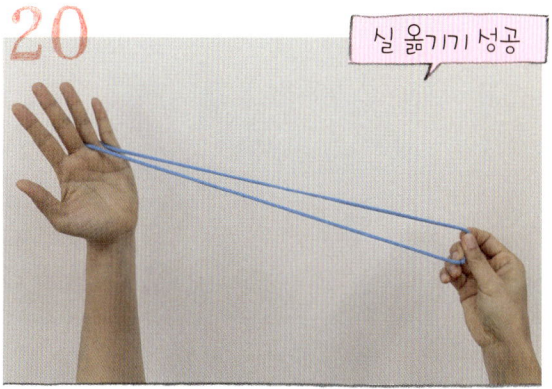

실 옮기기 성공

왼손 새끼손가락에 걸려 있던 실을 약손가락으로 옮기기 성공입니다.

Tip 실 옮기기를 잘하려면?

- 같은 방법으로 약손가락에서 가운뎃손가락으로, 가운뎃손가락에서 집게손가락으로, 집게손가락에서 엄지손가락으로 옮길 수 있어요. 도전해보세요.
- 기억할 것은 엄지손가락에서 새끼손가락 쪽으로 옮길 때는 오른손에 잡고 있는 실을 돌리는 방향이 '앞으로'이고, 새끼손가락에서 엄지손가락 쪽으로 실을 옮길 때는 실을 돌리는 방향이 '뒤로'입니다.